Holger Sagmeister

Anmeldungen zum Registergericht

AUSBILDUNGSREIHE FÜR NOTARFACHANGESTELLTE

HERAUSGEGEBEN VON DER NOTARKASSE MÜNCHEN A.D.Ö.R.

Anmeldungen zum Registergericht

3. Auflage

von

Notar
Dr. Holger Sagmeister,
Deggendorf

(Die Vorauflage erschien unter dem Titel "Anmeldungen zum Handels- und Vereinsregister").

DeutscherNotarVerlag

Weitere Titel der Ausbildungsreihe für Notarfachangestellte

Holger Sagmeister
Anmeldungen zum Registergericht, 3. Auflage
(ISBN 978-3-95646-284-9)

Andreas Bosch/Benedikt Strauß
Berufsrecht – BNotO, BeurkG, 2. Auflage
(ISBN 978-3-95646-257-3)

Judith Junk
Erbrecht, 2. Auflage
(ISBN 978-3-95646-253-5)

Christian Esbjörnsson
Gesellschaftsrecht, 2. Auflage
(ISBN 978-3-95646-218-4)

Bernadette Kell
Grundbuch – Rechte in Abt. II, 2. Auflage
(ISBN 978-3-95646-255-9)

Melanie Falkner
Grundstückskaufvertrag, 3. Auflage
ISBN 978-3-95646-313-6)

Anja Heringer/Franz Heitzer/
Hans-Joachim Vollrath
Prüfungswissen kompakt, 2. Auflage
(ISBN 978-3-95646-306-8)

Jens Neie
Überlassungsvertrag, 2. Auflage
(ISBN 978-3-95646-220-7)

Michael Volmer
Vollzug von Kaufverträgen, 3. Auflage
(ISBN 978-3-95646-280-1)

Sonja Pelikan
Basiswissen im Notariat, 2. Auflage
(ISBN 978-3-95646-221-4)

Andreas Kersten/Martin Jurkat
Büroorganisation, 3. Auflage
(ISBN 978-3-95646-307-5)

Michael Bernauer/Nora Ziegert/
Hans-Joachim Vollrath
Familienrecht, 2. Auflage
(ISBN 978-3-95646-256-6)

Sonja Karl Pelikan
Grundbuch lesen und verstehen, 2. Auflage
(ISBN 978-3-95646-254-2)

Michael Gutfried
Grundschulden, 2. Auflage
(ISBN 978-3-95646-252-8)

Valentin Spernath
Grundstücksrecht Spezial, 3. Auflage
(ISBN 978-3-95646-311-2)

Franz Heitzer
Notarkosten, 3. Auflage
(ISBN 978-3-95646-277-1)

Markus Sikora
Vollmachten, Genehmigungen, Zustimmungen,
Beglaubigungen, 2. Auflage
(ISBN 978-3-95646-206-1)

Jens Haßelbeck
Wohnungs- und Teileigentum, 3. Auflage
(ISBN 978-3-95646-278-8)

Hinweis
Die Formulierungsbeispiele in diesem Buch wurden mit Sorgfalt und nach bestem Wissen erstellt. Sie stellen jedoch lediglich Arbeitshilfen und Anregungen für die Lösung typischer Fallgestaltungen dar. Die Eigenverantwortung für die Formulierung von Verträgen, Verfügungen und Schriftsätzen trägt der Benutzer. Autor und Verlag übernehmen keinerlei Haftung für die Richtigkeit und Vollständigkeit der in dem Buch enthaltenen Ausführungen und Formulierungsbeispiele.

Umschlaggestaltung: gentura, Holger Neumann, Bochum
Satz: PMGi – Agentur für intelligente Medien GmbH, Hamm
Druck: Hans Soldan Druck GmbH, Essen
ISBN 978-3-95646-284-9

Bibliografische Information der Deutschen Bibliothek
Die Deutsche Nationalbibliothek verzeichnet diese Publikation in der Deutschen Nationalbibliografie; detaillierte bibliografische Daten sind im Internet abrufbar über http://dnb.d-nb.de.

Geleitwort

Hinter jedem guten Notar stehen seine Mitarbeiter, die den reibungslosen Ablauf im Notariat sicherstellen.

Der Beruf der Notarfachangestellten ist ein spannender und vielfältiger Beruf, der in Anforderung und Verantwortung weit über einen „gewöhnlichen“ Bürojob hinausgeht. Immobilienkäufe, Testamente, Unternehmensgründungen, Eheverträge, Scheidungsvereinbarungen und einiges mehr – über die ganze Bandbreite notarieller Tätigkeiten müssen auch Sie als Mitarbeiter im Notariat tiefgehende Kenntnisse haben. Nur mit Ihrer Unterstützung kann der Notar sein Büro erfolgreich führen.

Wie kann man Sie möglichst gezielt und effizient unterstützen, um eine bestmögliche Ausbildung zum Notarfachangestellten zu absolvieren? Diese Frage haben wir uns als Notarkasse gemeinsam mit Autoren aus der Praxis, nämlich Notarinnen und Notare, Notarassessoren und Büroleitern gestellt. Zusammen mit dem Deutschen Notarverlag wurde die *„Ausbildungsreihe für Notarfachangestellte“* ins Leben gerufen. Wir haben uns zum Ziel gesetzt, Auszubildende während ihrer anspruchsvollen Ausbildungszeit und Berufsanfänger bei ihrem Einstieg in den komplexen Büroalltag zu unterstützen. Auch für Quereinsteiger zur Vermittlung von Grundlagen und für den erfahrenen Notarfachangestellten als Nachschlagewerk ist die Reihe gut geeignet.

Pro Band vermitteln die Autoren dieser Reihe anschaulich die komplette Bandbreite eines notariellen Fachgebiets von den Grundlagen bis hin zu komplexeren Fallgestaltungen. Um Ihnen die Anwendung des Erlernten zu erleichtern, enthält jedes Buch ein Kapitel zur Wissensüberprüfung. Die Lösungsvorschläge verbinden bereits einzelne Fachgebiete miteinander und geben so Gelegenheit zur Vertiefung der gewonnenen Fähigkeiten.

Dr. *Holger Sagmeister* stellt in seinem Band die Grundzüge zu den Anmeldungen zum Registergericht dar. Dabei wird auch das notwendige Wissen zum materiellen Vereins-, Handels- und Gesellschaftsrecht vermittelt. Die Kenntnisse dieses Bandes sind nicht nur für Auszubildende, sondern auch für Quereinsteiger oder sonstige Mitarbeiter in einem Notariat, die mit Registeranmeldungen zu tun haben, von großem Nutzen.

Dr. *Helene Ludewig*

Präsidentin der Notarkasse A.d.ö.R., München

Vorwort

Das vorliegende Buch soll all denjenigen eine Hilfestellung bieten, die sich mit Anmeldungen zum Vereins-, Genossenschafts-, Partnerschafts-, Gesellschafts- oder Handelsregister beschäftigen. Es soll insbesondere Auszubildenden oder Quereinsteigern im Notariat den Einstieg in diese Materie erleichtern. Am Ende des Buches finden sich zahlreiche Fälle und Fragen; hier kann das erlernte Wissen überprüft und vertieft werden.

Das Buch befindet sich mit der 3. Auflage auf dem Rechtsstand vom 1.1.2024; die Neuerungen durch das MoPeG (seit dem 1.1.2024 in Kraft) sind vollständig eingearbeitet. Der Fragenkatalog wurde angepasst und erweitert. Anregungen von Lesern wurden – soweit dies möglich war – umgesetzt.

Mein herzlicher Dank bei diesem Buchprojekt gilt nach wie vor Herrn NOR a.D. *Werner Tiedtke*, der die Ausbildungsreihe auf den Weg gebracht hat.

Anregungen und Verbesserungsvorschläge sind jederzeit gerne willkommen, am besten per E-Mail direkt an *sagmeister@kurz-sagmeister.de*.

Dr. *Holger Sagmeister*, LL.M. (Yale), Notar in Deggendorf

Deggendorf, im Mai 2024

Inhaltsverzeichnis

Geleitwort ... 5
Vorwort ... 7
Musterverzeichnis ... 15

§ 1 Einführung ... 17

A. Überblick ... 17
B. Registereinsicht ... 18
C. Registeranmeldung ... 21
D. Gebühren ... 27

§ 2 Registeranmeldungen ... 29

A. Vereinsrecht ... 29
I. Grundzüge des Vereinsrechts ... 29
II. Grundzüge der Anmeldung im Vereinsrecht ... 30
III. Anmeldung der Gründung eines Vereins ... 32
1. Materielle Gründungsvoraussetzungen ... 32
a) Gründungsakt mit Satzung ... 32
b) Zweck des Vereins ... 32
c) Name des Vereins ... 32
d) Sitz des Vereins ... 33
e) Eintragungsabsicht ... 33
f) Bestellung eines ersten Vorstands und Vertretungsmacht ... 33
2. Formelle Anmeldevoraussetzungen ... 34
3. Muster: Anmeldung der Neugründung eines Vereins ... 34
4. Prüfung der Anmeldung durch das Gericht ... 35
5. Gebühren ... 36
IV. Anmeldung eines Vorstandswechsels ... 36
1. Materielle Voraussetzungen ... 37
2. Formelle Voraussetzungen ... 37
3. Muster: Anmeldung eines Vorstandswechsels ... 38
4. Gebühren ... 38
V. Anmeldung einer Satzungsänderung ... 38
1. Materielle Voraussetzungen ... 39
2. Formelle Voraussetzungen ... 39
3. Muster: Anmeldung einer Satzungsänderung ... 39
4. Gebühren ... 39
VI. Anmeldung der Auflösung und des Erlöschens eines Vereins ... 40
1. Anmeldung der Auflösung ... 40
a) Materielle Voraussetzungen ... 40
b) Formelle Voraussetzungen ... 40
2. Anmeldung der Beendigung der Liquidation ... 42
3. Gebühren ... 43
VII. Sonstige Beendigungsgründe beim Verein ... 43
B. Anmeldungen zum Genossenschaftsregister ... 43
I. Grundzüge des Genossenschaftsrechts ... 43
II. Grundzüge der Anmeldung im Genossenschaftsrecht ... 45
III. Anmeldung der Gründung einer Genossenschaft ... 45
1. Materielle Gründungsvoraussetzungen ... 45
a) Gründungsakt mit Satzung ... 45
b) Bestellung eines ersten Vorstands mit Vertretungsmacht sowie Aufsichtsrat ... 47

2. Formelle Anmeldevoraussetzungen ... 48
3. Muster: Anmeldung der Neugründung einer Genossenschaft ... 48
4. Prüfung der Anmeldung durch das Gericht ... 49
5. Gebühren ... 49
IV. Anmeldung eines Vorstandswechsels ... 50
1. Materielle Voraussetzungen ... 50
2. Formelle Anmeldung ... 51
3. Muster ... 51
4. Gebühren ... 51
V. Anmeldung einer Satzungsänderung ... 51
1. Materielle Voraussetzungen ... 52
2. Formelle Anmeldung ... 52
3. Muster ... 53
4. Gebühren ... 53
VI. Anmeldung der Auflösung und des Erlöschens einer Genossenschaft ... 53
1. Anmeldung der Auflösung ... 53
a) Materielle Voraussetzungen ... 53
b) Formelle Voraussetzungen ... 54
c) Muster ... 54
2. Anmeldung der Beendigung der Liquidation ... 54
3. Gebühren ... 55
VII. Sonstige Beendigungsgründe bei der Genossenschaft ... 55
C. Eingetragener Kaufmann ... 55
I. Exkurs: Begriff des Gewerbebetriebs ... 55
II. Grundzüge der Anmeldung zum Handelsregister ... 57
III. Anmeldung eines Kaufmanns ... 58
1. Materielle Voraussetzungen ... 58
2. Formelle Voraussetzungen ... 58
3. Prüfung durch das Registergericht und Eintragung ... 59
IV. Änderung beim eingetragenen Kaufmann ... 60
V. Erlöschen des eingetragenen Kaufmanns ... 61
VI. Übernahme eines eingetragenen Kaufmanns ... 61
VII. Tod des eingetragenen Kaufmanns ... 62
VIII. Gebühren ... 63
IX. Exkurs: Erteilung von Prokura ... 64
1. Einführung ... 64
2. Anmeldung der Prokura ... 65
a) Materielle Voraussetzungen ... 65
b) Formelle Voraussetzungen ... 66
3. Gebühren ... 67
D. Personengesellschaften ... 68
I. Einführung und Abgrenzung der verschiedenen Gesellschaftsformen ... 68
II. Gesellschaft bürgerlichen Rechts ... 70
1. Einführung in die Gesellschaft bürgerlichen Rechts ... 70
2. Anmeldung im Gesellschaftsregister ... 72
3. Anmeldung von Änderungen ... 74
4. Anmeldung von Statuswechsel, § 707c BGB ... 74
5. Liquidation einer eGbR ... 74
6. Exkurs: eGbR als (künftige) Eigentümerin im Grundbuch bzw. Inhaberin von Gesellschaftsanteilen ... 74
a) Veräußerungsvertrag ohne vorherige Eintragung ... 75
b) Erwerbsvertrag ohne vorherige Eintragung ... 75
c) Erwerb von Gesellschaftsanteilen ... 76

7. Gebühren der Registereintragungen 76
8. Gebühren für die Berichtigung der Gesellschafterliste bzw. des Handelsregisters 76
9. Gebühren für die Berichtigung der Eigentümerstellung im Grundbuch ... 76
III. Offene Handelsgesellschaft 77
1. Einführung in die Personenhandelsgesellschaften 77
2. Erstanmeldung einer OHG 77
3. Anmeldung von Änderungen 79
4. Anmeldung der Liquidation 81
5. Gebühren 82
6. Exkurs: Übertragung von OHG-Anteilen 83
7. Exkurs: Vererbung von OHG-Anteilen 83
IV. Kommanditgesellschaft 83
1. Einführung 83
2. Erstanmeldung 84
3. Anmeldung von Änderungen 85
4. Anmeldung der Liquidation und Erlöschen der Firma 86
5. Sonderfall: Die GmbH & Co. KG 86
6. Gebühren 87
7. Exkurs: Übertragung von KG-Anteilen 87
8. Exkurs: Vererbung von KG-Anteilen 89
V. Partnerschaftsgesellschaft mit/ohne beschränkte/r Berufshaftung 90
1. Grundzüge des Rechts der Partnerschaftsgesellschaft 90
a) Abgrenzung zu anderen Gesellschaftsformen 90
b) Grundzüge des Rechts der Partnerschaftsgesellschaft mit/ohne beschränkte/r Berufshaftung 91
2. Anmeldung zum Partnerschaftsregister 92
a) Materielle Voraussetzungen 92
b) Formelle Voraussetzungen 92
c) Prüfung des Gerichts 96
d) Gebühren 96
3. Änderungen und Liquidation/Löschung von Partnerschaftsgesellschaften. 96
E. Gesellschaft mit beschränkter Haftung 97
I. Einführung 97
II. Grundzüge der Anmeldung im GmbH-Recht 99
III. Anmeldung der Gründung einer GmbH 100
1. Materielle Gründungsvoraussetzungen 100
a) Gründungsbeschluss 100
b) Beschluss zur Bestellung der ersten Geschäftsführung 102
c) Gesellschafterliste 102
2. Formelle Voraussetzungen 105
3. Prüfung durch das Registergericht 108
4. Gebühren 108
IV. Anmeldung von Änderungen in der Geschäftsführung 109
1. Materielle Voraussetzungen 109
2. Formelle Voraussetzungen 111
3. Gebühren 112
V. Anmeldung von Satzungsänderungen (ohne Kapitalmaßnahmen) 112
1. Materielle Voraussetzungen 112
2. Formelle Voraussetzungen 113
a) Exkurs: Änderung der Satzung vor Eintragung der Gesellschaft 114
b) Exkurs: Satzungsänderung und sog. wirtschaftliche Neugründung 114
3. Gebühren 116

VI. Anmeldung einer Kapitalerhöhung ... 116
1. Materielle Voraussetzungen ... 116
2. Formale Voraussetzungen ... 117
3. Gebühren ... 118
a) Gebühr für Beschluss ... 118
b) Gebühr für Anmeldung ... 118
VII. Exkurs: Geschäftsanteilsabtretung ... 118
1. Grundzüge ... 118
2. Gebühren ... 119
VIII. Anmeldung der Liquidation ... 120
1. Anmeldung der Auflösung der GmbH ... 120
a) Materielle Voraussetzungen ... 120
b) Formelle Voraussetzungen ... 121
2. Anmeldung der Löschung der GmbH ... 123
3. Gebühren ... 124
4. Exkurs: Sofortlöschung einer GmbH ... 124
F. Unternehmergesellschaft (haftungsbeschränkt) (Musterprotokoll) ... 125
I. Gründung ... 125
1. Materielle Voraussetzungen ... 125
2. Formelle Voraussetzungen ... 126
3. Gebühren ... 126
II. Änderung des Geschäftsführers oder Prokuristen ... 127
III. Satzungsänderungen bei der Unternehmergesellschaft (haftungsbeschränkt). 128
1. Bloße Änderung des Musterprotokolls ... 128
a) Registerrechtliche Voraussetzungen ... 128
b) Kosten ... 129
2. Erstellung einer echten Satzung ... 129
3. Exkurs: Umwandlung einer UG (haftungsbeschränkt) in eine GmbH ... 129
4. Exkurs: Änderung des Musterprotokolls vor Eintragung der Gesellschaft. 130
IV. Liquidation bei der Unternehmergesellschaft (haftungsbeschränkt) ... 130
V. Exkurs: Geschäftsanteilsabtretung bei einer Unternehmergesellschaft (haftungsbeschränkt) ... 130
G. Aktiengesellschaft ... 130
I. Einführung ... 130
II. Grundzüge der Anmeldung im AG-Recht ... 132
III. Gründung einer AG ... 132
1. Materielle Voraussetzungen der Gründung – Grundzüge ... 132
2. Formelle Voraussetzungen ... 133
3. Muster: Anmeldung einer Gründung einer AG ... 133
4. Gebühren ... 134
IV. Wechsel im Vorstand ... 135
1. Materielle Voraussetzungen ... 135
2. Formelle Voraussetzungen ... 135
3. Muster ... 136
4. Gebühren ... 136
V. Wechsel im Aufsichtsrat ... 137
1. Formelle und materielle Voraussetzungen ... 137
2. Muster ... 138
3. Gebühren ... 138
H. Sonstige Anmeldungen ... 139
I. Anmeldung einer Zweigniederlassung ... 139
1. Allgemeines ... 139
2. Anmeldung ... 139

II. Beherrschungs- und Gewinnabführungsverträge 140
1. Unternehmensvertrag 140
2. Zustimmungsbeschlüsse 140
a) Zustimmungsbeschluss des beherrschten Unternehmens 140
b) Zustimmungsbeschluss des herrschenden Unternehmens 140
3. Anmeldung beim Registergericht 140
4. Aufhebung von Beherrschungs- und Gewinnverwendungsverträgen 141
5. Kosten 141

§ 3 Prüfe Dein Wissen 143

Fragen und Antworten 143
I. Einführung 143
II. Vereinsrecht 145
III. Genossenschaftsrecht 148
IV. Kaufmann und Prokura 150
V. Personengesellschaften 154
VI. GmbH 159
VII. Aktiengesellschaft 164
VIII. Sonstige Anmeldungen 166
Stichwortverzeichnis 167

Musterverzeichnis

§ 2 Registeranmeldungen

2.1 Anmeldung der Neugründung eines Vereins ... 34
2.2 Anmeldung der Auflösung eines Vereins und der Liquidatoren ... 41
2.3 Anmeldung der Beendigung der Liquidation und Erlöschen des Vereins ... 42
2.4 Anmeldung der Neugründung einer Genossenschaft ... 48
2.5 Anmeldung eines Kaufmanns ... 59
2.6 Änderungen beim eingetragenen Kaufmann ... 60
2.7 Erlöschen des eingetragenen Kaufmanns ... 61
2.8 Übernahme eines eingetragenen Kaufmanns ... 62
2.9 Fortführung eines eingetragenen Kaufmanns durch eine ungeteilte Erbengemeinschaft ... 63
2.10 Anmeldung Prokura ... 67
2.11 Gesellschafterliste bei einer GmbH ... 72
2.12 Erstanmeldung einer GbR ... 73
2.13 Erstanmeldung ... 78
2.14 Änderungen bei der OHG ... 80
2.15 Liquidation ... 81
2.16 Liquidation durch Austritt und Anwachsung ... 81
2.17 Erstanmeldung einer KG ... 84
2.18 Änderungen bei der KG ... 85
2.19 Anmeldung zum Partnerschaftsregister ... 95
2.20 Liste der Gesellschafter ... 104
2.21 Notarbescheinigung Gesellschafterliste ... 105
2.22 Anmeldung einer GmbH ... 106
2.23 Anmeldung von Änderungen in der Geschäftsführung ... 111
2.24 Satzungsänderung bei der GmbH ... 113
2.25 Satzungsbescheinigung ... 114
2.26 Anmeldung einer Satzungsänderung mit wirtschaftlicher Neugründung ... 115
2.27 Barkapitalerhöhung ... 117
2.28 Auflösungsbeschluss ... 121
2.29 Bekanntmachung der Auflösung ... 122
2.30 Anmeldung der Liquidation ... 122
2.31 Anmeldung der Löschung einer GmbH ... 123
2.32 Gründung einer Unternehmergesellschaft (haftungsbeschränkt) ... 126
2.33 Anmeldung einer Gründung einer AG ... 133
2.34 Anmeldung Vorstandswechsel ... 136
2.35 Wechsel im Aufsichtsrat ... 138
2.36 Anmeldung einer inländischen Zweigniederlassung ... 139
2.37 Anmeldung eines Beherrschungs- und Gewinnabführungsvertrages ... 141

§ 1 Einführung

A. Überblick

1 In Deutschland gibt es im Wesentlichen vier Register für die Registrierung von juristischen Personen, Personengesellschaften und sonstigen Rechtssubjekten:

- das **Vereinsregister**,
- das **Genossenschaftsregister**,
- das **Handelsregister** (letzteres nochmals untergliedert in die beiden Abteilungen HRA und HRB) und
- seit dem 1.1.2024 nun auch ein **Gesellschaftsregister** für die Eintragungen von Gesellschaften bürgerlichen Rechts.

Daneben gibt es noch spezielle Register wie das **Partnerschaftsregister** für Partnerschaftsgesellschaften, die in dieser vorliegenden Einführung jedoch nur am Rande eine Rolle spielen (sollen).

Ein **Stiftungsregister** für die Eintragungen von Stiftungen gemäß § 80 BGB gibt es dagegen derzeit (noch) nicht.[1] Erst ab dem 1.1.2026 müssen Stiftungen ins Stiftungsregister eingetragen werden (vgl. § 82b BGB n.F.).[2] Die Eintragungsvoraussetzungen für Stiftungen sind dabei den Regelungen zu Anmeldungen zum Vereinsregister (vgl. §§ 3 ff. StiftRG n.F.) nachgebildet.[3]

Generell gilt, dass sich sämtliche Eintragungen in die verschiedenen Register an den **Eintragungsmodalitäten** im Vereinsrecht orientieren. Es gilt der Grundsatz: Wer das Vereinsrecht beherrscht, tut sich bei den Anmeldungen zu den anderen Registern leicht.

Auch die **Gesellschaft bürgerlichen Rechts** muss seit dem 1.1.2024 unter bestimmten Umständen im Gesellschaftsregister eingetragen werden.

Das Transparenzregister ist dagegen nicht gesellschaftsrechtlich von Bedeutung, sondern stellt einen Baustein der Geldwäschebekämpfung dar; Unternehmen müssen sich im Transparenzregister registrieren lassen, weil dies das Geldwäschegesetz (GwG) verlangt. Der Notar ist nicht für die Registrierung von Gesellschaften im Transparenzregister verantwortlich, er muss aber bei geldwäscherelevanten Vorgängen ggf. das Transparenzregister einsehen und – falls die dort gemeldeten Angaben nicht stimmten – in bestimmten Fallkonstellationen der registerführenden Stelle die Unstimmigkeiten melden (vgl. § 23a GwG).

2 Bei **juristischen Personen** handelt es sich im Gegensatz zu natürlichen Personen um Rechtsgebilde, die unabhängig vom Ein- oder Austritt ihrer einzelnen Mitglieder existieren. Juristische Personen sind voll und eigenständig rechtsfähig.

Die Grundform der juristischen Person stellt der **Verein** dar (vgl. §§ 21 ff. BGB).

Bei einer **Genossenschaft** handelt es sich um ein Gebilde, das sehr einem Verein ähnelt, gleichwohl aber auch Eigenschaften einer GmbH aufweist (vgl. §§ 1 ff. GenG).

Die wichtigsten gesellschaftsrechtlichen Körperschaften sind die **Aktiengesellschaft** (vgl. §§ 1 ff. AktG) und die **Gesellschaft mit beschränkter Haftung** (vgl. §§ 1 ff. GmbHG).

1 Die Stiftung wird aber im sog. Stiftungsverzeichnis geführt. Als Nachweis für die Existenz und Vertretungsmacht stellt die Stiftungsaufsicht Nachweisdokumente aus.

2 Bereits vor dem 1.1.2016 bestehende Stiftungen müssen bis zum 31.12.2026 in das neue Stiftungsregister nachgetragen sein. Die eingetragene Stiftung erhält dann den Namenszusatz „e.S.“ oder „e.VS.“.

3 Hierbei hat man aber wohl die Anpassung des § 32 GBO versäumt, sodass nach derzeitiger Rechtslage der Notar keine grundbuchtaugliche Vertretungsbescheinigungen bei Stiftungen ausstellen kann. Vgl. zum Ganzen Schmitt, notar 2023, 31, 35 f. Anders als das Vereinsregister wird das künftige Stiftungsregister zentral vom Bundesamt der Justiz geführt. Anmeldungen an das künftige Stiftungsregister müssen nicht elektronisch eingereicht werden, vgl. § 3 Abs. 2 StiftRG n.F.

Bei den Handelsgesellschaften wie der OHG und der KG handelt es sich demgegenüber nicht um Körperschaften/juristische Personen, sondern um **Personengesellschaften**, also einem Zusammenschluss von natürlichen Personen. Personengesellschaften sind nach § 105 Abs. 2 HGB zwar rechtsfähig; es handelt sich bei diesen aber nicht um juristische Personen. Auch bei einer Gesellschaft bürgerlichen Rechts handelt es sich um eine Personengesellschaft. Und mit § 9a WEG ist nun auch die **Rechtsfähigkeit der Wohnungseigentümergemeinschaft** im Gesetz verankert.

Im Öffentlichen Recht gibt es ebenfalls juristische Personen. Diese sollen bei der vorliegenden Einführung jedoch nicht interessieren.[4]

Schaubild 1: Überblick über die Rechtssubjekte

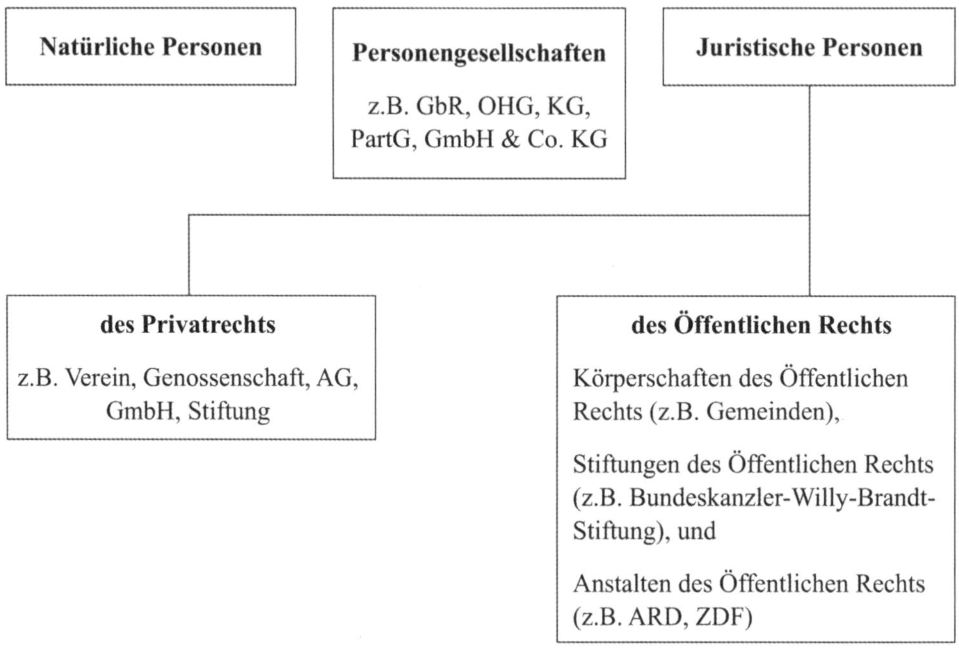

B. Registereinsicht

3 Die im Schaubild 1 dargestellten Rechtssubjekte sind in den jeweiligen Registern eingetragen:

- Eingetragener Kaufmann (= eine gewerblich tätige natürliche Person) → im Handelsregister unter HRA.
- OHG/KG/GmbH & Co. KG → im Handelsregister unter HRA.
- GbR → Die Außen-GbR kann seit dem 1.1.2024 ins Gesellschaftsregister eingetragen werden.
- Partnerschaftsgesellschaft → im Partnerschaftsregister.
- Verein → im Vereinsregister.
- Genossenschaft → im Genossenschaftsregister.
- AG/GmbH → im Handelsregister unter HRB.
- Stiftungen → Derzeit ist keine Eintragung möglich.
- Natürliche Personen, nicht gewerblich tätig → keine Eintragung.
- Wohnungseigentümergemeinschaft → keine Eintragung.

4 Die Eintragung in das jeweilige Register hat den Sinn, Dritten die wesentlichen **Informationen** zu einem Rechtssubjekt zugänglich zu machen. **Jedermann** hat nämlich das Recht, Einsicht in das jeweilige Register zu nehmen (vgl. z.B. § 79 BGB für das Vereinsregister oder

4 Ausführlicher *Esbjörnsson*, Gesellschaftsrecht, 2. Aufl. 2022, § 1.

§ 9 HGB für das Handelsregister). Anders als im Grundbuchrecht ist für die Einsicht ins Vereins- oder Handelsregister kein bestimmtes Interesse erforderlich.

Während im Vereins- und Genossenschaftsrecht lediglich die wichtigsten Informationen zur jeweiligen juristischen Person abrufbar sind, kann bei GmbHs auch auf die Zusammensetzung der Gesellschafter Einblick genommen werden (sog. **Gesellschafterliste**). Zudem ist auch der Gesellschaftsvertrag für Außenstehende einsehbar.[5] 5

Der **Abruf** der Einsicht in die verschiedenen Register ist neuerdings kostenfrei. Die Mitteilung des Inhalts des jeweiligen Registers und Mitteilung durch den Notar löst Kosten von 15 EUR aus (vgl. KV-Nr. 25209 Anlage 1 zum GNotKG). Auch das Registergericht erteilt Ausdrucke oder Kopien aus dem Handelsregister; das Registergericht kann sogar beglaubigte Auszüge erteilen. Die Einsicht ins Transparenzregister kostet 1,65 EUR pro Dokument (vgl. Nr. 2 der Anlage TrGebV).

> *Merke:*
>
> Ein Notar kann **keinen** beglaubigten Auszug aus dem Handelsregister fertigen; hierfür ist einzig das Registergericht zuständig. Der Notar kann jedoch eine sog. **Registerbescheinigung** erstellen, vgl. § 21 BNotO.[6]

Bei manchen Rechtssubjekten, wie z.B. dem Verein, der Genossenschaft oder GmbH/AG ist die Eintragung im jeweiligen Register **konstitutiv**, d.h. die Eintragung ist erforderlich, damit das jeweilige Rechtssubjekt überhaupt Rechtssubjektsqualität erhält. Beim eingetragenen Kaufmann (sog. **e.K.**) oder den Personengesellschaften ist die Eintragung in das Handelsregister dagegen meist nur rein **deklaratorisch**, d.h. das Rechtssubjekt ist bereits außerhalb des Registers entstanden. Die Eintragung dient nur noch der Bekanntmachung. 6

Registereinsichten sehen regelmäßig wie folgt aus:

Schaubild 2: Einsicht Vereinsregister

Vereinsregister des Amtsgerichts München *1)*	Wiedergabe des aktuellen Registerinhalts Abruf vom 3.1.2023	Nummer des Vereins: **VR 1000** *2)*
	Seite 1 von 1	

1. **Anzahl der bisherigen Eintragungen:**
   3
2. **a) Name:**
   FC München 1901 e.V.
   b) Sitz:
   München
3. **a) Allgemeine Vertretungsregelung:**
   Der 1. oder 2. Vorsitzende vertreten jeweils gemeinsam mit einem weiteren Vorstandsmitglied
   b) Vertretungsberechtigte und besondere Vertretungsbefugnis:
   1. Vorsitzender: Dr. Max Meier, München, *1.1.1943 *3)*
   Vorstand: Emil Beckenbauer, Fürstenfeldbruck, *19.3.1974
   Vorstand: Max Fritsch, München, *4.5.1954
   2. Vorsitzender: Hans Albers, Dachau, *19.3.1990
   w. Vorstandsmitglied: Amalia Kunz, Starnberg, *9.3.1967
4. **a) Satzung:**
   Eingetragener Verein
   Satzung vom 6.9.1967

5 Das Transparenzregister liefert demjenigen, der ein berechtigtes Interesse vortragen kann, generell Informationen über die Zusammensetzung der Gesellschafter einer Gesellschaft.

6 Vgl. zum Ganzen DNotI-Rep. 2014, 81.

Zuletzt geändert durch Beschl. v. 21.3.2016
b) Sonstige Rechtsverhältnisse
4)

5. **a) Tag der letzten Eintragung**
29.4.2019
b) *5)*

Erläuterungen zur Vereinsregistereinsicht:

1) Das zuständige Registergericht.

2) Jeder Verein erhält eine eigene Vereinsregisternummer, vgl. § 2 Abs. 1 VRV.

3) Anzugeben sind immer Vor- und Familienname, Wohnort und Geburtsdatum, vgl. § 3 VRV.

4) Besondere Rechtsverhältnisse wären z.B. Umwandlungen, Auflösung, Liquidation etc., vgl. § 3 VRV.

5) Besondere Anmerkungen nur, wenn erforderlich.

Schaubild 3: Einsicht Unternehmensregister

Handelsregister B des Amtsgerichts Deggendorf *1) und 2)*	Abteilung B *2)* Wiedergabe des aktuellen Registerinhalts Abruf vom 3.1.2023 10:37	Nummer der Firma: **HRB 3444** *3)*
	Seite 1 von 1	

1. **Anzahl der bisherigen Eintragungen:**
2)
2. **a) Name:**
Emerga Bau GmbH
b) Sitz, Niederlassung, inländische Geschäftsanschrift, empfangsberechtigte Person, Zweigniederlassung:
Deggendorf
Geschäftsanschrift: Pfleggasse 9, 94469 Deggendorf
c) Gegenstand des Unternehmens:
Errichtung und Veräußerung von Gebäuden
3. **Grund- und Stammkapital:**
25.000,00 EUR
4. **a) Allgemeine Vertretungsregelung:**
Ist nur ein Geschäftsführer bestellt, so vertritt er die Gesellschaft allein. Sind mehrere Geschäftsführer bestellt, so wird die Gesellschaft durch zwei Geschäftsführer oder durch einen Geschäftsführer gemeinsam mit einem Prokuristen vertreten.
b) Vorstand, Leitungsorgan, geschäftsführende Direktoren, persönlich haftende Gesellschafter, Geschäftsführer, Vertretungsberechtigte und besondere Vertretungsbefugnis:
Geschäftsführer: Dr. Max Werner, Deggendorf, *1.1.1943 *4)*
Einzelvertretungsberechtigt und von den Beschränkungen des § 181 BGB befreit *5)*
5. **Prokura:**
Martin Schleier, Auerbach, *19.3.1982
6. **a) Rechtsform, Beginn, Satzung oder Gesellschaftsvertrag**
Gesellschaft mit beschränkter Haftung
Gesellschaftsvertrag vom 30.10.2012
b) Sonstige Rechtsverhältnisse
6)
7. **a) Tag der letzten Eintragung**
29.4.2019
b) *7)*

Erläuterungen zur Unternehmensregistereinsicht:

1) Das zuständige Registergericht.

2) Es gibt 2 Abteilungen im Handelsregister: HRA und HRB, vgl. § 3 Abs. 1 HRV.

3) Jedes Unternehmen erhält eine eigene Registernummer, vgl. § 13 HRV.

4) Anzugeben sind immer Vor- und Familienname, Wohnort und Geburtsdatum, vgl. § 24 HRV.

5) Besondere Vertretungsregelung, d.h. die allgemeine Vertretungsregelung wird verdrängt.

6) Besondere Rechtsverhältnisse wären z.B. Umwandlungen, Auflösung, Liquidation, vgl. § 43 HRV.

7) Besondere Anmerkungen nur, wenn erforderlich.

C. Registeranmeldung

Damit die einzelnen Informationen im jeweiligen Register veröffentlicht werden können, 7
bedarf die Neugründung eines Rechtssubjekts, wesentliche Änderungen und schließlich die Beendigung stets der Anmeldung zum jeweiligen Register. Wie eine solche Anmeldung verfasst werden muss, ist Gegenstand der vorliegenden Einführung.

Generell gilt: Registeranmeldung zu den **verschiedenen Registern ähneln** sich sehr stark. Die Grundsätze, die für die Anmeldung zum Vereinsregister gelten, sind daher meist auch bei Anmeldungen zu den anderen Registern zu beachten.

Registeranmeldungen sehen regelmäßig wie folgt aus:

Schaubild 4: HRA Anmeldung (hier: Änderung Vorstand und Satzung)

URNr. /
Az.: 50834 – 13.01.2017
SB: Dr. S

Entwurf:

... NOTARE
Musterstraße 1a
10000 Musterstadt
Tel. ...
Fax. ...

> URNr.
> internes Az. – Datum Beglaubigung
> Sachbearbeiter
> Angaben zum Entwurfersteller

An das
Amtsgericht Musterstadt
- Vereinsregister -

> Zuständiges Gericht

> Angaben zum jeweiligen Rechtssubjekt, hier: ein Verein mit Angabe Vereinsregisternummer

VR 0001
Musterverein e.V. mit Sitz in 99999 Musterstadt
Anschrift: 99999 Musterstadt, Musterstraße 1

> Anlagen, die man der Anmeldung beifügt (nicht zwingend)

Als **Anlage** wird vorgelegt:

Abschrift des Protokolls über die Mitgliederversammlung des Vereins vom 31.12.2016
Vollständiger Satzungswortlaut nach Satzungsänderung

Zur Eintragung in das Vereinsregister wird **angemeldet**:

1. Im Vorstand des Vereins ist eine Änderung eingetreten. In der Mitgliederversammlung vom 31.12.2016 wurden gewählt:

   a) Herr Max Mustermann, Musterstadt, * 13.04.1976,
   als 1. Vorsitzender

   b) Frau Erika Musterfrau, Musterstadt, * 15.08.1977,
   als 2. Vorsitzende

   Frau Anna Meier und Herr Peter Weber sind nicht mehr Vorstandsmitglied.
   Die Vorstandschaft bleibt im Übrigen unverändert.

- 2 -

2. In derselben Mitgliederversammlung wurde die Änderung von § 5 und § 6 der Satzung des Vereins beschlossen.

Es wird versichert, dass die Mitgliederversammlung satzungsgemäß unter Angabe der Tagesordnung einberufen und beschlussfähig war und dass die gefassten Beschlüsse ordnungsgemäß zustande gekommen sind.

Hiermit werden Frau ... und Frau ..., beide Angestellte bei ... NOTARE in Musterstadt, und zwar jede für sich allein, unter Befreiung von § 181 BGB bevollmächtigt, etwaige Änderungen dieser Anmeldung, die vom Registergericht angeregt werden, vorzunehmen.

Mitteilungen des Gerichts werden ausschließlich an den beglaubigenden Notar erbeten.

Vollmacht für Mitarbeiter des Notars (zu empfehlen)

Musterstadt, den 13. Januar 2017

[Unterschrift Vorstand in vertretungsberechtigter Zahl]

Unterschriften in notwendiger Anzahl

--

Unterschriftsbeglaubigung durch Notar

Unterschriftsbeglaubigung des Notars (idR. auf separatem Blatt)

Anmeldungen zu den Registern sind im Grundsatz stets gleich aufgebaut:

- UVZ-Nr. mit Datum, ggf. Az. und Sachbearbeiter,
- Angaben zum zuständigen Gericht,
- Angaben zum jeweiligen Rechtssubjekt (Name und Registernummer, ggf. Adresse),
- Hinweis auf die beigefügten Dokumente,
- Inhalt der Anmeldung,
- Vollmacht für Mitarbeiter des Notars (zu empfehlen),
- Unterschrift der zeichnungsberechtigten Personen,
- Unterschriftbeglaubigung durch den Notar.

Hat der Notar den Entwurf der Registeranmeldung nicht selbst erstellt, sondern beglaubigt dieser nur die Unterschrift unter einem Fremdentwurf, so ist der Unterschriftsbeglaubigung auch ein sog. **Prüfvermerk** i.S.d. § 378 Abs. 3 S. 1 FamFG beizufügen (vgl. nachfolgende Rdn 12).

In allen anderen Fällen (d.h. Beurkundungen oder Eigenentwurf) ist ein Prüfvermerk entbehrlich.

Anmeldungen zu den jeweiligen Registern müssen stets in **deutscher Sprache** verfasst sein, 8
vgl. § 184 GVG.

Zum Verständnis von Registeranmeldungen müssen folgende Begriffe klar sein: 9

Es gibt **anmeldepflichtige** Tatsachen, d.h., solche Vorgänge müssen angemeldet werden (z.B. Vorstands- oder Geschäftsführerwechsel von AktG oder GmbH), und **anmeldefähige** Tatsachen, d.h., solche Vorgänge können angemeldet werden, müssen aber nicht (z.B. die Eintragung eines Kleingewerbetreibenden ins Handelsregister, Haftungsausschluss nach § 25 Abs. 2 HGB oder § 28 Abs. 2 HGB).

Hiervon zu unterscheiden ist die Frage, ob eine Anmeldung **deklaratorischer** oder **konstitutiver** Natur ist. Bei sog. konstitutiven Anmeldungen wird der Vorgang erst wirksam, wenn 10 dieser zum Register angemeldet und im Register eingetragen ist (z.B. Satzungsänderung bei einer GmbH). Rein deklaratorische Anmeldungen ist der Vorgang bereits außerhalb des Registers wirksam geworden, die Anmeldung erfolgt lediglich zum Zwecke der Bekanntmachung (z.B. Bestellung eines Geschäftsführers oder Prokuristen).

Beispiele:

- Eintragung des Vereins/einer GmbH: konstitutiv.
- Eintragung der Vorstände eines Vereins: deklaratorisch.
- Eintragung einer Prokura: deklaratorisch.
- Eintragung des e.K.: beim Muss-Kaufmann deklaratorisch, beim Kann-Kaufmann konstitutiv.
- Eintragung des Geschäftsführers einer GmbH: deklaratorisch.
- Eintragung einer Satzungsänderung bei einer GmbH: konstitutiv.
- Eintragung eines Gewinnabführungsvertrages: konstitutiv.
- Eintragung der Auflösung einer GmbH: deklaratorisch.

11 Anzumelden sind die jeweiligen Vorgänge jeweils von den **vertretungsberechtigten Personen** der juristischen Person bzw. Personengesellschaft bzw. vom Kaufmann selbst. Ob sämtliche vertretungsberechtigte Personen die Anmeldung unterzeichnen müssen (z.B. bei der Erstanmeldung der Genossenschaft) oder nur vertretungsberechtigte Personen in ausreichender Zahl (z.B. bei einer Satzungsänderung bei einer Genossenschaft), ist im Einzelfall zu prüfen. Diese Personen können sich grundsätzlich auch bei der Anmeldung vertreten lassen (vgl. z.B. Umkehrschluss aus § 125 Abs. 2 S. 2 HGB). Eine solche Vollmacht bedarf jedoch der notariellen Beglaubigung (vgl. § 12 HGB).

Organschaftliche Vertretungsrechte dürfen jedoch nicht via Generalvollmacht generell auf Dritte übertragen werden (sog. organverdrängende Vollmachten; Verstoß gegen das sog. Abspaltungsverbot). Ein Geschäftsführer einer GmbH darf also seine komplette Geschäftsführertätigkeit nicht via Vollmacht an einen Dritten abgeben. Vollmachten bzgl. einzelner Tätigkeiten sind aber zulässig. Inwieweit das auch im Personengesellschaftsrecht bzgl. Generalvollmachten von Komplementären für Dritte gilt, ist umstritten.[7]

Wird ein nur gesamtvertretungsberechtigter Geschäftsführer zur Einzelvertretung ermächtigt, muss diese Ermächtigung von der Gesellschaft in vertretungsberechtigter Zahl unterzeichnet sein.[8]

12 Notare gelten nach § 378 Abs. 2 FamFG als ermächtigt, Registeranmeldungen vorzunehmen, die aufgrund Urkunden, die sie selbst beurkundet oder beglaubigt haben, erforderlich werden. Anmeldungen in Registersachen **mit Ausnahme** der Genossenschafts- und Partnerschaftsregistersachen sind vor ihrer Einreichung für das Registergericht von einem Notar auf Eintragungsfähigkeit zu prüfen (sog. Prüfvermerk). Dies gilt also auch bei Anmeldungen zum Vereins- und Gesellschaftsregister. Bei Entwürfen, die der Notar selbst erstellt hat, kann das Gericht davon ausgehen, dass der Notar seiner Prüfpflicht i.S.d. § 378 Abs. 3 S. 1 FamFG nachgekommen ist; ein besonderer Vermerk ist in diesem Fall regelmäßig entbehrlich. Der Prüfvermerk ist zu erteilen, wenn die Anmeldung allein für sich vollzugsfähig ist; sonstige Unterlagen müssen vom Notar nicht geprüft werden; auch die Interessenslage der Beteiligten muss vom Notar nicht abgefragt werden. Der Prüfvermerk wird der Anmeldung beigefügt (i.d.R. auf der Seite der Unterschriftsbeglaubigung selbst; auch möglich auf einem separaten Schreiben), vom Notar unterzeichnet und gesiegelt.

In Handels- und Gesellschaftsregistersachen sind die Anmeldungen schließlich bei einem Notar zur Weiterleitung an die für die Eintragung zuständige Stelle einzureichen, vgl. § 378 Abs. 3 FamFG. Einreichungen ins Vereins-, Genossenschafts- oder Partnerschaftsregister können die Beteiligten dagegen **selbst** an das Registergericht weiterleiten, beim Genossen-

7 Vgl. zum Ganzen *Reetz*, in: Beck'sches Notarhandbuch, 8. Aufl. 2024, § 27 Rn 171 ff.
8 Vgl. OLG Bamberg RNotZ 2020, 477.

schafts- und Partnerschaftsregister muss die Einreichung aber **elektronisch** erfolgen (siehe Tabelle).

Elektronisch einzureichende Dokumente müssen in einem **maschinenlesbaren, durchsuchbaren Datenformat** eingereicht werden (vgl. § 12 Abs. 2 HGB).

Manche Anmeldungen und Versicherungen sind höchstpersönlicher Natur, sodass eine Stellvertretung ausscheidet (z.B. die Versicherung der Straffreiheit gemäß §§ 6 Abs. 2, 8 Abs. 3 GmbHG kann nur der jeweilige Geschäftsführer selbst abgeben; Gleiches gilt für die Abgabe von Versicherungen zum Kapital bei Gründungen oder Kapitalmaßnahmen).

Registerart	**Prüfpflicht des Notars**	**Einreichen durch**	**Form des Einreichens**
Vereinsregister	Ja, § 378 Abs. 3 FamFG.	Vorstand, § 59 BGB (in der Praxis: durch den Notar).	Papierform (in der Praxis: elektronisch).
Genossenschafts-register	Nein.	Vorstand (in der Praxis: durch den Notar).	Elektronisch, § 12 HGB i.V.m. § 11 Abs. 4 GenG.
Gesellschaftsregister	Ja, § 378 Abs. 3 FamFG.	Notar, § 378 Abs. 3 FamFG.	Elektronisch, § 12 HGB i.V.m. § 707b BGB.
Handelsregister	Ja, § 378 Abs. 3 FamFG.	Notar, § 378 Abs. 3 FamFG.	Elektronisch, § 12 HGB.
Partnerschaftsregister	Nein.	Partner (in der Praxis: durch den Notar).	Elektronisch, § 12 HGB i.V.m. § 707b BGB i.V.m. § 1 Abs. 4 PartGG.

Der in der Anmeldung vorgetragene Sachvortrag muss zum Zeitpunkt der Eintragung richtig sein. Auch die Eintragungsvoraussetzungen müssen zum Zeitpunkt der Eintragung vorliegen. Unterlagen können daher bis zum Zeitpunkt der Eintragung nachgereicht werden. Ob die vorgetragenen Tatsachen bei der Unterzeichnung der Anmeldung oder bei Vorlage der Anmeldung richtig sind, spielt dagegen keine Rolle. Künftige Ereignisse können daher zwar angemeldet, aber (noch) nicht ins Register eingetragen werden. In diesen Fällen ist zu raten, dass der Notar die Anmeldung solange zurückhält, bis das zeitliche Ereignis eingetreten ist (z.B. die Liquidation einer GmbH mit Ablauf des 31.12. kann erst im neuen Jahr eingetragen werden).[9] 13

Die **Unterzeichnungsberechtigung** (also die Vertretungsmacht desjenigen, der die Anmeldung unterzeichnet) muss im Gegensatz dazu schon und noch zum Zeitpunkt der Abgabe der Erklärung durch den Notar an das Gericht (vgl. § 130 Abs. 2 BGB analog) vorliegen.[10]

Einen Sonderfall bildet die Versicherung der Straffreiheit nach §§ 6 Abs. 2, 8 Abs. 3 GmbHG. Nach wohl h.M.[11] muss die Erklärung beim Eingang bei Gericht richtig sein, nach a.A. bei Abgabe der Erklärung. Letzteres ist wohl richtig, weil man nur das versichern kann, was man zum Zeitpunkt der Abgabe der Erklärung weiß.

9 Vgl. zum Ganzen *Kafka*, Registerrecht, 12. Aufl. 2024, Rn 79 m.w.N.

10 Vgl. zum Ganzen *Kafka*, Registerrecht, Rn 79; OLG Zweibrücken FGPrax 2014, 83; a.A. BayObLG NZG 2004, 421, das auf den Zeitpunkt der Abgabe der Erklärung beim Notar abstellen will. Nach OLG Hamm v. 15.6.2023 – 27 W 42/23, könne ein aufschiebend bedingt bestellter Geschäftsführer die Anmeldung schon unterzeichnen (a.A. OLG Brandenburg v. 30.3.2023 – 7 W 31/23). Vgl. zum Ganzen Schmidt, FGPrax 2023, 158.

11 Vgl. *Noack/Servatius/Haas*, GmbHG, 23. Aufl. 2022, § 8 Rn 11 m.w.N. auch zu gegenteiligen Auffassungen.

14 Handelsregisteranmeldungen dürfen grundsätzlich nicht unter eine Bedingung oder Befristung stehen, es sei denn, der Bedingungseintritt kann vom Registergericht überprüft werden. Die Bedingung muss zum Zeitpunkt der Eintragung eingetreten bzw. die Befristung abgelaufen sein (vgl. Rdn 13).

Anmeldungen können bis zur Eintragung der angemeldeten Vorgänge zurückgenommen werden, und zwar durch die Anmeldenden selbst oder den Notar gemäß § 378 Abs. 2 FamFG.

15 Sämtliche Handelsregistervorgänge unterliegen der **Geldwäscheprüfung** (vgl. § 2 Abs. 1 Nr. 10a ee) GwG). Nimmt der Notar lediglich eine Unterschriftsbeglaubigung auf einem fremden Entwurf vor, so muss er aber die Beteiligten identifizieren (strittig).[12] Neuerdings unterfallen nun auch die Gesellschaften bürgerlichen Rechts, die in das Gesellschaftsregister eingetragen werden sollen, der Geldwäscheprüfung.

16 Nach § 12 Abs. 1 HGB sind Anmeldungen zum Registergericht **elektronisch** und in **öffentlich beglaubigter Form** einzureichen. Die Einreichung in Papierform ist nur noch im Vereinsregister zulässig (in der Praxis aber unüblich). Dokumente sind elektronisch in einem maschinenlesbaren und durchsuchbaren Datenformat einzureichen.

Ist eine Urschrift oder eine einfache Abschrift einzureichen oder ist für das Dokument die Schriftform bestimmt, genügt die Übermittlung einer elektronischen Aufzeichnung;[13] ist ein notariell beurkundetes Dokument oder eine öffentlich beglaubigte Abschrift einzureichen, so ist ein mit einem einfachen elektronischen Zeugnis (§ 39a BeurkG) versehenes Dokument zu übermitteln (vgl. § 12 Abs. 2 HGB).

Zur Übermittlung an das Registergericht wurde von der Bundesnotarkammer ein eigenes sog. **XML-Verfahren** unter dem Namen „XNP" entwickelt. Der Mitarbeiter des Notars trägt die wesentlichen Informationen der Handelsregisteranmeldung in eine Maske ein, die dann dem Gericht übermittelt werden. Bei neueren Notarsoftwares übernimmt das jeweilige Notarprogramm automatisch die Daten der Anmeldung. Diese Daten können dann vom Gericht direkt weiterverarbeitet werden. Die Arbeit des Registergerichts kann sich somit in aller Regel auf die erforderliche inhaltliche Kontrolle anhand der ebenfalls elektronisch übermittelten Dokumente beschränken. Letztlich ermöglicht dieses System *„in besonders effektiver Weise die Verbindung der unabdingbaren Schnelligkeit des Eintragungsverfahrens mit der ebenfalls wünschenswerten individuellen, rechtlich differenzierten Ausgestaltung der zugrunde liegenden Vorgänge durch den Notar als anerkannten Registerrechtskundigen.*"[14]

An dieser Stelle soll ausdrücklich keine Einführung in XNP gegeben werden. Das Programm orientiert sich an den möglichen Anmeldearten, sodass in den allermeisten Fällen das Programm einen sicher durch den Anmeldevorgang führt. Eine besondere Sachkenntnis ist hierzu nicht erforderlich.

Bei der Einreichung von Unterlagen ist neuerdings auch der **Datenschutz** besonders zu beachten. § 5a DONot verlangt, dass Eingaben bei Registern nicht die Wohnanschrift der Beteiligten, die Personalausweisnummern oder Kontonummern enthalten dürfen (auch wenn sich diese Angaben lediglich im mitbeurkundeten Anhang finden). Dies gilt nur für **Entwürfe**, die der Notar selbst entworfen hat, nicht für Erklärungen der Beteiligten, die der Notar an das Registergericht via XNP übermittelt (private Beschlüsse oder privat erstellte Registeranmeldungen). Die Angaben sind entweder von vornherein wegzulassen oder später unkenntlich zu machen.

Personalausweise sind dem Registergericht generell nie zu übersenden. Nachweise der Rechtsnachfolge oder Vollmachten sollen beim Gericht in einem separaten Scanvorgang eingereicht werden, damit es dem Gericht möglich ist, diese Dokumente nicht zu veröffent-

12 So *Sommer,* MittBayNot 2019, 107, 108.

13 Z.B. ist ein elektronisch erstelltes Protokoll für die Bestellung eines GmbH-Geschäftsführers ausreichend, vgl. KG, NotBZ 2023, 267.

14 Vgl. zum Ganzen instruktiv *Willer/Krafka,* DNotZ 2006, 885, 886.

lichen. Anstelle des Beifügens von Vollmachten soll überdies generell vermehrt auf die Möglichkeit von **Vertretungsbescheinigungen** zurückgegriffen werden.[15]

Die Geschäftsanschrift darf/muss dagegen vollständig genannt sein, auch wenn diese ggf. mit der Wohnanschrift eines der Beteiligten übereinstimmt.

In den Folgekapiteln werden die jeweiligen Anmeldungen für die jeweiligen Rechtssubjekte im Detail behandelt. Einige Registeranmeldungen müssen nicht beim Notar vor Ort, sondern können neuerdings auch mittels Videokommunikation gemäß § 40a BeurkG vorgenommen werden. 17

D. Gebühren

Für die **Fertigung eines Entwurfs** für eine Registeranmeldung fällt nach KV-Nr. 24102 GNotKG eine 0,5-Gebühr an, mindestens 30 EUR. Beglaubigt der Notar, der den Entwurf gefertigt hat, unter dem Entwurf eine oder mehrere Unterschriften, entstehen für die erstmalige Beglaubigung, die an ein- und demselben Tag erfolgen, keine weiteren Gebühren (vgl. Vorbem. 2.4.1 Abs. 2 zu KV-Nr. 24100 GNotKG). Beglaubigt der Notar an anderen Tagen weitere Unterschriften unter dem eigenen Entwurf, fällt für jeden Beglaubigungsvermerk nach KV-Nr. 25100 GNotKG eine 0,2-Gebühr an, mindestens 20 EUR, höchstens 70 EUR. Mit der Gebühr ist die Beglaubigung mehrerer Unterschriften abgegolten, wenn diese in einem einzigen Vermerk erfolgen. 18

Beglaubigt der Notar unter einem **fremden Entwurf** eine Unterschrift, fällt nach KV-Nr. 25100 GNotKG eine 0,2-Gebühr an, mindestens 20 EUR, höchstens 70 EUR. Der Prüfvermerk i.S.d. § 378 Abs. 3 S. 1 FamFG ist kostenfrei. 19

Übermittelt der Notar die Registeranmeldung **elektronisch mit XML-Strukturdaten** an das Registergericht, entsteht seit dem 1.1.2021, wenn der Notar den Entwurf selbst gefertigt hat, zusätzlich eine 0,2-Gebühr gemäß KV-Nr. 22114 GNotKG aus dem Geschäftswert der Anmeldung, höchstens 125 EUR. Übermittelt der Notar eine Anmeldung, für die er nicht den Entwurf erstellt hat, elektronisch mit XML-Strukturdaten an das Registergericht, entsteht anstatt einer 0,2-Gebühr eine 0,5-Gebühr gemäß KV-Nr. 22125 GNotKG, maximal 250 EUR. Zusätzlich zu dieser 0,5-Gebühr fällt eine Gebühr nach KV-Nr. 22124 GNotKG i.H.v. pauschal 20 EUR für die Übermittlung an das Registergericht an. 20

Für das **Erstellen von elektronischen Dokumenten** fallen ggf. zusätzliche Gebühren an. Müssen Urkunden/Dokumente eingescannt werden, ist dies nach KV-Nr. 32002 GNotKG bei den ersten 50 Seiten mit 0,50 EUR, bei den weiteren Seiten mit 0,15 EUR abzurechnen. Für die Weitergabe von elektronischen Dateien fallen Gebühren i.H.v. 1,50 EUR pro Datei, maximal 5 EUR pro Arbeitsvorgang an, vgl. KV-Nr. 32002 GNotKG. 21

Ein **Arbeitsvorgang** liegt vor, wenn mehrere Dateien als Anhang zu einer Mail oder mit einem strukturierten Datensatz versendet werden oder auf einen Datenträger abgespeichert und übergeben werden.[16] Wird eine Mail gleichzeitig an mehrere Empfänger adressiert und übersandt, bleibt es bei einem Arbeitsgang. Das Versenden mehrerer Mails hingegen stellt mehrere Arbeitsgänge dar.[17] Bei der Übersendung an das Registergericht fällt die Dateigebühr aber nur dann an, wenn die Dokumentengebühr für den Scanvorgang nicht höher ist. Es ist in diesem Fall also eine Vergleichsberechnung anzustellen.

Beispiel: 22

Der Notar soll dem Registergericht eine beglaubigte Seite übersenden.

- Dateipauschale: 1,50 EUR.
- Scangebühr: 1 Seite á 0,50 EUR = 0,50 EUR.

Im vorliegenden Fall ist die Dateipauschale höher und damit anzusetzen.

15 Vgl. zum Ganzen Rundschreiben der Bundesnotarkammer vom 25.5.2023.
16 Vgl. Notarkasse München, Streifzug durch das GNotKG, 13. Aufl. 2021, Rn 531.
17 Notarkasse München, Streifzug durch das GNotKG, 13. Aufl. 2021, Rn 531.

Der Gegenstand der jeweiligen Anmeldung richtet sich nach dem jeweiligen **Anmeldevorgang** (siehe hierzu die einzelnen Kapitel). Zu den aufgezeigten Kosten kommen die üblichen Auslagen und die Umsatzsteuer.

Sollte bei der Unterschriftsbeglaubigung ein Vertretungsnachweis erforderlich werden (z.B. Bescheinigung, dass der unterzeichnende Geschäftsführer der Komplementärin auch tatsächlich deren Geschäftsführer ist, vgl. § 21 BNotO), fällt für jede Bescheinigung eine Gebühr nach KV-Nr. 25200 GNotKG i.H.v. 15 EUR für jedes Registerblatt, das eingesehen werden musste, an. Für den Abruf eines Registerblattes fallen neuerdings keine Gebühren mehr an. Eine Registerbescheinigung ist dann nicht erforderlich, wenn das für die Anmeldung zuständige Gericht den Nachweis durch Einblick in das eigene Register auch führen hätte können.

23 Für manche Anmeldevorgänge müssen dem Gericht Beschlüsse, ggf. auch beurkundet, eingereicht werden. Für die Erstellung und Beurkundung von Gesellschafterbeschlüssen fallen zusätzliche Gebühren an.

§2 Registeranmeldungen

A. Vereinsrecht

I. Grundzüge des Vereinsrechts

Beim Verein handelt es sich um die Urform aller Körperschaften. Das Vereinsrecht ist in den §§ 21 ff. BGB geregelt, ohne dass dort jedoch der Begriff des Vereins definiert ist. Nach überwiegender Ansicht ist ein Verein eine **auf Dauer angelegte, freiwillige Verbindung** einer größeren Anzahl von Personen zur **Erreichung eines gemeinsamen Zwecks**. Vereine sind nach ihrer Satzung körperschaftlich strukturiert, führen also einen Gesamtnamen und sind – anders als z.B. Personengesellschaften – auf einen wechselnden Mitgliederbestand angelegt. Vereine können in ihrer Erscheinungsform vielfältig sein. So sind etwa politische Parteien eingetragene oder nicht eingetragene Vereine. Auch religiöse Vereine sind denkbar. Sind Vereine regional und/oder sachlich strukturiert, kann ein Gesamtverein oder ein Vereinsverband vorliegen. Bekannt sind vor allem aber die nicht-wirtschaftlichen Freizeitvereine, wie z.B. die Sport- und Gesangsvereine, karitative Vereine, Vereine zur Förderung des Brauchtums. 1

Systematisch unterscheidet man herkömmlich zwischen **nicht wirtschaftlichen Vereinen** (sog. **Idealvereine**, vgl. § 21 BGB, z.B. ein Sportverein) und **wirtschaftlichen Vereinen** (vgl. § 22 BGB, z.B. TÜV, GEMA, VG Wort) sowie zwischen eingetragenen (vgl. § 21 BGB) und nicht im Vereinsregister eingetragenen Vereinen (vgl. § 54 BGB).

Nicht wirtschaftliche Vereine erlangen ihre **Rechtsfähigkeit** gemäß § 21 BGB durch Eintragung in das Vereinsregister, die Eintragung für solche Vereine ist also konstitutiv. Wirtschaftliche Vereine erhalten ihre Rechtsfähigkeit gemäß § 20 BGB hingegen durch staatliche Konzession. 2

Maßgebend für die Frage der Abgrenzung zwischen nicht wirtschaftlichen Vereinen und wirtschaftlichen Vereinen ist nach § 21 BGB der **Zweck** des Vereins. Bei wirtschaftlichen Vereinen ist der Zweck primär auf einen Geschäftsbetrieb gerichtet. Wirtschaftliche Vereine sind in der Praxis sehr selten, da diese durch gesellschaftsrechtliche Formen wie die AG oder die GmbH verdrängt werden. Eine Konzession wird in der Praxis nur erteilt, wenn die Organisation als Gesellschaft unzumutbar wäre oder wenn die Vereinsform durch Gesetz ausdrücklich zuglassen ist (z.B. § 3 MarktstrukturG, § 19 BWaldG). Für Versicherungsvereine gelten einzig die Bestimmungen des VAG; eine Eintragung im Vereinsregister ist nicht möglich.

Wirtschaftliche Vereine sind daher selten und sollen daher nachfolgend nicht Gegenstand dieser Einführung sein.

Auch nicht wirtschaftliche Vereine können gemäß § 21 BGB in gewissem Umfang wirtschaftlich tätig sein, ohne ihren **Status** als nicht wirtschaftlichen Verein einzubüßen. Das sog. **Nebenzweckprivileg** besagt, dass auch unternehmerische Tätigkeiten von Idealvereinen, die einem funktionalen nicht wirtschaftlichen Vereinszweck (**Hauptzweck**) untergeordnet sind, nicht zur Annahme eines wirtschaftlichen Vereins führen. Zudem muss der Nebenzweck dem Hauptzweck dienen (z.B. Getränkeverkauf beim Sportverein, Hüttenbetrieb eines Alpenvereins). 3

Streitig ist derzeit, ob sich ein eingetragener Verein der Einordnung als wirtschaftlicher Verein **entziehen** kann, sodass er seine wirtschaftlichen Betätigungen auf Tochterkapitalgesellschaften ausgliedert. Diskutiert wird diese Frage insb. im Zusammenhang mit den Vereinen im Profifußball (z.B. die FC-Bayern-AG als Träger der Profimannschaft) oder neuerdings auch beim ADAC. Der BGH hat dies zugelassen, selbst wenn der Verein auf die ausgegliederte Tochtergesellschaft noch herrschenden Einfluss hat. 4

Streitig ist auch, ob Kindertagesstätten oder Dorfläden in Vereinsform betrieben werden können, weil hier stets eine wirtschaftliche Tätigkeit angeboten wird. Eine **wirtschaftliche**

Betätigung i.S.d. § 22 BGB liegt dabei vor, wenn der Verein am Markt gegenüber Dritten unternehmerisch tätig wird, für seine Mitglieder unternehmerische Teilfunktionen wahrnimmt oder allein gegenüber seinen Mitgliedern unternehmerisch auftritt. Der hier durchgeführte planmäßige, auf Dauer angelegte entgeltliche Betrieb z.B. von Kinderbetreuung ist grundsätzlich eine entgeltliche unternehmerische Betätigung. Auf eine Gewinnerzielungsabsicht des Vereins selbst kommt es dabei nicht an. Nach neuer Ansicht des BGH[1] komme insoweit aber der Einstufung des Finanzamts zur Frage der Gemeinnützigkeit des jeweiligen Vereins nach §§ 51 ff. AO ein entscheidendes Indiz zu; ist also dem Verein die Gemeinnützigkeit steuerlich anerkannt worden, können (im Einzelfall) auch Kindergärten oder Dorfläden als nicht wirtschaftlicher Verein betrieben werden.

5 Nicht wirtschaftliche Vereine werden nochmals unterschieden in **Vereine mit oder ohne Rechtspersönlichkeit** (vgl. § 54 BGB). Nicht wirtschaftliche Vereine ohne Rechtspersönlichkeit sind solche Zusammenschlüsse, die eben nicht im Vereinsregister eingetragen sind. Gemäß § 54 BGB sind für solche Zusammenschlüsse die Vorschriften über den Verein aber entsprechend anwendbar (vgl. §§ 24 – 53 BGB). Vereine ohne Rechtspersönlichkeit sind trotz fehlender Eintragung **(teil-)rechtsfähig**. Sie sind z.B. grundbuchfähig, können aber außerhalb des Anwendungsbereichs des Parteiengesetzes nicht allein unter seinem Namen, sondern nur unter gleichzeitiger Eintragung sämtlicher Mitglieder in das Grundbuch eingetragen werden.[2]

Auch **haftungsrechtlich** wird der Verein ohne Rechtspersönlichkeit dem Verein mit Rechtspersönlichkeit weitgehend gleichgestellt. Die Mitglieder des Vereins ohne Rechtspersönlichkeit haften also ebenfalls nicht persönlich, sondern nur auf das Vereinsvermögen beschränkt. Zudem haftet beim Verein ohne Rechtspersönlichkeit stets auch der Handelnde gemäß § 54 Abs. 2 BGB.

Für wirtschaftliche Vereine, die keine Konzession erteilt bekommen haben, gelten die Regeln zur GbR entsprechend, vgl. § 54 Abs. 1 S. 2 BGB.

6 **Vorteile** eines Vereins sind:

- der eingetragene Verein ist eine juristische Person; er kann im eigenen Namen klagen und verklagt und im Grundbuch eingetragen werden;
- der Vorstand ist vor den Risiken einer vertraglichen Haftung geschützt;
- die Mitglieder des Vereins haften nicht für den Verein;
- der eingetragene Verein kann als Körperschaft gemeinnützig sein;
- die Gründungskosten sind niedrig;
- es wird kein Mindestkapital benötigt (wie z.B. bei einer GmbH).

Nachteile des Vereins sind:

- er kann in aller Regel keine wirtschaftlichen Zwecke verfolgen;
- ein eingetragener Verein benötigt zur Gründung mindestens sieben Mitglieder;
- die Mitgliedschaftsrechte sind nicht veräußerlich.

Als Alternative zu einem Verein kommt eine sog. **gemeinnützige GmbH** (gGmbH) in Betracht.

II. Grundzüge der Anmeldung im Vereinsrecht

7 In aller Regel ist der Notar im Vereinsrecht lediglich mit Anmeldungen zum Vereinsregister betraut. Manchmal werden dem Notar während der Beglaubigung aber auch konkrete Fra-

1 BGH, Beschl. v. 16.5.2017 – II ZB 7/16, NJW 2017, 1943.

2 BGH, Beschl. v. 21.1.2016 – V ZB 19/15. Dies ist nach § 54 BGB nunmehr strittig: für die Eintragungsfähigkeit ohne Nennung der Mitglieder siehe *Schäfer*, Das neue Personengesellschaftsrecht, 2022, S. 408. Nach *Enneking/Wöffen*, NZG 2023, 308, kann ein Verein ohne Rechtspersönlichkeit dagegen künftig nur noch dann im Grundbuch eingetragen werden, wenn sich der Verein ohne Rechtspersönlichkeit nach § 47 Abs. 2 GBO analog registrieren lässt.

gen zum Vereinsrecht gestellt. Einzelheiten des materiellen Vereinsrechts sollen bei der vorliegenden Einführung jedoch außer Betracht bleiben.

Zuständig für Vereinsregisteranmeldungen ist das **Amtsgericht** (vgl. § 55 BGB i.V.m. § 23a Abs. 1 Nr. 2, Abs. 2 Nr. 3 GVG i.V.m. § 374 Nr. 4 FamFG, sog. sachliche Zuständigkeit). Der **Rechtspfleger** ist innerhalb des Amtsgerichts **funktional** zuständig (vgl. § 3 Nr. 1a RPflG). Der Richter ist nur in Ausnahmefällen zuständig. 8

Die **örtliche** Zuständigkeit ist eine ausschließliche und richtet sich nach dem Sitz des Vereins (vgl. § 377 Abs. 1 FamFG). In manchen Bundesländern ist das Vereinsregister (punktuell) besonderen Amtsgerichten zugewiesen. In Bayern führt das Vereinsregister das dem Sitz des Vereins nächstgelegene Amtsgericht, das auch ein Handelsregister führt.[3]

Die vom örtlich unzuständigen Gericht vorgenommene Eintragung ist wirksam (vgl. § 2 Abs. 3 FamFG), die des sachlich unzuständigen Gerichts dagegen unwirksam.[4] Ein Verstoß gegen die funktionale Zuständigkeit führt nicht zur Unwirksamkeit der Eintragung (vgl. § 8 RPflG).

Im Gegensatz zu dem Handelsregister können die Anmeldungen zum Vereinsregister – jedenfalls in Bayern – derzeit noch in **Papierform** eingereicht werden. Eine **elektronische** Einreichung ist in Bayern seit dem 1.1.2007 möglich,[5] aber nicht verpflichtend, mittlerweile aber in der Praxis üblich. 9

Anmeldungen zum Vereinsregister sind stets von den **Vorständen** in vertretungsberechtigter Zahl anzumelden, vgl. § 77 BGB. Die Unterschriften sind zu beglaubigen, vgl. § 77 BGB. Die Anmeldung kann in Urschrift oder in beglaubigter Abschrift zum Registergericht eingereicht werden, vgl. § 77 BGB. Vorstände können sich mit Vollmacht durch Dritte bei der Anmeldung vertreten lassen. Derartige Vollmachten bedürfen jedoch der notariellen Beglaubigung, vgl. § 12 Abs. 1 S. 2 HGB analog. Vereinsregisteranmeldungen können seit dem 1.8.2023 auch mittels **Videokommunikation** vorgenommen werden, vgl. § 77 Abs. 2 BGB. Vereinsregisteranmeldungen können nach § 378 Abs. 3 S. 2 FamFG auch von den Beteiligten selbst bei Gericht eingereicht werden. Ein Prüfvermerk nach § 378 Abs. 3 S. 2 FamFG ist nötig (sofern der Notar den Entwurf der Anmeldung nicht selbst gefertigt hat).

Bei **Veränderungen** (z.B. Satzungsänderungen oder Vorstandswechsel) muss dem Gericht immer das **Protokoll der Hauptversammlung** vorgelegt werden. Eine einfache Abschrift reicht aus. Das Protokoll muss vom Protokollführer unterzeichnet sein.[6] Die anmeldenden Vorstände sollten in der Anmeldung versichern, dass die Mitgliederversammlung satzungsgemäß unter Angabe der Tagesordnung einberufen und beschlussfähig war und dass die gefassten Beschlüsse ordnungsgemäß zustande gekommen sind. Diese Erklärung führt dazu, dass das Gericht gemäß § 26 FamFG im Zweifel von einem wirksamen Beschluss auszugehen hat. Im Einzelfall bittet das Gericht um Vorlage der Einladung zur Generalversammlung, um die Einhaltung der Ladungsfristen überprüfen zu können. 10

Nochmals sei darauf hingewiesen, dass auch bei vereinsrechtlichen Vorgängen eine **Geldwäscheprüfung** stattfinden muss. Nach § 20a GwG müssen sich Vereine – mit wenigen Ausnahmen – nicht im **Transparenzregister** selbst registrieren, sondern die Eintragung findet automatisch statt. 11

3 Ausführlich zum Ganzen *Krafka*, Registerrecht, 12. Aufl. 2024, Rn 2101 f. Vgl. z.B. §§ 9 ff. GZVJu Bayern.

4 So BGHZ 24, 47, 51 f.

5 Vgl. § 55a BGB i.V.m. § 1 S. 1 in Verbindung mit Anlage 1 der Verordnung über den elektronischen Rechtsverkehr bei den ordentlichen Gerichten (E-Rechtsverkehrsverordnung Justiz – ERVV Ju) vom 15.12.2006 (GVBl. S. 1084) BayRS 31-1-1-J.

6 Allg. Meinung, vgl. OLG Hamm NJW-RR 1997, 484.

III. Anmeldung der Gründung eines Vereins

1. Materielle Gründungsvoraussetzungen

12 Ein Verein muss nachfolgende materielle Mindestvoraussetzungen erfüllen, um ins Vereinsregister eingetragen werden zu können.

a) Gründungsakt mit Satzung

13 Die Gründung eines Vereins bedarf mindestens dreier **Gründungsmitglieder** (vgl. *argumentum e contrario*, § 73 BGB) sowie mindestens sieben **Mitglieder** insgesamt (vgl. § 56 BGB). Mitglieder eines Vereins können natürliche und juristische Personen (z.B. GmbH) sein. Minderjährige Mitglieder werden bei der Gründung durch deren gesetzliche Vertreter vertreten. Sind die gesetzlichen Vertreter selbst bei der Gründung des Vereins beteiligt, sind die Eltern von der Vertretung ihres minderjährigen Kindes nach §§ 1629 Abs. 1, 1824 Abs. 1, 2, 181 BGB ausgeschlossen. Es muss insoweit ein Ergänzungspfleger bestellt werden.

Die Satzung muss folgende **Mindestvoraussetzungen** aufweisen:

Generell gilt:

Vereinssatzungen sind objektiv, lediglich aus ihrem Inhalt heraus auszulegen. Willensäußerungen oder Interessen der satzungsbeschließenden Vereinsmitglieder oder sonstige, dem Satzungsinhalt nicht zu entnehmende Umstände spielen für die Auslegung keine Rolle.

b) Zweck des Vereins

14 Der Verein darf **nicht** einen **wirtschaftlichen** Zweck verfolgen (siehe oben Rdn 2 f.), weil es sich dann um einen sog. wirtschaftlichen Verein handelte, der nur Kraft Verleihung Rechtsfähigkeit erlangt. Der Zweck des Vereins darf zudem auch **nicht gegen öffentlich-rechtliche Vorschriften verstoßen**, z.B. der Verein verfolgt verfassungsfeindliche Ziele.

Von der Frage der nicht wirtschaftlichen Zweckverfolgung zu unterscheiden ist die Frage, ob ein Verein steuerlich als **gemeinnützig** anzuerkennen ist. Dies regeln die §§ 51 ff. AO (insb. Anlage 1 zu § 60 AO). Für die Praxis wichtig ist, dass die Regelungen in der Anlage 1 zu § 60 AO wortlautgetreu in die Satzung übernommen werden; andernfalls droht die Aberkennung des Gemeinnützigkeitsstatus. Vereine müssen nicht im Sinne der Abordnung gemeinnützig sein, sind es aber häufig.

c) Name des Vereins

15 Der Name soll sich von den Namen der an demselben Ort oder in derselben Gemeinde bestehenden eingetragenen Vereine **deutlich unterscheiden** (vgl. § 57 Abs. 2 BGB). Der Name des Vereins darf auch nicht gegen § 57 Abs. 2 BGB i.V.m. § 18 HGB analog verstoßen, d.h., er darf also nicht dem Vereinszweck widersprechen oder irreführend sein; wird in den Namen eines Vereins eine Jahreszahl als Bestandteil des Namens aufgenommen, wird das in aller Regel als ein Hinweis auf das Gründungsjahr des Vereins aufgefasst. Diese Praxis ist vor allem bei Sportvereinen üblich. Handelt es sich bei der Jahreszahl folglich nicht um das tatsächliche Gründungsjahr, ist der Vereinsname i.d.R. irreführend und das Registergericht muss die Eintragung ablehnen.

> *Beispiel:*
>
> SV Haidlfing 1931 e.V.

Der Verein darf sich wegen des **Irreführungsverbots** z.B. auch nicht „Stiftung“ oder „Institut“ nennen.[7]

7 Vgl. *Waldner*, Beck'sches Notarhandbuch, 8. Aufl. 2024, § 18 Rn 3.

d) Sitz des Vereins

Der Sitz (vgl. § 24 BGB) kann bis zur Grenze des Rechtsmissbrauchs **frei gewählt** werden, muss aber **innerhalb** der Bundesrepublik Deutschland liegen; eine Vereinstätigkeit am Sitz muss nicht stattfinden. Sitz und postalische Anschrift des Vereins müssen nicht übereinstimmen. Ein Verein darf nicht mehrere Sitze haben. Ein Verein darf auch keinen „flexiblen" Sitz haben (z.B. „*Sitz ist am Wohnort des Vorsitzenden*"). 16

e) Eintragungsabsicht

Für die Eintragung ins Vereinsregister sollte die Satzung folgenden oder einen ähnlichen Passus enthalten: „*Der Verein soll ins Vereinsregister eingetragen werden*". Streitig ist, ob die bloße Bezeichnung als e.V. ausreichend ist, um die Eintragungsabsicht zu dokumentieren. 17

> *Merke:*
>
> Der Gründungsakt an sich ist weder beurkundungs- noch beglaubigungspflichtig, sofern nicht spezielle Normen eine strengere Form vorschreiben. Wegen § 59 Abs. 2 BGB ist bei der Gründung jedoch die **Schriftform** zu empfehlen.
>
> Die Mitglieder – mindestens sieben – sollen die Satzung **unterzeichnen** (vgl. § 59 Abs. 3 BGB); die Satzung soll den **Tag der Errichtung** des Vereins ausweisen (vgl. § 59 Abs. 3 BGB).

Darüber hinaus sollte gemäß § 58 BGB die Vereinssatzung folgende **Problemfelder** regeln: 18
- den Ein- und Austritt von Mitgliedern;
- das Ob und Wie einer Beitragspflicht;
- die Bildung des Vorstands;
- Regelungen für die Einberufung von Mitgliederversammlungen etc.; alternative Einladungswege sind nur zulässig, wenn diese die Kenntnisnahme der Mitglieder nicht erschweren (z.B. wäre unzulässig, wenn die Satzung Einladung durch „eine von zwei Lokalzeitungen" erlauben würde); eine Ladung mittels E-Mail ist, sofern das jeweilige Vereinsmitglied die E-Mail auch für die Einladung zur Verfügung gestellt hat, zulässig; auch eine Ladung via Tageszeitung ist möglich.

Anders als § 58 BGB vermuteten lässt, wird ein Verein, der die bloßen Sollvorschriften nach § 58 BGB nicht einhält, jedoch nach § 60 BGB nicht eingetragen. Bei den Sollvorschriften handelt es sich daher faktisch um **Mussvorschriften**. Nur beim bereits eingetragenen Verein besteht ein Unterschied: Das Fehlen einer zwingenden Bestimmung führt zur Amtslöschung (§ 395 FamFG); das Fehlen einer Sollvorschrift kann nach erfolgter Eintragung dagegen nicht mehr beanstandet werden.[8] 19

> *Merke:*
>
> Die Satzung muss folgenden **Mindestinhalt** aufweisen:
> - Name, Sitz, Zweck und Eintragungswunsch,
> - Bestimmungen zum Ein- und Austritt, zur Zusammensetzung des Vorstands, zu den Mitgliedsbeiträgen und zur Mitgliederversammlung.

f) Bestellung eines ersten Vorstands und Vertretungsmacht

Für die **Erstanmeldung** müssen sämtliche von der Satzung vorgegebenen **Vorstandsposten** besetzt sein, die nach der Satzung zwingend sind. Die Satzung kann aber auch lediglich eine Mindestanzahl von Vorstandsmitgliedern vorsehen (z.B. mindestens drei, höchstens sechs). Vorstand kann auch eine juristische Person sein. Die Vorstände sind zu wählen und die Vorstände müssen die Wahl angenommen haben. Für die **Wahl** eines Vorstands gilt eine einfache Mehrheit, sofern die Satzung keine speziellen Quoren vorschreibt. Die Vorstände bedürfen keiner besonderen Bezeichnung, sofern in der Satzung die jeweilige Position nicht 20

8 Vgl. *Waldner*, Beck'sches Notarhandbuch, 8. Aufl. 2024, § 18 Rn 1.

mit unterschiedlichen Rechtsfolgen verbunden ist. Die personengleiche Besetzung mehrerer Vorstandsämter (Personalunion) ist grundsätzlich zulässig, wenn die Satzung dies nicht ausschließt.

Sofern die Satzung keine spezielle Regelung enthält, wird der Vorstand durch die Mehrheit der Vorstände **nach außen** vertreten. Am häufigsten finden sich Vertretungsregelungen, dass der 1. oder 2. Vorsitzende zusammen mit einem anderen Vorstandsmitglied handeln kann. In seltenen Fällen sind der 1. und 2. Vorsitzende auch **einzelvertretungsberechtigt**. Beschränkungen der Vertretungsmacht, dass z.B. der Vorstand ohne Zustimmung der Mitgliederversammlung nur Handlungen vornehmen darf, die einen Wert von 10.000 EUR nicht überschreiten, sind zwingend in der Vereinssatzung zu regeln und zum Registergericht anzumelden. Solche Beschränkungen, die auch für Dritte, also auch für das Außenverhältnis gelten, sind im Vereinsrecht, anders als im Handelsrecht, möglich. Dem Vorstand oder einzelnen Vorständen kann Befreiung von den Beschränkungen des § 181 BGB gewährt werden, wenn dies in der Satzung vorgesehen ist.

> *Merke:*
>
> Anzumelden sind immer nur die nach § 26 BGB vertretungsberechtigten Vorstandmitglieder. Personen, die nur intern als „Beisitzer" o.Ä. bezeichnet sind, aber extern keine Vertretungsmacht haben sollen, werden nicht zum Vereinsregister angemeldet und können auch nicht angemeldet werden. Generell unerheblich ist, welche konkreten Bezeichnungen die einzelnen Vorstandsmitglieder haben (z.B. Präsident, Direktor, Vorstand, Schützenmeister etc.). Anzumelden sind im Übrigen auch nur die externen Vertretungsbeschränkungen. Sind die Vorstände intern an Vorgaben gebunden, ist das nicht zum Vereinsregister anzumelden.

21 Nach der Gründungsversammlung, aber vor Eintragung des Vereins im Vereinsregister liegt ein sog. **Vor-Verein** vor, der ebenfalls bereits im gewissen Umfange Rechtspersönlichkeit besitzt. Änderungen der Gründungssatzung nach Vereinsgründung, aber vor Eintragung des Vereins im Vereinsregister, sind von allen Gründungsmitgliedern zu beschließen.

2. Formelle Anmeldevoraussetzungen

22 Zur Eintragung der Vereinsgründung müssen dem Notar **folgende Unterlagen** vorliegen:

1. **vollständige Satzung des Vereins**, unterschrieben von mind. sieben Mitgliedern (einfache Abschrift ausreichend, vgl. § 59 Abs. 3 BGB); Errichtungsdatum soll genannt sein (vgl. § 59 Abs. 3 BGB); wegen § 60 BGB sind die Anforderungen nach §§ 56, 58 und 59 Abs. 3 BGB als Mussvorschriften auszulegen.
2. **Gründungsprotokoll** (einfache Abschrift ausreichend), welches den Gründungsakt und die Wahl des ersten Vorstands enthalten muss (vgl. § 59 Abs. 2 BGB), unterschrieben vom Protokollführer (soweit die Satzung nicht weitere Unterschriften verlangt);
3. die **Anmeldung der Gründung** muss vom Vorstand in vertretungsberechtigter Zahl unterzeichnet sein, vgl. § 59 Abs. 1 i.V.m. § 26 BGB; die Unterschriften sind zu beglaubigen.

3. Muster: Anmeldung der Neugründung eines Vereins

23 ▼

Muster 2.1: Anmeldung der Neugründung eines Vereins

An das

Amtsgericht ____

– Vereinsregister –

VR neu

____ mit Sitz in ____

Anschrift: ____

Als **Anlage** wird vorgelegt:
(1) Abschrift der von der gesetzlichen Mindestmitgliederzahl unterzeichneten Satzung des Vereins
(2) Abschrift des Protokolls der Gründungsversammlung, aus der sich die Gründung des Vereins sowie die Bestellung des Vorstands ergeben.

Zur Eintragung in das Vereinsregister werden **angemeldet**:
(1) die Gründung des Vereins ______ mit dem Sitz in ______ am 30.12.2016
(2) die Mitglieder des Vorstands:
- Max Weber, Musterstadt, *13.1.1978, als 1. Vorsitzender
- Manuel Mayer, Musterstadt, *17.4.1968, als 2. Vorsitzender
- Hans Lukas, Neustadt, *3.3.1982, als weiterer Vorstand.

Die Vertretung des Vereins ist in der Satzung wie folgt geregelt:

Jedes Vorstandsmitglied vertritt einzeln.

(*Oder*): Der Vorsitzende oder der stellvertretende Vorsitzende vertritt zusammen mit einem weiteren Vorstandsmitglied den Verein gerichtlich und außergerichtlich.

(*Gegebenenfalls*): Die Vertretungsmacht ist in der Weise beschränkt, dass Rechtsgeschäfte im Wert von mehr als 10.000 EUR der Zustimmung sämtlicher Vorstandsmitglieder (*Alternative*: der Mitgliederversammlung) bedürfen.

Hiermit werden ______, Angestellte bei ______ NOTARE in Musterstadt, und zwar jede für sich allein, unter Befreiung von § 181 BGB bevollmächtigt, etwaige Änderungen dieser Anmeldung, die vom Registergericht angeregt werden, vorzunehmen.

Mitteilungen des Gerichts werden ausschließlich an den beglaubigenden Notar erbeten.

Musterstadt, den ______

(*Unterschrift der Vorstände in vertretungsberechtigter Zahl*)

▲

Hinweis:

Die Gerichte verlangen stets auch die Angabe der postalischen Anschrift des Vereins (vgl. § 15 VRV). Auch spätere Änderungen müssen dem Gericht unverzüglich mitgeteilt werden.

4. Prüfung der Anmeldung durch das Gericht

Der zuständige Rechtspfleger **prüft** bei Vereinsanmeldungen nach § 60 BGB: 24
1. Prüfung der **örtlichen und sachlichen Zuständigkeit** des Gerichts sowie Prüfung der funktionalen Zuständigkeit des jeweiligen Rechtspflegers.
2. Liegt eine ordnungsgemäße Anmeldung vor, d.h. Anmeldung der Gründung und der Vorstände durch die Vorstände **in vertretungsberechtigter Zahl mit Unterschriftsbeglaubigung** durch Notar;
3. Prüfung, ob die Satzung **formell und materiell** ordnungsgemäß ist, vgl. §§ 57 und 58 BGB.
4. **Mindestmitgliederzahl** von sieben Mitgliedern, vgl. § 56 BGB.

Ist der Rechtspfleger nach genauer Prüfung zu dem Ergebnis gekommen, dass der jeweilige Verein ins Vereinsregister aufzunehmen ist, wird die Eintragung des Vereins nach § 66 BGB i.V.m. § 14 VRV im gemeinsamen Registerprotal der Länder (*www.handelregister.de*) mit Namen und Sitz, Tag der Errichtung der Satzung und Vorstandsmitglieder mit Vertretungsmacht veröffentlicht (vgl. Schaubild 2 § 1 Rdn 7). Der Name des Vereins erhält den Zusatz „eingetragener Verein“, kurz: e.V., vgl. § 65 BGB. Mit der Eintragung erlangt der Verein seine Rechtspersönlichkeit, die Eintragung ist daher konstitutiv. Der Verein erhält eine Vollzugsnachricht (gegebenenfalls auch der Notar); die Vollzugsnachrichten sind regelmäßig nicht unterzeichnet, vgl. § 13 Abs. 2 VRV.

25 Ist der Rechtspfleger der Meinung, dass der Verein endgültig nicht ins Vereinsregister eingetragen werden kann (z.B., weil es sich um einen wirtschaftlichen Verein handelt), erfolgt eine Zurückweisung der Eintragung. Hat die Anmeldung Mängel, die jedoch geheilt werden können, erlässt der Rechtspfleger eine Zwischenverfügung.

5. Gebühren

26 Der **Geschäftswert** für die notarielle Anmeldung eines Vereins richtet sich nach § 36 GNotKG und beträgt regelmäßig 5.000 EUR (vgl. § 36 Abs. 3 GNotKG), bei wirtschaftlich bedeutenden Vereinen auch mehr (Höchstwert gemäß § 36 Abs. 2 GNotKG: 1 Mio. EUR). Entwirft der Notar die Registeranmeldung, entsteht eine 0,5-Gebühr, mindestens jedoch 30 EUR (KV-Nr. 21201 Nr. 5 GNotKG i.V.m. KV-Nr. 24102 GNotKG i.V.m. § 92 Abs. 2 GNotKG) zzgl. Auslagen und USt.

Wird lediglich die **Unterschrift** unter einem von den Beteiligten selbst gefertigten Entwurf beglaubigt, entsteht eine 0,2-Gebühr gemäß KV-Nr. Nr. 25100 GNotKG, mindestens 20 EUR, höchstens 70 EUR zzgl. Auslagen und USt. Übermittelt der Notar die Registeranmeldung elektronisch mit XML-Strukturdaten an das Registergericht, entsteht zusätzlich eine 0,2-Gebühr gemäß KV-Nr. 22114 GNotKG aus dem Geschäftswert der Anmeldung.

Beim Gericht entsteht eine Gebühr für die erste Eintragung des Vereins gemäß KV-Nr. 13100 GNotKG i.H.v. 75 EUR.

27 Das GNotKG kennt mit den KV-Nr. 24200 ff. GNotKG nunmehr **Beratungsgebühren**. Diese Gebühren sind zu erheben, wenn sich die Beratung nicht auf ein anderes gebührenpflichtiges Geschäft erstreckt. Im Vereinsrecht kommt es häufiger zu Beratungen über die Satzung. Hierfür ist nach KV-Nr. 24201 GNotKG mit Geschäftswert 5.000 EUR eine Beratungsgebühr i.H.v. 22,50 EUR zu erheben, zzgl. Auslagen und USt.

28 Vereinen, die ausschließlich und unmittelbar mildtätige oder kirchliche Zwecke im Sinne der Abgabenordnung verfolgen, ist eine **Gebührenermäßigung** nach § 91 Abs. 2 GNotKG zu gewähren, wenn die genannten Voraussetzungen durch einen Freistellungs- oder Körperschaftsteuerbescheid oder eine entsprechende vorläufige Bescheinigung des Finanzamts nachgewiesen werden und dargelegt wird, dass die Angelegenheit nicht einen steuerpflichtigen wirtschaftlichen Geschäftsbetrieb betrifft. Die Gebühr ist nach der Tabelle des § 91 Abs. 1 GNotKG zu ermäßigen, wenn alle Voraussetzungen vorliegen. Die Ermäßigung beträgt z.B. bei Geschäftswerten bis 110.000 EUR 30 %. Die Gebührenermäßigung kommt wegen ihres klaren Wortlauts nicht für gemeinnützige Vereine in Betracht. Streitig ist indes, ob die Gebührenermäßigung auch anzuwenden ist auf Vereine, die mildtätige, kirchliche und gemeinnützige Zwecke verfolgen.

IV. Anmeldung eines Vorstandswechsels

29 Wechselt der Vorstand in einem Verein, muss dies zum Vereinsregister angemeldet werden, vgl. § 67 Abs. 1 BGB. Die Stellung als Vorstand endet nach Zeitablauf, Abwahl, Niederlegung oder Tod. Zwar ist die Eintragung des Vorstandswechsels nicht konstitutiv, d.h., der neu gewählte Vorstand ist materiell-rechtlich auch rechtmäßiger Vorstand, wenn der Wechsel nicht im Vereinsregister eingetragen wird. Wird ein Vorstandswechsel jedoch im Register nicht berichtigt, könnte der alte Vorstand mit einem gutgläubigen Dritten zu Lasten des Vereins noch Geschäfte tätigen. Um dies zu verhindern, ist die Eintragung nötig, vgl. § 68 BGB. Ein gutgläubiger Dritter kann sich im Übrigen auch verlassen, wenn im Vereinsregister eine Vertretungsmacht angegeben ist, die so in Wirklichkeit nicht besteht. Zudem kann das Registergericht die Eintragung des Vorstandswechsels mit Zwangsgeld nach § 78 BGB erzwingen.

> *Beispielsfall:*
>
> Im Vereinsregister ist der FC Merk e.V. eingetragen. Als Vorstände sind A und B bestellt. Laut Vereinsregister darf jeder Vorstand allein handeln, A und B sind also einzelvertre-

tungsberechtigt. Nach einem Beschluss der Hauptversammlung des Vereins dürfen die Vorstände jedoch nur gemeinsam Verträge abschließen. C verkauft nun sein Grundstück an den Verein FC Merk e.V. Bei dem Grundstückskaufvertrag handelt A für den Verein allein. C hat keine Kenntnis davon, dass A nur zusammen mit B handeln hätte dürfen.

Der FC Merk e.V. wurde von A wirksam vertreten. Zwar hätten eigentlich A und B zusammen handeln müssen. Aufgrund der fehlenden Eintragung der Gesamtvertretung im Vereinsregister konnte sich C auf die Alleinvertretungsberechtigung des A verlassen, vgl. § 68 BGB.

1. Materielle Voraussetzungen

Der Wechsel in der Vorstandschaft muss durch die Mitgliedersammlung wirksam beschlossen worden sein. Für einen **wirksamen Beschluss** müssen die Vereinsmitglieder ordnungsgemäß mit aussagekräftiger Tagesordnung geladen worden sein,[9] die **Mitgliederversammlung** muss beschlussfähig gewesen sein und die Mehrheit der anwesenden Mitglieder muss für den Vorstandswechsel gestimmt haben (sog. **einfache Mehrheit**). Es sind stets sämtliche Mitglieder zu laden, auch wenn der jeweils Einzelne nicht stimmberechtigt sein sollte. Der jeweils neu gewählte Vorstand muss die Wahl angenommen haben; meldet dieser Vorstand seinen Wechsel persönlich zum Vereinsregister an, gilt diese Anmeldung als Annahme der Wahl.[10] Bestätigte Vorstände müssen/können nicht erneut angemeldet werden, sofern sich die Position innerhalb des Vorstands nicht geändert hat. 30

Exkurs: Virtuelle Versammlungen 31

Als Konsequenz auf die Corona-Pandemie erlaubt § 32 BGB nun auch virtuelle oder hybride Hauptversammlungen.

Sollte ein Vorstand freiwillig ausgeschieden sein (sog. Amtsniederlegung, z.B. wegen Wegzugs), muss das **Niederlegungsschreiben** des ausgeschiedenen Vorstands der Anmeldung beigefügt werden. Das Niederlegungsschreiben ist an die Mitgliederversammlung zu richten, Zugang bei einem anderen Vorstandsmitglied ist jedoch ausreichend, vgl. § 26 Abs. 2 S. 2 BGB. 32

Merke:

Vorstände eines Vereins müssen nicht zwingend Mitglieder des Vereins sein, sofern die Satzung nicht etwas anderes vorschreibt.

2. Formelle Voraussetzungen

Es müssen folgende **Unterlagen** vorliegen, um einen Vorstandswechsel zum Registergericht anmelden zu können: 33

- **Versammlungsprotokoll** (einfache Abschrift), unterschrieben vom Protokollführer (oder weiteren Personen wie in der Satzung beschrieben), oder Schreiben der Amtsniederlegung,
- **Anmeldung** des Vorstandswechsels.

Für den Nachweis eines ordnungsgemäßen Beschlusses reicht es in der Praxis aus, wenn der Vorstand in vertretungsberechtigter Zahl in der Anmeldung versichert, dass die Versammlung ordnungsgemäß geladen wurde.

Merke:

Enthält das Versammlungsprotokoll nicht die erforderlichen Feststellungen, kann es vom Protokollführer berichtigt werden. Dies gilt aber ausdrücklich nur dann, wenn die dann protokollierten Feststellungen in der Generalversammlung tatsächlich so getroffen wor-

9 Vgl. hierzu instruktiv *Scheffer*, DStR 2011, 2053 ff.
10 So BayObLG FGPrax 1996, 232, 233.

den sind. Ausdrücklich unzulässig ist es, wenn erforderliche Feststellungen nachträglich in das Protokoll „gezaubert“ werden.

Die Änderung des Vorstands ist vom neu gewählten Vorstand in **vertretungsberechtigter Zahl** anzumelden, vgl. § 77 BGB. Der alte/ausgeschiedene Vorstand ist nicht mehr zur Anmeldung berechtigt. Etwas anderes gilt nur dann, wenn ein Vorstand sein Amt niedergelegt hat, und zwar mit Wirkung ab Eintragung des Ausscheidens im Vereinsregister. In diesem Fall kann der ausscheidende Vorstand das Ausscheiden noch selbst beim Vereinsregister anmelden.

3. Muster: Anmeldung eines Vorstandswechsels

34 Bezüglich eines Musters für die Anmeldung eines Vorstandswechsels siehe Schaubild 4 § 1 Rdn 7.

Die Anmeldung muss lediglich enthalten, welche Vorstände ausgeschieden und welche Vorstände neu gewählt worden sind. Bei den neu gewählten Vorständen ist zwingend deren Wohnort sowie deren Geburtsdatum anzugeben. Zudem ist die Stellung des jeweiligen Vorstandsmitglieds anzugeben (z.B. 1. Vorstand, weiterer Vorstand, Schriftführer), sofern die Satzung an die Stellung des Vorstands gewisse Rechtsfolgen knüpft (z.B. nur der 1. Vorsitzende ist vertretungsberechtigt).

4. Gebühren

35 Der Geschäftswert für die notarielle Anmeldung sonstiger Registervorfälle richtet sich nach § 36 GNotKG und beträgt regelmäßig 5.000 EUR (vgl. § 36 Abs. 3 GNotKG), bei wirtschaftlich bedeutenden Vereinen auch mehr (Höchstwert gemäß § 36 Abs. 2 GNotKG: 1 Mio. EUR). Alle Satzungsänderungen gelten gemäß § 109 Abs. 2 Nr. 4c) GNotKG als ein (zusammengefasster) Gegenstand; die zusätzliche Anmeldung des Ausscheidens eines Vorstandsmitgliedes und der Neuwahl eines Vorstandsmitgliedes würde je als weiterer Gegenstand gelten, so dass die Werte gemäß § 35 Abs. 1 GNotKG zu addieren wären: 15.000 EUR). Entwirft der Notar die Registeranmeldung, entsteht eine 0,5-Gebühr, mindestens jedoch 30 EUR, KV-Nr. 21201 Nr. 5 GNotKG i.V.m. KV-Nr. 24102 GNotKG i.V.m. § 92 Abs. 2 GNotKG, zzgl. Auslagen und USt. Wird lediglich die Unterschrift beglaubigt, entsteht eine 0,2-Gebühr gemäß KV-Nr. 25100 GNotKG, mindestens 20 EUR, höchstens 70 EUR zzgl. Auslagen und USt. Übermittelt der Notar die Registeranmeldung elektronisch mit XML-Strukturdaten an das Registergericht, entsteht zusätzlich eine 0,2-Gebühr gemäß KV-Nr. 22114 GNotKG aus dem Geschäftswert der Anmeldung.

Beim Gericht entsteht eine Gebühr gemäß KV-Nr. 13101 GNotKG i.H.v. 50 EUR (jeweils für alle späteren Anmeldungen, welche diesen Verein betreffend am selben Tag beim Registergericht eingegangen sind).

V. Anmeldung einer Satzungsänderung

36 Satzungsänderungen sind erst wirksam, wenn sie im Vereinsregister eingetragen sind, die Eintragung ist in diesen Fällen also **konstitutiv**, vgl. § 71 Abs. 1 S. 1 BGB. Wenn eine Satzung geändert wird, wird das Registergericht regelmäßig nicht nur die geänderten Bestimmungen auf ihre Wirksamkeit überprüfen, sondern auch die übrigen Bestimmungen, vgl. § 71 i.V.m. § 60 BGB. Rechtswidrige Passagen einer Satzung werden durch die (irrtümliche) Eintragung einer Satzungsänderung also nicht geheilt, sondern können jederzeit durch das Registergericht gerügt werden. Genügt eine Anmeldung nicht den Voraussetzungen des § 71 BGB, so ist sie, eventuell nach erfolgter Zwischenverfügung (§ 382 Abs. 4 FamFG), gemäß § 60 i.V.m. § 382 Abs. 3 FamFG durch **Beschluss** zurückzuweisen. Bei Eintragung unter Verstoß gegen eine wesentliche Verfahrensvorschrift kommt eine Amtslöschung gemäß §§ 374 Nr. 4, 395 FamFG in Betracht. Unzulässige Satzungsänderungen werden nicht eingetragen und durch zu begründenden Beschluss zurückgewiesen.

1. Materielle Voraussetzungen

Für eine Satzungsänderung müssen folgende Voraussetzungen erfüllt sein: 37

1. Beschluss der Mitgliederversammlung mit **3/4-Mehrheit** über die zu ändernden Satzungsbestimmungen. Sollte der Zweck eines Vereins geändert werden, ist hierfür die Zustimmung aller Mitglieder (nicht nur der bei der Mitgliederversammlung erschienenen) erforderlich. Sollten nicht alle Mitglieder in der Mitgliederversammlung erschienen sein, muss die schriftliche Zustimmung der nicht erschienenen Mitglieder eingeholt werden. Nicht bereits jede Änderung des den Vereinszweck regelnden Satzungswortlauts stellt zugleich eine Änderung des Vereinszwecks i.S.d. § 33 BGB dar. Vereinszweck im Sinne dieser Vorschrift ist vielmehr (nur) der den Charakter des Vereins festlegende oberste Leitsatz der Vereinstätigkeit, also der satzungsmäßig festgelegte Zweck, der für das Wesen der Rechtspersönlichkeit des Vereins maßgebend ist und der das Lebensgesetz des Vereins – seine große Linie – bildet, um derentwillen sich die Mitglieder zusammengeschlossen haben und mit dessen Abänderung kein Mitglied bei seinem Beitritt zum Verein rechnen kann.
2. Die **komplette Satzung** muss vorgelegt werden, die die vorgenommenen Änderungen bereits beinhaltet (sog. **konsolidierte Fassung**). Die Vorlage einer Synopse, d.h. das Nebeneinanderstellen der alten und neuen Satzung ist nicht erforderlich.

Merke:

Für eine Satzungsänderung muss immer die bisherige Satzung vorliegen. Die aktuelle Satzung kann immer beim Registergericht abgefragt werden.

2. Formelle Voraussetzungen

Es müssen folgende Unterlagen eingereicht werden: 38

1. **Versammlungsprotokoll** (einfache Abschrift), unterschrieben vom Protokollführer (oder weiteren Personen wie in der Satzung beschrieben),
2. **Anmeldung der Satzungsänderung** durch den Vorstand in vertretungsberechtigter Zahl,
3. **komplette neue Satzung** (einfache Abschrift).

In der Anmeldung müssen die Bestimmungen genannt werden, die geändert worden sind. Nach wohl richtiger und sinnvoller Ansicht des OLG Nürnberg,[11] müssen in der Anmeldung lediglich die bedeutenden Satzungsbestimmungen nach § 64 BGB aufgelistet werden. Es genügt dabei aber der Hinweis auf die Änderung der nach Ziffer und Überschrift bezeichneten Satzungsbestimmungen, eine inhaltliche Wiedergabe des Satzungsinhalts ist nicht erforderlich. Im Übrigen reicht die Anmeldung der Satzungsänderung. Dies alles gilt gleichermaßen für die Satzungsneufassung.

3. Muster: Anmeldung einer Satzungsänderung

Bezüglich eines Musters für die Anmeldung einer Satzungsänderung siehe Schaubild 4 § 1 Rdn 7. 39

4. Gebühren

Hinsichtlich der Gebühren vgl. Rdn 35. 40

KV-Nr. 13101 Abs. 1 GNotKG entscheidet zudem den Streit, ob es sich bei der Eintragung einer Sitzverlegung um eine Erstanmeldung beim Vereinsregister des neuen Sitzes oder eine spätere Eintragung handelt. Nach dieser Bestimmung ist nunmehr die Gebühr für eine spätere Eintragung zu erheben, und zwar nur durch das Gericht, in dessen Bezirk der Sitz verlegt wird.

11 OLG Nürnberg DNotZ 2012, 875. A.A. *Krafka*, Registerrecht, 12. Aufl. 2024, Rn 2187a, nach dem immer alle geänderten Paragrafen in der Anmeldung genannt werden müssten.

VI. Anmeldung der Auflösung und des Erlöschens eines Vereins

41 Soll ein Verein gelöscht werden, erfordert dies zwei Schritte:

1. **Beschluss** über die Auflösung des Vereins und dessen Anmeldung sowie Bekanntmachung;
2. **Anmeldung** der Beendigung der Liquidation und Erlöschen des Vereins.

1. Anmeldung der Auflösung

a) Materielle Voraussetzungen

42 Die Auflösung eines Vereins muss durch die Mitgliederversammlung mit einer **Mehrheit von 3/4** der abgegebenen Stimmen beschlossen werden, wenn die Satzung kein anderes Quorum vorschreibt, vgl. § 41 BGB. Eines Beschlusses bedarf es nicht, wenn der Verein von Anfang an nur bis zu einem bestimmten Stichtag oder Eintritt eines Ereignisses existieren sollte, vgl. § 74 Abs. 2 BGB. Mit der Auflösung fällt das Vereinsvermögen an die Institution, die in der Satzung genannt ist, vgl. § 45 BGB. Gegebenenfalls kann die Mitgliederversammlung auch beschließen, dass das Vermögen an eine andere Person fällt, vgl. § 45 Abs. 2 BGB. Fällt das Vermögen an den Fiskus, d.h. an den Staat, findet eine Liquidation nicht statt, vgl. § 46 BGB. Fällt das Vermögen – wie in den meisten Fällen – nicht an den Fiskus, muss eine Liquidation stattfinden, vgl. § 47 BGB.

Liquidation bedeutet, dass die laufenden Geschäfte zu beenden, die Forderungen einzuziehen, das übrige Vermögen in Geld umzusetzen, die Gläubiger zu befriedigen und den Überschuss den Anfallsberechtigten auszuzahlen sind. Zur Beendigung schwebender Geschäfte können die Liquidatoren auch neue Geschäfte eingehen. Der Verein gilt bis zur Beendigung der Liquidation als fortbestehend, soweit der Zweck der Liquidation es erfordert.

43 Die Auflösung des Vereins oder die Entziehung der Rechtsfähigkeit ist durch die Liquidatoren **öffentlich** bekannt zu machen. In der Bekanntmachung sind die Gläubiger zur Anmeldung ihrer Ansprüche aufzufordern. Die Bekanntmachung erfolgt durch das in der Satzung für Veröffentlichungen bestimmte Blatt (vgl. § 50 BGB). Die Bekanntmachung gilt mit dem Ablauf des zweiten Tages nach der Einrückung oder der ersten Einrückung als bewirkt. Bekannte Gläubiger sind durch besondere Mitteilung zur Anmeldung aufzufordern. Hat ein Verein in der Satzung kein Blatt für Bekanntmachungen bestimmt oder hat das bestimmte Bekanntmachungsblatt sein Erscheinen eingestellt, sind Bekanntmachungen des Vereins in dem Blatt zu veröffentlichen, welches für Bekanntmachungen des Amtsgerichts bestimmt ist, in dessen Bezirk der Verein seinen Sitz hat.

44 Das Vermögen darf den Anfallsberechtigten nicht vor dem Ablauf eines Jahres nach der Bekanntmachung der Auflösung des Vereins oder der Entziehung der Rechtsfähigkeit ausbezahlt werden, vgl. § 51 BGB.

45 Die Liquidation erfolgt durch den Vorstand, sofern keine anderen Personen zum Liquidator bestellt wurden, vgl. § 48 BGB. Die Liquidatoren haben die rechtliche Stellung des Vorstands, soweit sich nicht aus dem Zwecke der Liquidation ein anderes ergibt. Sind mehrere Liquidatoren vorhanden, so sind sie nur gemeinschaftlich zur Vertretung befugt und können Beschlüsse nur einstimmig fassen, sofern nicht ein anderes bestimmt ist.

b) Formelle Voraussetzungen

46 Es müssen folgende Unterlagen eingereicht werden:

1. **Versammlungsprotokoll** (einfache Abschrift), unterschrieben vom Protokollführer (oder weiteren Personen wie in der Satzung beschrieben); mind. ¾-Mehrheit der anwesenden Mitglieder müssen für die Auflösung gestimmt haben (außer im Falle des § 74 Abs. 2 BGB);
2. **Anmeldung** der Auflösung des Vereins zum Vereinsregister, vgl. § 74 BGB. Zudem sind die Liquidatoren zum Vereinsregister anzumelden, vgl. § 76 BGB.

Merke:

Die Anmeldung der Auflösung des Vereins und der Liquidatoren erfolgt noch durch den letzten Vorstand, vgl. § 76 BGB. Dies ist in der Literatur jedoch nicht unbestritten. Eine starke Mindermeinung vertritt die Ansicht, dass bereits die neu bestellten Liquidatoren die Auflösung des Vereins anmelden müssten. Der Wortlaut des § 74 BGB meine lediglich die Fälle, in denen Vorstand und Liquidatoren personenidentisch seien. Letztlich wird man aus Gründen der Vorsicht jedoch auf den klaren Wortlaut des § 74 BGB verweisen, der eben regelt, dass die Auflösung und die ersten Liquidatoren noch durch den alten Vorstand angemeldet werden müssen. Spätere Änderungen bei den Liquidatoren erfolgt durch die Liquidatoren selbst.

▼ 47

Muster 2.2: Anmeldung der Auflösung eines Vereins und der Liquidatoren

An das

Amtsgericht

– Vereinsregister –

VR

mit Sitz in

Anschrift:

Als **Anlage** wird vorgelegt:

Urschrift (*Alternative*: Abschrift) des Protokolls über die Mitgliederversammlung des Vereins vom , betreffend die Auflösung des Vereins.

Zur Eintragung in das Vereinsregister wird **angemeldet**:

(1) Die Mitgliederversammlung vom hat die Auflösung des Vereins beschlossen.

(2) Zu Liquidatoren wurden bestellt: (*Anmerkung*: es würde auch ein Liquidator ausreichen):

Herr Max Mustermann,
geboren am ,
wohnhaft in Musterstadt,
sowie
Frau Eva Musterfrau,
geboren am ,
wohnhaft in Musterstadt,

Die bisherigen Vorstände (namentlich benennen) sind nicht mehr Vorstandsmitglieder.

(*Alternative*: Die Liquidation des Vereins erfolgt gemäß § der Satzung durch den letzten Vorstand des Vereins. Andere Personen sind als Liquidatoren nicht bestellt.)

Jeder Liquidator ist einzeln zur Vertretung des Vereins berechtigt.

(*Alternative*: Je zwei Liquidatoren vertreten gemeinsam.)

Es wird versichert, dass die Mitgliederversammlung satzungsgemäß unter Angabe der Tagesordnung einberufen und beschlussfähig war und dass die gefassten Beschlüsse ordnungsgemäß zustande gekommen sind.

(*Mitarbeitervollmacht*)

Mitteilungen des Gerichts werden ausschließlich an den beglaubigenden Notar erbeten.

Musterstadt, den

(*h.M.: Unterschrift durch die bisherigen Vorstände in vertretungsberechtigter Zahl*;

m.M.: Unterschrift durch die Liquidatoren in vertretungsberechtigter Zahl).

▲

2. Anmeldung der Beendigung der Liquidation

48 Nach Anmeldung der Auflösung des Vereins und der Liquidatoren haben die Liquidatoren den Verein **abzuwickeln**. Nach Beendigung der Liquidation, frühestens nach Ablauf eines Jahres nach Bekanntmachung der Auflösung, vgl. § 51 BGB, kann der Verein dann endgültig aus dem Vereinsregister gelöscht werden.

Diese Löschung ist wiederum zum Vereinsregister anzumelden. Die Anmeldung ist durch die Liquidatoren in vertretungsberechtigter Zahl vorzunehmen. Dem Gericht ist ein Nachweis über die Veröffentlichung der Auflösung in dem von der Vereinssetzung vorgeschriebenen Veröffentlichungsblatt vorzulegen. Die Angabe, wer künftig die Bücher des Vereins verwahrt, ist zweckmäßig, aber rechtlich nicht zwingend.

49 ▼

Muster 2.3: Anmeldung der Beendigung der Liquidation und Erlöschen des Vereins

An das

Amtsgericht ___

– Vereinsregister –

VR ___

___ mit Sitz in ___

Anschrift: ___

Zur Eintragung in das Vereinsregister wird **angemeldet**:

(1) Die Liquidation ist beendet. Der Verein ist erloschen.

(2) Beiliegend überreiche ich das Belegexemplar des Bekanntmachungsblatts des Vereins, aus dem sich ergibt, dass die Auflösung des Vereins und die Aufforderung an die Gläubiger, sich beim Verein zu melden, bekannt gemacht worden sind. Nach Maßgabe der Vereinssatzung haben die Bekanntmachungen des Vereins im ___ (*z.B. elektronischen Bundesanzeiger*) zu erfolgen.

(3) Die Bücher und Schriften des Vereins habe ich, der Unterzeichnende, in Verwahrung genommen.

(*Mitarbeitervollmacht*)

Mitteilungen des Gerichts werden ausschließlich an den beglaubigenden Notar erbeten.

Musterstadt, den ___

(*Unterschrift der Liquidatoren in vertretungsberechtigter Zahl*)

▲

50 *Merke:*

Soll der Verein nach Anmeldung der Auflösung – nicht nach der Löschung – nun doch wieder weitermachen, können die Vereinsmitglieder einen sog. **Fortsetzungsbeschluss** mit $^{3}/_{4}$-Mehrheit (nach a.A. lediglich 50 %) der anwesenden Mitglieder fassen und die Fortsetzung zum Vereinsregister anmelden. Die Versammlung ist noch von den Liquidatoren einzuberufen; die Anmeldung der Fortsetzung ist dagegen bereits von den in der Versammlung neu gewählten Vorständen in vertretungsberechtigter Zahl anzumelden.

3. Gebühren

Bezüglich der Notarkosten gilt grundsätzlich Rdn 35. 51

Zu beachten ist, dass die Anmeldung der Auflösung des Vereins, die Abmeldung der bisherigen Vorstände sowie die Anmeldung der Liquidatoren gegenstandsgleich sind.[12]

Nach Abs. 2 der Anm. zu KV-Nr. 13101 GNotKG fällt jedoch bei Gericht keine Gebühr für 52
die Eintragung des Erlöschens des Vereins oder die Beendigung der Liquidation an.

VII. Sonstige Beendigungsgründe beim Verein

Es gibt weitere Gründe, warum ein Verein beendet wird. Bei der Amtslöschung handelt es sich 53
um ein staatliches Löschungsverfahren (vgl. § 395 FamFG), wenn der Verein Grundbedingungen nicht mehr einhält (z.B. die ausgeübte Tätigkeit ist nicht vom Vereinsrecht gedeckt). Hat der Verein weniger als 3 Mitglieder, kann das Gericht dem Verein die Rechtsfähigkeit entziehen (vgl. § 73 BGB). Gerät ein Verein in Insolvenz oder wird das Insolvenzverfahren mangels Masse abgelehnt, gilt der Verein als aufgelöst (vgl. §§ 42 i.V.m. 75 BGB). Schließlich kann ein Verein nach § 3 VereinsG oder Entscheidung des BVerfG verboten werden.[13]

B. Anmeldungen zum Genossenschaftsregister

I. Grundzüge des Genossenschaftsrechts

Die Genossenschaft ist ein durch das Genossenschaftsgesetz (GenG) geregelter „Förderver- 54
ein", der durch Eintragung in das Genossenschaftsregister zur juristischen Person wird, vgl. § 17 GenG. Als juristische Person ist die Genossenschaft Trägerin von Rechten und Pflichten, kann also insbesondere auch im Grundbuch eingetragen werden.

Die Genossenschaft ist gemäß § 1 GenG eine Gesellschaft von nicht geschlossener Mitglie- 55
derzahl, deren Zweck darauf gerichtet ist, den Erwerb oder die Wirtschaft ihrer Mitglieder oder deren soziale oder kulturelle Belange durch **gemeinschaftlichen Geschäftsbetrieb** zu fördern. An Genossenschaften können sich alle möglichen Rechtssubjekte, also Privatpersonen oder juristische Personen bzw. Personengesellschaften beteiligten. Anders als bei einem Verein, betreibt eine Genossenschaft **wirtschaftlich relevantes Handeln**. Dieses wirtschaftliche Treiben unterscheidet die Genossenschaft generell von einem Verein. Anders als eine GmbH oder AG handelt eine Genossenschaft aber primär zugunsten ihrer Mitglieder. Sie ist anders als eine GmbH oder Personengesellschaften zudem auf den Beitritt neuer Mitglieder angelegt. Gängige Beispiele für Genossenschaften sind die Wohnbaugenossenschaften, die Volks- und Raiffeisenbanken oder Genossenschaften auf dem Gebiet der Landwirtschaft, insbesondere Jagdgenossenschaften. Neuerdings gibt es immer häufiger auch Energiegenossenschaften (z.B. zum Betreiben von Energieparks).

Genossenschaften und Vereine sind beinahe Zwillinge. Sie haben eine **vergleichbare Struk-** 56
tur. Menschen schließen sich zu einer juristischen Person zusammen, um gemeinsam etwas zu unternehmen. Die Rechtsform ist **demokratisch**. Ein Mitglied – eine Stimme. Verein und Genossenschaft sind in ihrem Bestand vom Wechsel ihrer Mitglieder unabhängig. Aufnahme und Ausscheiden von Mitgliedern sind daher unkompliziert und können über das einfache Führen einer Mitgliederliste organisatorisch bewältigt werden.

Der entscheidende **Unterschied** zwischen Verein und Genossenschaft liegt im **Zweck des** 57
Zusammenschlusses. Im Falle des Vereins handelt es sich um eine nichtwirtschaftliche Unternehmung, im Falle der Genossenschaft um einen wirtschaftlichen Geschäftsbetrieb.[14]

Die Genossenschaft ist eine **zeitlose Unternehmensform**, die ihren Grundauftrag der Mit- 58
gliederförderung unter sehr verschiedenen wirtschaftlichen und gesellschaftlichen Voraus-

12 Vgl. zur GmbH BGH RNotZ 2017, 113.
13 Vgl. dazu auch *Esbjörnsson*, Gesellschaftsrecht, § 2 Rn 266 ff.
14 Vgl. hierzu ausführlich *Bartke*, ZRP 2015, 110.

setzungen erfüllen kann, sofern nur die Prinzipien der Selbsthilfe, Selbstverwaltung und Selbstverantwortung beachtet werden.[15]

59 In Deutschland werden Genossenschaften jedoch sehr selten gegründet. Hauptgrund hierfür dürfte in den **Gründungsvoraussetzungen** sowie an den **Prüfungspflichten** einer Genossenschaft liegen.

60 Die Genossenschaft ist jedoch nicht nur dem Verein sehr ähnlich, sondern hat auch **Gemeinsamkeiten mit einer GmbH oder AktG**. Bei der Genossenschaft handelt es sich anders als beim Verein auch um einen Kaufmann i.S.d. Handelsgesetzbuches, vgl. § 17 Abs. 2 GenG i.V.m. § 6 Abs. 2 HGB. Eine Genossenschaft kann daher z.B. Prokura erteilen, vgl. § 42 GenG.

61 Wann eine Genossenschaft lediglich ihre eigenen Mitglieder fördert, kann in Abgrenzung zu einer echten Marktöffnung im Einzelfall sehr schwierig sein. Im Gegensatz zu den Handelsgesellschaften im weitesten Sinne genügt es nicht, dass die Mitglieder einer Genossenschaft an den Erfolgen der Gesellschaft nur mittelbar, d.h. über die Gewinnverteilung, teilhaben. Der „Gewinn" bzw. die Förderleistung muss bei den Mitgliedern unmittelbar entstehen. Daraus folgt die Unzulässigkeit der sogenannten reinen Dividendengenossenschaft, bei der außer einer Dividende keine sonstige Förderleistung erfolgt. Man darf dies jedoch nicht dahin missverstehen, als dürfe die Genossenschaft Gewinne weder anstreben, noch erzielen. Die Genossenschaft ist zwar nicht zur Gewinnerzielung verpflichtet, jedoch darauf angelegt, vgl. § 19 GenG. Aus dem Förderauftrag der Genossenschaft ergibt sich zwangsläufig, dass Vorteile aus der Genossenschaft nicht Dritten zufließen dürfen. Dies gilt sowohl für die Leistungen als auch für die Gewinnverwendung der Genossenschaft.

62 Der genossenschaftliche **Förderzweck** muss mittels **gemeinschaftlichen Geschäftsbetriebes** erreicht werden. Dieser ist auch erforderlich, wenn die Genossenschaft die sozialen und kulturellen Belange der Mitglieder fördert. Ein gemeinschaftlicher Geschäftsbetrieb ist als die planmäßige, auf Dauer angelegte Zusammenarbeit sachlicher, personeller oder organisatorischer Mittel zur Erreichung des Unternehmenszwecks zu verstehen. Auch das Halten von Beteiligungen kann das Merkmal des gemeinschaftlichen Geschäftsbetriebes erfüllen.[16]

63 **Vorteile** einer Genossenschaft sind:

- Die eingetragene Genossenschaft ist eine juristische Person; sie kann im eigenen Namen klagen und verklagt und im Grundbuch eingetragen werden.
- Der Vorstand ist vor den Risiken einer vertraglichen Haftung geschützt.
- Die Mitglieder der Genossenschaft haften nicht für den Verein, vgl. § 2 GenG, sofern nicht in der Satzung etwas anders beschlossen ist, vgl. § 23 GenG.
- Die eingetragene Genossenschaft kann als Körperschaft gemeinnützig sein, vgl. z.B. § 5 Nr. 10 S. 2 KStG.
- Die Gründungskosten sind niedrig.
- Es wird kein Mindestkapital benötigt (anders z.B. bei einer GmbH oder AktG).

Nachteile der Genossenschaft sind:

- Die Genossenschaft kann in aller Regel wirtschaftliche Zwecke zum Wohle der eigenen Mitglieder verfolgen; eine bloße Dividendengenossenschaft aber ist unzulässig.
- Bildung eines Aufsichtsrats möglicherweise erforderlich.
- Umfangreiche Prüfungspflichten: Jede Genossenschaft muss einem Verband angehören (z.B. Raiffeisenverband, Bauernverband), dem das Prüfungsrecht verliehen ist, vgl. § 54 GenG. Die Genossenschaften unterliegen der Prüfung des Verbandes, dem sie angehören. Geprüft werden u.a. Bücher und Bilanzen, Kassen und sonstige Bestände. Außerdem werden Aufsichtsrat und der Vorstand kontrolliert, vgl. § 57 GenG.
- Die Mitgliedschaftsrechte sind anders als bei der GmbH und AG nicht veräußerlich.

15 Vgl. hierzu *Althans*, ZfBR-Beil. 2012, 36.

16 Ausführlich zum Ganzen *Althans*, ZfBR-Beil. 2012, 36.

Als Alternative kann ein Verein gegründet werden, der seine geschäftliche Tätigkeit auf eine GmbH oder AktG ausgliedert.

II. Grundzüge der Anmeldung im Genossenschaftsrecht

In aller Regel ist der Notar im Genossenschaftsrecht lediglich mit Anmeldungen zum Genossenschaftsregister betraut. Manchmal werden dem Notar während der Beglaubigung aber auch konkrete Fragen zum Genossenschaftsrecht gestellt. Das materielle Genossenschaftsrecht soll jedoch ausdrücklich nicht Gegenstand dieser Einführung sein. 64

Zuständig für Genossenschaftsregisteranmeldungen ist das Amtsgericht (vgl. § 10 Abs. 1 GenG i.V.m. § 23a Abs. 1 Nr. 2, Abs. 2 Nr. 3 GVG i.V.m. § 374 Nr. 2 FamFG, sog. **sachliche** Zuständigkeit). Der Rechtspfleger ist innerhalb des Amtsgerichts in aller Regel **funktional** zuständig (vgl. § 3 Nr. 2d RPflG). Der Richter ist nach § 17 RPflG i.V.m. § 375 Nr. 7 FamFG nur in Ausnahmefällen zuständig. Die **örtliche** Zuständigkeit ist eine ausschließliche und richtet sich nach dem Sitz der Genossenschaft (vgl. § 377 Abs. 1 FamFG i.V.m. § 10 GenG). 65

Die vom örtlich unzuständigen Gericht vorgenommene Eintragung ist wirksam (vgl. § 2 Abs. 3 FamFG), die des sachlich unzuständigen Gerichts dagegen unwirksam.[17] Ob ein Verstoß gegen die funktionale Zuständigkeit zur Unwirksamkeit der Eintragung führt, ist anders als im Vereinsrecht im Genossenschaftsrecht vom Einzelfall abhängig (vgl. § 8 RPflG).

Die Anmeldungen zum Genossenschaftsregister erfolgen **elektronisch**, vgl. § 157 GenG a.E.

Nochmals darauf hingewiesen sei, dass auch bei genossenschaftsrechtlichen Vorgängen eine **Geldwäscheprüfung** stattfinden muss. 66

Anmeldungen zum Genossenschaftsregister sind stets von den **Vorständen** in vertretungsberechtigter Zahl anzumelden, vgl. Umkehrschluss aus § 157 GenG. Dies gilt ausnahmsweise nicht bei der Erstanmeldung. Die Erstanmeldung ist von allen Mitgliedern des Vorstands anzumelden, vgl. § 157 GenG. Bei der Anmeldung können sich die Vorstände – anders als beim Verein – nicht vertreten lassen, vgl. § 6 Abs. 3 GenRegV. 67

Als Nachweis für Veränderungen (z.B. Satzungsänderungen oder Vorstandswechsel) muss dem Gericht immer das Protokoll der Generalversammlung vorgelegt werden. Eine einfache Abschrift reicht aus. Das Protokoll muss vom Protokollführer unterzeichnet sein, sofern die Satzung nicht weitere unterzeichnungspflichtige Personen benennt.

Genossenschaftsregisteranmeldungen können nach § 378 Abs. 3 S. 2 FamFG auch von den Beteiligten **selbst** bei Gericht eingereicht werden. Die Einreichung muss aber **elektronisch** erfolgen (vgl. § 11 Abs. 4 GenG i.V.m. § 12 Abs. 2 HGB). Ein Prüfvermerk nach § 378 Abs. 3 S. 1 FamFG ist anders als im Vereinsrecht nicht erforderlich.

III. Anmeldung der Gründung einer Genossenschaft

1. Materielle Gründungsvoraussetzungen

Eine Genossenschaft muss die nachfolgenden materiellen Mindestvoraussetzungen erfüllen, um ins Genossenschaftsregister eingetragen werden zu können. 68

a) Gründungsakt mit Satzung

Die Gründung einer Genossenschaft bedarf mindestens dreier **Gründungsmitglieder** (vgl. § 4 GenG). Mitglieder einer Genossenschaft können natürliche und juristische Personen (z.B. GmbHs) sein. Minderjährige Mitglieder werden bei der Gründung durch deren gesetzliche Vertreter vertreten. Sind die gesetzlichen Vertreter selbst bei der Gründung der Genossenschaft beteiligt, sind die Eltern von der Vertretung ihres minderjährigen Kindes nach 69

17 So BGHZ 24, 47, 51 f. (zum Vereinsrecht).

§§ 1629 Abs. 1, 1824 Abs. 1 und 2, 181 BGB ausgeschlossen. Es muss insoweit ein Ergänzungspfleger bestellt werden.

70 **Generell gilt:**

Satzungen von Genossenschaften sind objektiv, lediglich aus ihrem Inhalt heraus auszulegen. Willensäußerungen oder Interessen der satzungsbeschließenden Genossenschaftsmitglieder oder sonstige, dem Satzungsinhalt nicht zu entnehmende Umstände spielen für die Auslegung keine Rolle.

71 Die Satzung muss folgende Mindestvoraussetzungen aufweisen, vgl. §§ 6 f. GenG:

1. Die **Satzung** muss schriftlich abgefasst sein, vgl. § 5 GenG (anders als im Vereinsrecht, welches keine Schriftformpflicht kennt)
2. Die **Firma** der Genossenschaft, vgl. § 3 GenG, z.B. „Zuckerrübengenossenschaft Plattling e.G.“

   Merke:

   Der Begriff „Firma“ bezeichnet im Handels- und Gesellschaftsrecht nicht „das Unternehmen“ als Sachgesamtheit, sondern den „Namen“ eines Unternehmens, z.B. das Unternehmen hat die Firma (= Name) „Mercedes-Benz“. In der Umgangssprache wird der Begriff „Firma“ häufig auch als Synonym für das Unternehmen an sich verwendet.

   Die Firma soll sich von den Firmen der an demselben Ort oder in derselben Gemeinde bestehenden eingetragenen Genossenschaften deutlich unterscheiden bzw. darf nicht irreführend sein, vgl. § 18 HGB.
3. **Sitz** der Genossenschaft. Anders als beim Verein muss der Sitz nach in der Literatur vertretener Auffassung eine gewisse Beziehung zur Betätigung der eG aufweisen;[18] Sitz und postalische Anschrift der Genossenschaft müssen nicht übereinstimmen.
4. Den **Gegenstand** des Unternehmens, d.h. was macht die Genossenschaft; die Genossenschaft darf keine bloße „Dividendengenossenschaft“ sein (siehe dazu oben Rdn 61). Von der Frage der Zweckverfolgung zu unterscheiden ist die Frage, ob die Genossenschaft steuerlich als gemeinnützig anzuerkennen ist. Dies regeln die §§ 51 ff. AO (insbesondere Anlage 1 zu § 60 AO). Ebenfalls unabhängig davon stellt sich die Frage einer etwaigen Steuerbefreiung, z.B. von Wohnbaugenossenschaften, vgl. § 5 KStG.
5. Bestimmungen darüber, ob die Mitglieder für den Fall, dass die Gläubiger im **Insolvenzverfahren** über das Vermögen der Genossenschaft nicht befriedigt werden, Nachschüsse zur Insolvenzmasse unbeschränkt, beschränkt auf eine bestimmte Summe (Haftsumme) oder überhaupt nicht zu leisten haben.
6. Bestimmungen über die Form für die Einberufung der **Generalversammlung** der Mitglieder sowie für die Beurkundung ihrer Beschlüsse und über den Vorsitz in der Versammlung; die Einberufung der Generalversammlung muss durch unmittelbare Benachrichtigung sämtlicher Mitglieder oder durch Bekanntmachung in einem öffentlichen Blatt erfolgen; das Gericht kann hiervon Ausnahmen zulassen; die Bekanntmachung im Bundesanzeiger genügt nicht.
7. Bestimmungen über die Form der **Bekanntmachungen** der Genossenschaft sowie Bestimmung der öffentlichen Blätter für Bekanntmachungen, deren Veröffentlichung in öffentlichen Blättern durch Gesetz oder Satzung vorgeschrieben ist.

Die Satzung muss ferner bestimmen, vgl. § 7 GenG:

8. Den Betrag, bis zu welchem sich die einzelnen Mitglieder mit Einlagen beteiligen können (**Geschäftsanteil**), sowie die Einzahlungen auf den Geschäftsanteil, zu welchen jedes Mitglied verpflichtet ist; diese müssen bis zu einem Gesamtbetrag von mindestens einem Zehntel des Geschäftsanteils nach Betrag und Zeit bestimmt sein.

18 *Krafka*, Registerrecht, 12. Aufl. 2024, Rn 1861.

9. Die Bildung einer gesetzlichen **Rücklage**, welche zur Deckung eines aus der Bilanz sich ergebenden Verlusts zu dienen hat, sowie die Art dieser Bildung, insbesondere den Teil des Jahresüberschusses, welcher in diese Rücklage einzustellen ist, und den Mindestbetrag der letzteren, bis zu dessen Erreichung die Einstellung zu erfolgen hat.
10. § 8 GenG regelt, dass **bestimmte Regelungen**, falls gewollt, zwingend in der Satzung aufgeführt sein müssen, z.B. zeitliche Beschränkung der Genossenschaft, Ausdehnung des Geschäftsbetriebs auf Personen, die nicht Mitglieder der Genossenschaft sind, oder, dass auch reine investierende Mitglieder aufgenommen werden können, vgl. § 8 Abs. 2 GenG. Letztere haben dann aber nur eine eingeschränkte Mitwirkungsbefugnis in der Genossenschaft.
    Zudem kann nach § 8a GenG auch ein **Mindestkapital** der Genossenschaft bestimmt werden.
11. Eine Genossenschaft muss nach § 9 GenG einen **Vorstand** und einen **Aufsichtsrat** haben. Der Aufsichtsrat besteht aus mindestens drei von der Generalversammlung gewählten Mitgliedern, vgl. §§ 36, 38 GenG. Bei Genossenschaften mit weniger als 20 Mitgliedern kann in der Satzung auch auf einen Aufsichtsrat verzichtet werden. Der Vorstand besteht aus mindestens zwei Mitgliedern. Bei Genossenschaften mit weniger als 20 Mitglieder kann in der Satzung bestimmt werden, dass der Vorstand nur aus einer Person besteht, vgl. § 24 Abs. 2 GenG. Anders als beim Verein gilt bei der Genossenschaft das sog. Prinzip der Selbstorganschaft, d.h. Vorstände und Aufsichtsräte dürfen ausschließlich Mitglieder der Genossenschaft selbst sein; zudem müssen Vorstände und Aufsichtsräte natürliche Personen sein.

Wichtig ist, dass Satzungsbestimmungen nur dann vom Gesetz abweichen dürfen, wenn dies im Genossenschaftsgesetz ausdrücklich so vorgesehen ist, vgl. § 18 GenG (sog. **Grundsatz der Satzungsstrenge**). 72

> *Merke:*
>
> Der Gründungsakt an sich ist weder beurkundungs- noch beglaubigungspflichtig, sofern nicht spezielle Normen eine strengere Form vorschreiben. § 4 GenG schreibt aber die Schriftform vor.
>
> Die Mitglieder – mindestens 3, vgl. § 4 GenG – müssen die Satzung unterzeichnen (vgl. § 11 Abs. 2 Nr. 1 GenG).

b) Bestellung eines ersten Vorstands mit Vertretungsmacht sowie Aufsichtsrat

Für die Erstanmeldung müssen sämtliche von der Satzung vorgegebenen Vorstands- und Aufsichtsratsposten besetzt sein, die nach der Satzung zwingend sind. Vorstände und Aufsichtsräte dürfen nur natürliche Personen und müssen – anders als beim Verein – Mitglieder der Genossenschaft sein (sog. **Prinzip der Selbstorganschaft**). 73

Die Vorstände und Aufsichtsräte sind zu wählen und die Vorstände und Aufsichtsräte müssen die Wahl angenommen haben. Für die Wahl gilt eine einfache Mehrheit, sofern die Satzung keine speziellen Quoren vorschreibt. Die Vorstände bedürfen keiner besonderen Bezeichnung, sofern in der Satzung die jeweilige Position nicht mit unterschiedlichen Rechtsfolgen verbunden ist. Die personengleiche Besetzung mehrerer Vorstandsämter (Personalunion) ist grundsätzlich zulässig, wenn die Satzung dies nicht ausschließt. **Vorstände** dürfen aber nicht gleichzeitig auch Aufsichtsräte sein, vgl. § 37 GenG. Aufsichtsratsmitglieder dürfen auch nicht Prokuristen oder Handlungsbevollmächtigte der Genossenschaft sein, vgl. § 37 GenG. 74

Sofern die Satzung keine speziellen Regelungen enthält, wird durch sämtliche Vorstände vertreten (sog. **Gesamtvertretung**), sofern die Satzung nicht etwas anderes, z.B. Einzelvertretung, vorschreibt, vgl. §§ 25, 26 GenG. Am häufigsten finden sich Vertretungsregelungen, dass der 1. oder 2. Vorsitzende zusammen mit einem anderen Vorstandsmitglied handeln 75 kann. Anders als beim Verein kann die Vertretungsmacht bei der Genossenschaft nach außen hin nicht eingeschränkt werden, vgl. § 27 Abs. 2 GenG.

76 Nach der Gründungsversammlung, aber vor Eintragung der Genossenschaft im Genossenschaftsregister liegt eine sog. **Vor-Genossenschaft** vor, die ebenfalls bereits im gewissen Umfange Rechtspersönlichkeit besitzt, vgl. § 13 GenG. Änderungen der Gründungssatzung nach Gründung der Genossenschaft, aber vor Eintragung der Genossenschaft in das Genossenschaftsregister, sind von allen Gründungsmitgliedern zu beschließen.

2. Formelle Anmeldevoraussetzungen

77 Zur Eintragung der Gründung der Genossenschaft müssen dem Notar folgende Unterlagen vorliegen:

1. Vollständige **Satzung** der Genossenschaft, unterschrieben von sämtlichen Mitgliedern (einfache Abschrift ausreichend, vgl. § 5 GenG).
2. **Gründungsprotokoll** (einfache Abschrift ausreichend), welches den Gründungsakt und die Wahl des ersten Vorstands und Aufsichtsrats enthalten muss (vgl. § 11 GenG), unterschrieben vom Protokollführer.

   > *Merke:*
   >
   > Der Aufsichtsrat ist anders als der Vorstand nicht formell anzumelden.

3. Die **Bescheinigung eines Prüfungsverbandes**, dass die Genossenschaft zum Beitritt zugelassen ist sowie eine gutachtliche Äußerung des Prüfungsverbandes, ob nach den persönlichen oder wirtschaftlichen Verhältnissen, insbesondere der Vermögenslage der Genossenschaft, eine Gefährdung der Belange der Mitglieder oder der Gläubiger der Genossenschaft zu besorgen ist.
4. Die **Anmeldung** der Gründung muss von sämtlichen Vorständen unterzeichnet sein, vgl. § 157 GenG. Die Unterschriften müssen notariell beglaubigt sein, vgl. § 11 Abs. 4 GenG i.V.m. § 12 HGB.
5. Zusätzlich ist auf Verlangen des Gerichts die **Mitgliederliste** einzureichen, vgl. § 32 GenG.

3. Muster: Anmeldung der Neugründung einer Genossenschaft

78 ▼

Muster 2.4: Anmeldung der Neugründung einer Genossenschaft

An das

Amtsgericht ______

– Genossenschaftsregister –

GenR neu

Mustergenossenschaft e.G.

______ Sitz

______ Anschrift

Als **Anlagen** werden vorgelegt:

1. Abschrift der von der gesetzlichen Mindestmitgliederzahl unterzeichneten Satzung der Genossenschaft;
2. Abschrift des Protokolls der Gründungsversammlung, aus der sich die Gründung der Genossenschaft sowie die Bestellung des Vorstands sowie des Aufsichtsrats ergeben.
3. die Bescheinigung des ______ Prüfungsverbandes, dass die Genossenschaft zum Beitritt zugelassen ist;
4. die gutachterliche Äußerung des Prüfungsverbands, betreffend die persönlichen und wirtschaftlichen Verhältnisse der Genossenschaft.

Zur Eintragung in das Genossenschaftsregister werden **angemeldet**:
1. die Gründung der Genossenschaft Mustergenossenschaft e.G. mit dem Sitz in am 30.12.2016.
2. die Mitglieder des Vorstands:
   - Max Weber, Musterstadt, *13.1.1978, als 1. Vorsitzender
   - Manuel Mayer, Musterstadt, *17.4.1968, als 2. Vorsitzender
   - Hans Lukas, Neustadt, *3.3.1982, als weiterer Vorstand
3. Die Vertretung des Vereins ist in der Satzung wie folgt geregelt:

Jedes Vorstandsmitglied vertritt einzeln.

(Oder):

Der Vorsitzende oder der stellvertretende Vorsitzende vertritt zusammen mit einem weiteren Vorstandsmitglied den Verein gerichtlich und außergerichtlich.

(*Mitarbeitervollmacht*)

Mitteilungen des Gerichts werden ausschließlich an den beglaubigenden Notar erbeten.

Deggendorf, den

(*Unterschrift aller Vorstände*)

▲

Hinweis:

Die Gerichte verlangen stets auch die Angabe der postalischen Anschrift der Genossenschaft. Auch spätere Änderungen müssen dem Gericht unverzüglich mitgeteilt werden.

4. Prüfung der Anmeldung durch das Gericht

Der zuständige Rechtspfleger prüft bei Genossenschaftsanmeldungen nach § 11a GenG: 79

- Prüfung der örtlichen und sachlichen **Zuständigkeit** des Gerichts sowie Prüfung der funktionalen Zuständigkeit des jeweiligen Rechtspflegers.
- Liegt eine ordnungsgemäße Anmeldung vor, d.h. Anmeldung der Gründung, der Vorstände und Aufsichtsräte durch sämtliche Vorstände mit Unterschriftsbeglaubigung durch Notar; die Dokumente sind **elektronisch** zum Registergericht einzureichen.
- **Bestätigung** des möglichen Beitritts zu einem Prüfungsverband sowie positive Vorlage einer gutachterlichen Stellungnahme des Prüfungsverbands.
- **Mindestmitgliederzahl** von drei Mitgliedern, vgl. § 4 GenG.
- Prüfung, ob die **Satzung** formell und materiell ordnungsgemäß ist, vgl. §§ 6 ff. GenG, jedoch mit der eingeschränkten Prüfungsmöglichkeit gemäß § 11a GenG.

Ist der Rechtspfleger nach genauer Prüfung zu dem Ergebnis gekommen, dass die jeweilige Genossenschaft ins Genossenschaftsregister aufgenommen wird, wird die Eintragung der Genossenschaft nach § 12 GenG i.V.m. § 4 GenRegV im gemeinsamen Registerportal der Länder (*www.handelregister.de*) mit Firma und Sitz, Tag der Errichtung der Satzung und Vorstandsmitglieder mit Vertretungsmacht veröffentlicht. Die Firma der Genossenschaft erhält den Zusatz „eingetragene Genossenschaft", kurz: e.G., vgl. § 3 GenG. Mit der Eintragung erlangt die Genossenschaft ihre Rechtspersönlichkeit, die Eintragung ist daher konstitutiv. 80

Ist der Rechtspfleger der Meinung, dass die Genossenschaft endgültig nicht ins Genossenschaftsregister eingetragen werden kann (z.B., weil es sich um eine bloße Dividendengenossenschaft handelt), erfolgt eine Zurückweisung der Eintragung. Hat die Anmeldung Mängel, die jedoch geheilt werden können, erlässt der Rechtspfleger eine Zwischenverfügung.

5. Gebühren

Der Geschäftswert für die notarielle Anmeldung einer Genossenschaft richtet sich nach § 105 Abs. 2, 3 Nr. 3 GNotKG und beträgt 60.000 EUR. Entwirft der Notar die Registeranmeldung, entsteht eine 0,5-Gebühr, KV-Nr. 21201 Nr. 5 GNotKG i.V.m. KV-Nr. 24102 GNotKG i.V.m. § 92 Abs. 2 GNotKG, zzgl. Auslagen und Ust. Wird lediglich die Unter- 81 schrift unter einem von den Beteiligten selbst gefertigten Entwurf beglaubigt, entsteht eine 0,2-Gebühr gemäß Nr. 25100 KV, mindestens 20 EUR, höchstens 70 EUR zzgl. Auslagen und USt. Übermittelt der Notar die Registeranmeldung elektronisch mit XML-Strukturdaten an das Registergericht, entsteht zusätzlich eine 0,2-Gebühr gemäß KV-Nr. 22114 GNotKG aus dem Geschäftswert der Anmeldung.

Beim Gericht entsteht eine Gebühr für die erste Eintragung der Genossenschaft gemäß Nr. 3100 HregGebV i.H.v. 210 EUR.

IV. Anmeldung eines Vorstandswechsels

82 Wechselt der Vorstand oder deren Vertretungsmacht in einer Genossenschaft, muss dies zum Genossenschaftsregister angemeldet werden, vgl. § 28 GenG. Die Stellung als Vorstand endet nach Zeitablauf, Abwahl, Niederlegung oder Tod. Zwar ist die Eintragung des Vorstandswechsels nicht konstitutiv, d.h., der neu gewählte Vorstand ist materiell-rechtlich auch rechtmäßiger Vorstand, wenn der Wechsel nicht im Genossenschaftsregister eingetragen wird. Wird ein Vorstandswechsel jedoch im Register nicht berichtigt, könnte der alte Vorstand mit einem gutgläubigen Dritten zu Lasten der Genossenschaft noch Geschäfte tätigen. Um dies zu verhindern, ist die Eintragung nötig, vgl. § 29 GenG. Ein gutgläubiger Dritter kann sich im Übrigen auch verlassen, wenn im Genossenschaftsregister eine Vertretungsmacht angegeben ist, die so in Wirklichkeit nicht besteht. Es schadet lediglich die Kenntnis vom Nichtvorliegen der Vertretungsmacht. Zudem kann das Registergericht die Eintragung des Vorstandswechsels sowie die Eintragung der richtigen Vertretungsmacht mit Zwangsgeld nach § 160 GenG erzwingen.

83 *Beispielsfall:*

Im Genossenschaftsregister ist die Zuckerrüben Genossenschaft Südbayern e.G. eingetragen. Als Vorstände sind A und B bestellt. Laut Genossenschaftsregister darf jeder Vorstand allein handeln, A und B sind also einzelvertretungsberechtigt. Nach einem Beschluss der Generalversammlung des Vereins dürfen die Vorstände jedoch nur gemeinsam Verträge abschließen. C verkauft nun sein Grundstück an die Genossenschaft. Bei dem Grundstückskaufvertrag handelt A für die Genossenschaft allein. C hat keine Kenntnis davon, dass A nur zusammen mit B handeln hätte dürfen.

Die Genossenschaft wurde von A wirksam vertreten. Zwar hätten eigentlich A und B zusammen handeln müssen. Aufgrund der fehlenden Eintragung der Gesamtvertretung im Genossenschaftsregister konnte sich C auf die Alleinvertretungsberechtigung des A verlassen, vgl. § 29 GenG.

84 *Exkurs: Virtuelle Versammlungen*

Als Konsequenz auf die Corona-Pandemie erlaubt § 43b GenG nun auch virtuelle oder hybride Generalversammlungen.

1. Materielle Voraussetzungen

85 Der Wechsel in der Vorstandschaft muss durch die **Generalversammlung** wirksam beschlossen worden sein. Für einen wirksamen Beschluss müssen die Mitglieder ordnungsgemäß mit aussagekräftiger **Tagesordnung** geladen worden sein, die Generalversammlung muss beschlussfähig gewesen sein und die Mehrheit der anwesenden Mitglieder muss für den Vorstandswechsel gestimmt haben. Der jeweils neu gewählte Vorstand muss die Wahl **angenommen** haben; meldet dieser Vorstand seinen Wechsel persönlich zum Genossenschaftsregister an, gilt diese Anmeldung als Annahme der Wahl.[19]

19 So BayObLG FGPrax 1996, 232, 233.

Sollte ein Vorstand freiwillig ausgeschieden sein (sog. **Amtsniederlegung**, z.B. wegen Wegzugs) muss das Niederlegungsschreiben des ausgeschiedenen Vorstands der Anmeldung beigefügt werden.

> *Merke:*
>
> Vorstände und Aufsichtsräte einer Genossenschaft müssen zwingend Mitglieder der Genossenschaft sein (sog. **Grundsatz der Selbstorganschaft**, vgl. §9 Abs. 2 GenG). Ein Vorstand darf nicht zugleich auch Aufsichtsrat sein.

2. Formelle Anmeldung

Es müssen folgende Unterlagen vorliegen, um einen Vorstandswechsel zum Registergericht anmelden zu können: 86

1. **Versammlungsprotokoll** (einfache Abschrift), unterschrieben vom Protokollführer (oder weiteren Personen, wenn in der Satzung vorgeschrieben);
2. **Anmeldung** des Vorstandswechsels.

Für den Nachweis eines ordnungsgemäßen Beschlusses reicht es in der Praxis aus, wenn der Vorstand in vertretungsberechtigter Zahl in der Anmeldung versichert, dass die Versammlung ordnungsgemäß geladen wurde.

Die Änderung des Vorstands ist vom neuen Vorstand in vertretungsberechtigter Zahl anzumelden, vgl. §§28, 157 GenG. Der alte Vorstand ist nicht mehr zur Anmeldung berechtigt. Etwas anderes gilt nur, wenn ein Vorstand sein Amt niedergelegt hat. Die Niederlegung ist dann vom übrigen (alten) Vorstand zum Genossenschaftsregister anzumelden. 87

Bezüglich der Anmeldung eines Prokuristen gelten die allgemeinen Vorschriften.

Aufsichtsräte werden nicht formell angemeldet.

3. Muster

Die Anmeldung muss lediglich enthalten, welche Vorstände ausgeschieden und welche Vorstände neu gewählt worden sind. Bei den neu gewählten Vorständen ist zwingend deren Wohnort sowie deren Geburtsdatum anzugeben. Zudem ist die Stellung des jeweiligen Vorstandsmitglieds anzugeben (z.B. 1. Vorstand, weiterer Vorstand, Schriftführer), sofern die Satzung an die Stellung des Vorstands gewisse Rechtsfolgen knüpft (z.B. nur der 1. Vorsitzende ist vertretungsberechtigt). Nochmals: Vorstände und Aufsichtsräte müssen Mitglieder der Genossenschaft und dürfen **nicht personenidentisch** sein. 88

Bezüglich eines Musters für die Anmeldung eines Vorstandswechsel siehe Schaubild 4 § 1 Rdn 7 bezüglich Anmeldung eines Vorstands beim Verein. Die dort genannten Prinzipien gelten im Genossenschaftsrecht entsprechend.

4. Gebühren

Der Geschäftswert für die notarielle Anmeldung vom Vorstandswechsel beträgt 30.000 EUR je Vorstand. Entwirft der Notar die Registeranmeldung, entsteht eine 0,5-Gebühr, mindestens jedoch 30 EUR, KV-Nr. 21201 Nr. 5 GNotKG i.V.m. KV-Nr. 24102 GNotKG i.V.m. § 92 Abs. 2 GNotKG, zzgl. Auslagen und USt. Wird lediglich die Unterschrift beglaubigt, entsteht eine 0,2-Gebühr gemäß KV-Nr. 25100 GNotKG, mindestens 20 EUR, höchstens 70 EUR zzgl. Auslagen und USt. Übermittelt der Notar die Registeranmeldung elektronisch mit XML-Strukturdaten an das Registergericht, entsteht zusätzlich eine 0,2-Gebühr gemäß KV-Nr. 22114 aus dem Geschäftswert der Anmeldung. 89

Die Gebühren beim Registergericht richten sich nach Teil 3 der HRegGebV.

V. Anmeldung einer Satzungsänderung

Satzungsänderungen sind erst wirksam, wenn sie im Genossenschaftsregister eingetragen sind, die Eintragung ist in diesen Fällen also konstitutiv, vgl. § 16 Abs. 6 GenG. Wenn die 90

Satzung geändert wird, wird das Registergericht regelmäßig nicht nur die geänderten Bestimmungen auf ihre Wirksamkeit überprüfen, sondern auch die übrigen Bestimmungen, vgl. § 11a Abs. 3 GenG. Rechtswidrige Passagen einer Satzung werden durch die (irrtümliche) Eintragung einer Satzungsänderung also nicht geheilt, sondern können jederzeit durch das Registergericht gerügt werden. Genügt eine Anmeldung nicht den Voraussetzungen des § 11a GenG, so ist sie, eventuell nach erfolgter Zwischenverfügung (§ 382 Abs. 4 FamFG), gemäß § 11a GenG i.V.m. § 382 Abs. 3 FamFG durch Beschluss zurückzuweisen. Bei Eintragung unter Verstoß gegen eine wesentliche Verfahrensvorschrift kommt eine Amtslöschung gemäß §§ 374 Nr. 4, 395 FamFG in Betracht. Unzulässige Satzungsänderungen werden nicht eingetragen und durch zu begründenden Beschluss zurückgewiesen.

1. Materielle Voraussetzungen

91 Für eine Satzungsänderung müssen folgende Voraussetzungen erfüllt sein:

1. **Beschluss der Generalversammlung mit 3/4-Mehrheit** (bei speziellen Änderungen ist gegebenenfalls auch eine höhere Mehrheit erforderlich) über die zu ändernden Satzungsbestimmungen, vgl. § 16 GenG. Sollte der Zweck der Genossenschaft geändert werden und ist ein Mitglied damit nicht einverstanden, steht diesem Mitglied ein außerordentliches Kündigungsrecht gemäß § 67a GenG zu.
2. Die **komplette Satzung** muss vorgelegt werden, die die vorgenommenen Änderungen bereits beinhaltet. Die Vorlage einer Synopse, d.h. das Nebeneinanderstellen der alten und neuen Satzung ist nicht erforderlich.
3. Zu beachten ist, dass die Satzungsbestimmungen nur dann vom Gesetz abweichen dürfen, wenn dies im Genossenschaftsgesetz ausdrücklich so vorgesehen ist, vgl. § 18 GenG (sog. **Grundsatz der Satzungsstrenge**).

2. Formelle Anmeldung

92 Es müssen folgende Unterlagen eingereicht werden:

1. **Versammlungsprotokoll** (einfache Abschrift), unterschrieben vom Protokollführer (oder weiteren Personen, wenn in der Satzung vorgesehen);
2. **Anmeldung der Satzungsänderung** durch den Vorstand in vertretungsberechtigter Zahl, vgl. §§ 16, 157 GenG;
3. **komplette neue Satzung** (einfache Abschrift). In der Anmeldung müssen die Bestimmungen genannt werden, die geändert worden sind. Nach wohl richtiger und sinnvoller Ansicht des OLG Nürnberg,[20] zum Vereinsrecht, die wohl auf das Genossenschaftsrecht übertragen werden kann, müssen in der Anmeldung lediglich die Satzungsbestimmungen aufgelistet werden, wenn im Register einzutragende Tatsachen gemäß § 12 GenG betroffen sind. Die Nennung der geänderten Bestimmungen gilt nicht bei einer kompletten Neufassung der Satzung.
4. Wichtig im Unterschied zum Verein: Anders als beim Verein müssen die anzumeldenden Vorstände zusätzlich folgende **Erklärung** abgeben:

> *Formulierungsbeispiel:*
>
> ***„Erklärung nach § 16 Abs. 5 GenG***
>
> *Wir, die unterzeichneten Vorstandsmitglieder, erklären hiermit nach § 16 Abs. 5 GenG, dass die in der nachstehenden Satzung geänderten Bestimmungen mit dem in der Vertreterversammlung vom (…) gefassten Beschluss über die Änderung der Satzung und die unveränderten Bestimmungen mit dem zuletzt zum Register eingereichten vollständigen Wortlaut der Satzung übereinstimmen.*
>
> *(Ort) (…), (Datum) (…)*
>
> *(Unterschrift Vorstände)*“[21]

20 DNotZ 2012, 875.

21 Die Unterschrift der Vorstände muss nicht beglaubigt werden.

Merke: 93

Enthält das Versammlungsprotokoll nicht die erforderlichen Feststellungen, kann es vom Protokollführer berichtigt werden. Dies gilt aber ausdrücklich nur dann, wenn die dann protokollierten Feststellungen in der Generalversammlung tatsächlich so getroffen worden sind. Ausdrücklich unzulässig ist es, wenn erforderliche Feststellungen nachträglich in das Protokoll „gezaubert" werden.

3. Muster

Bezüglich eines Musters für die Anmeldung einer Satzungsänderung siehe Schaubild 4 § 1 Rdn 7. Die dort genannten Prinzipien gelten entsprechend im Genossenschaftsrecht. 94

4. Gebühren

Siehe Rdn 89. Für den Gegenstandswert spielt es keine Rolle, ob lediglich eine Satzungsbestimmung oder mehrere Satzungsbestimmungen (gegebenenfalls sogar die komplette Satzung) geändert werden. 95

VI. Anmeldung der Auflösung und des Erlöschens einer Genossenschaft

Soll eine Genossenschaft gelöscht werden, erfordert dies wie beim Verein **zwei Schritte**: 96
1. Beschluss über die Auflösung der Genossenschaft und dessen Anmeldung;
2. Anmeldung der Beendigung der Liquidation und Erlöschen der Genossenschaft.

1. Anmeldung der Auflösung

a) Materielle Voraussetzungen

Die Auflösung einer Genossenschaft muss durch die Generalversammlung mit einer **Mehrheit von 3/4 der abgegebenen Stimmen** beschlossen werden, wenn die Satzung kein anderes Quorum vorschreibt, vgl. § 78 GenG. Mit der Auflösung fällt das Vermögen der Genossenschaft an die Mitglieder, vgl. § 91 GenG, soweit sich aus der Satzung nichts anderes ergibt. 97
Liquidation bedeutet, dass
- die laufenden Geschäfte zu beenden,
- die Forderungen einzuziehen,
- das übrige Vermögen in Geld umzusetzen,
- die Gläubiger zu befriedigen und
- der Überschuss den Mitgliedern auszuzahlen sind.

Zur Beendigung schwebender Geschäfte können die Liquidatoren auch neue Geschäfte eingehen. Die Genossenschaft gilt bis zur Beendigung der Liquidation als fortbestehend, soweit der Zweck der Liquidation es erfordert.

Die Auflösung der Genossenschaft oder die Entziehung der Rechtsfähigkeit ist durch die Liquidatoren **öffentlich bekannt** zu machen, vgl. § 82 GenG. In der Bekanntmachung sind die Gläubiger zur Anmeldung ihrer Ansprüche aufzufordern. Die Bekanntmachung erfolgt durch das in der Satzung für Veröffentlichungen bestimmte Blatt. Die Bekanntmachung gilt mit dem Ablauf des zweiten Tages nach der Einrückung oder der ersten Einrückung als bewirkt. Bekannte Gläubiger sind durch besondere Mitteilung zur Anmeldung aufzufordern. Hat eine Genossenschaft in der Satzung kein Blatt für Bekanntmachungen bestimmt oder hat das bestimmte Bekanntmachungsblatt sein Erscheinen eingestellt, sind Bekanntmachungen der Genossenschaft in dem Blatt zu veröffentlichen, welches für Bekanntmachungen des Amtsgerichts bestimmt ist, in dessen Bezirk die Genossenschaft ihren Sitz hat. 98

Das **Vermögen** darf den Mitgliedern nicht vor dem Ablauf eines Jahres nach der Bekanntmachung der Auflösung der Genossenschaft oder der Entziehung der Rechtsfähigkeit ausbezahlt werden, vgl. § 90 GenG. 99

100 Die Liquidation erfolgt durch den **Vorstand**, sofern keine anderen Personen zum Liquidator bestellt wurden, vgl. § 83 Abs. 1 GenG. Die Liquidatoren haben die rechtliche Stellung des Vorstands, soweit sich nicht aus dem Zwecke der Liquidation ein anderes ergibt. Sind mehrere Liquidatoren vorhanden, so sind sie nur gemeinschaftlich zur Vertretung befugt und können Beschlüsse nur einstimmig fassen, sofern nicht ein anderes bestimmt ist, vgl. § 85 GenG. Anders als bei der laufenden Genossenschaft müssen Liquidatoren nicht Mitglieder der Genossenschaft sein; der Grundsatz der Selbstorganschaft gilt im Stadium der Liquidation nicht mehr.

b) Formelle Voraussetzungen

101 Es müssen folgende Unterlagen eingereicht werden:
1. **Versammlungsprotokoll** (einfache Abschrift), unterschrieben vom Protokollführer; mind. ³/₄-Mehrheit der anwesenden Mitglieder müssen für die Auflösung gestimmt haben.
2. **Anmeldung der Auflösung** der Genossenschaft zum Genossenschaftsregister, vgl. § 78 Abs. 2 GenG. Zudem sind die Liquidatoren sowie deren Vertretungsmacht zum Genossenschaftsregister anzumelden, vgl. § 83 GenG.

> *Merke:*
>
> Die Anmeldung der Auflösung der Genossenschaft und der Liquidatoren erfolgt noch durch den letzten Vorstand in vertretungsberechtigter Zahl, vgl. §§ 84, 157 GenG. Dies ist in der Literatur jedoch nicht unbestritten. Eine starke Mindermeinung vertritt die Ansicht, dass bereits die neu bestellten Liquidatoren die Auflösung des Vereins anmelden müssten. Der Wortlaut des § 84 GenG meine lediglich die Fälle, in denen Vorstand und Liquidatoren personenidentisch seien. Letztlich wird man aus Gründen der Vorsicht jedoch auf den klaren Wortlaut des § 84 GenG verweisen, der eben regelt, dass die Auflösung und die ersten Liquidatoren noch durch den alten Vorstand angemeldet werden müssen. Spätere Änderungen bei den Liquidatoren erfolgt durch die Liquidatoren selbst (vgl. auch die parallele Diskussion bei der Liquidation des Vereins).

Die Liquidatoren vertreten **gemeinschaftlich**, sofern nichts anderes beschlossen wurde, vgl. § 85 GenG.

c) Muster

102 Vgl. Muster bezüglich Anmeldung der Auflösung eines Vereins (Rdn 47) und Anmeldung der Liquidatoren (Rdn 47). Die dort genannten Prinzipien gelten entsprechend im Genossenschaftsrecht.

2. Anmeldung der Beendigung der Liquidation

103 Nach Anmeldung der Auflösung der Genossenschaft und der Liquidatoren haben die Liquidatoren die Genossenschaft **abzuwickeln**. Nach Beendigung der Liquidation, frühestens nach Ablauf eines Jahres, vgl. § 90 GenG, kann die Genossenschaft dann endgültig aus dem Genossenschaftsregister **gelöscht** werden.

Diese Löschung ist wiederum zum Genossenschaftsregister anzumelden. Die Anmeldung ist durch die Liquidatoren in vertretungsberechtigter Zahl vorzunehmen, vgl. § 157 GenG. Dem Gericht ist ein Nachweis über die Veröffentlichung der Auflösung in dem von der Satzung der Genossenschaft vorgeschriebenen Veröffentlichungsblatt vorzulegen. Die Angabe, wer künftig die Bücher der Genossenschaft verwahrt, ist zweckmäßig, aber rechtlich nicht zwingend.

Siehe Muster zur Anmeldung der Beendigung der Liquidation und Erlöschen des Vereins (Rdn 49). Die dort genannten Prinzipien gelten entsprechend im Genossenschaftsrecht.

Merke:

Soll die Genossenschaft nach Anmeldung der Auflösung – nicht nach der Löschung – nun doch wieder weitermachen, können die Mitglieder der Genossenschaft einen sog. Fortsetzungsbeschluss mit 3/4-Mehrheit der anwesenden Mitglieder fassen und die Fortsetzung zum Genossenschaftsregister anmelden.

3. Gebühren

Bezüglich der Notarkosten gilt grundsätzlich Rdn 51. Zu beachten ist, dass die Anmeldung der Auflösung der Genossenschaft, die Abmeldung der bisherigen Vorstände sowie die Anmeldung der Liquidatoren gegenstandsgleich sind.[22] 104

Anders als beim Verein fallen bei der Genossenschaft für die Eintragung des Erlöschens der Genossenschaft und die Beendigung der Liquidation Gebühren an. 105

VII. Sonstige Beendigungsgründe bei der Genossenschaft

Hier gilt das in Rdn 53 Gesagte entsprechend. 106

C. Eingetragener Kaufmann

I. Exkurs: Begriff des Gewerbebetriebs

Der eingetragene Kaufmann ist eine **natürliche Person**, die gemäß § 1 Abs. 1 HGB ein sog. 107 **Handelsgewerbe** betreibt. Nach § 1 Abs. 2 HGB ist ein Handelsgewerbe jeder Gewerbebetrieb, es sei denn, dass das Unternehmen nach Art oder Umfang einen in kaufmännischer Weise eingerichteten Geschäftsbetrieb nicht erfordert, dass es also so klein ist, dass man hierfür keine besondere Organisationsstruktur benötigt. Ob die Größe des Unternehmens einen kaufmännisch eingerichteten Geschäftsbetrieb erfordert, hängt von verschiedenen Kriterien ab, die allerdings nicht starr festgelegt sind.

Darunter fallen **qualitative Kriterien** wie z.B.

- Natur und Vielfalt der gewöhnlich vorkommenden Geschäfte,
- Vielfalt der Erzeugnisse und Leistungen,
- Art des Kundenkreises,
- Lagerhaltung,
- Teilnahme an Wechsel- und Scheckverkehr.

Darunter fallen aber auch **quantitative Kriterien** wie z.B.

- Betriebskapital,
- Umsatzvolumen,
- Zahl der Beschäftigten,
- Anzahl der Betriebsstätten und
- deren Größe.

Aufgrund der nicht klaren Begriffsbestimmung der Kriterien formuliert § 1 HGB das 108 Erfordernis negativ, sodass für den Unternehmer, der ein Gewerbe betreibt und nicht im Handelsregister eingetragen ist, eine **Beweislastumkehr** besteht, er also gegebenenfalls darlegen muss, dass er kein Kaufmann ist. Damit gibt es eine **gesetzliche Vermutung für die Kaufmannseigenschaft**. Jedenfalls bei Vorliegen eines Jahresumsatzes von mehr als 250.000 EUR wird in der Regel auch die Erforderlichkeit eines in kaufmännischer Weise eingerichteten Betriebs nicht verneint werden können. Ob eine Buchführungspflicht nach §§ 238 ff., 241a HGB i.V.m. §§ 140 ff. AO besteht, ist jedoch nicht Voraussetzungen für die Kaufmannseigenschaft, sondern setzt die Kaufmannseigenschaft vielmehr voraus.

Ein Gewerbetreibender, der einen nach Art oder Umfang in kaufmännischer Weise einge- 109 richteten Geschäftsbetrieb hat bzw. haben müsste, ist sog. **Muss-Kaufmann** (oder auch Ist-

22 Vgl. zur GmbH BGH RNotZ 2017, 113.

Kaufmann), weil er eben im Handelsregister eingetragen sein muss. Ein Gewerbetreibender, der klein ist (sog. **Kleingewerbebetrieb**), aber sich trotzdem freiwillig ins Handelsregister eintragen lässt, ist ein sog. **Kann-Kaufmann**. Ein Gewerbetreibender, der klein ist und sich nicht ins Handelsregister eintragen lässt, ist Nicht-Kaufmann.

> *Merke:*
>
> Ein Kaufmann bleibt zivilrechtlich natürliche Person. Ist ein Kaufmann Eigentümer eines Grundstücks, wird daher im Grundbuch als Eigentümer nur die natürliche Person (also ohne Firma und ohne e.K.-Zusatz o.Ä.) verlautbart.

> *Merke:*
>
> Auch ein Kaufmann, der nicht im Handelsregister eingetragen ist, oder ein Freiberuflicher sind Unternehmer i.S.d. § 14 BGB.

110 Ob ein Unternehmen ein Gewerbe betreibt, kann im Einzelfall ebenfalls problematisch sein. Um von einem Gewerbe sprechen zu können, müssen folgende **Voraussetzungen** vorliegen:[23]

1. Die Unternehmung muss **nach außen** gerichtet sein, bloße Innengesellschaften oder stille Beteiligungen stellen keinen Gewerbebetrieb dar.
2. Die Unternehmung muss auf **gewisse Dauer** angelegt sein, d.h. z.B. keine bloß einmaligen Geschäfte.
3. Die Unternehmung muss die Absicht haben, **Gewinne** zu erzielen.
4. Der Unternehmer muss **selbstständig** tätig sein, d.h. er darf nicht abhängig beschäftigt sein.
5. Der Unternehmer darf **keine freiberufliche Tätigkeit** ausüben (z.B. Arzt, Steuerberater, Architekt etc.).

111 Auch **Personengesellschaften** wie die OHG und die KG können Kaufleute i.S.d. §§ 1 ff. HGB sein, vgl. § 6 Abs. 1 HGB. Unter Personengesellschaften versteht man Zusammenschlüsse natürlicher Personen.

112 Bestimmte Unternehmungen sind kraft Organisationsform sog. **Formkaufleute**. Dazu gehören z.B.

- die GmbH (vgl. § 13 Abs. 3 GmbHG),
- die AktG (vgl. § 3 Abs. 1 AktG),
- die Genossenschaft (vgl. § 17 Abs. 2 GenG) oder
- der wirtschaftliche Verein (vgl. § 6 Abs. 2 HGB),

auch wenn diese Unternehmen kein Gewerbe i.S.d. § 1 Abs. 2 HGB betreiben würden; z.B. eine Steuerberater-GmbH ist Formkaufmann, auch wenn die GmbH eigentlich eine freiberufliche Tätigkeit ausübt.

Die Partnerschaftsgesellschaft ist per se kein Kaufmann, vgl. § 1 Abs. 1 PartGG.

23 Instruktiv zum Ganzen *Petig/Freisfeld*, JuS 2008, 770.

Zusammenfassend gilt folgende Auflistung: 113

	Betreibt Gewerbe	Eingerichteter Gewerbebetrieb erforderlich	Eintragung im Handelsregister
Muss-Kaufmann	Ja	Ja	Ja
Kann-Kaufmann	Ja	Nein	Nicht zwingend
Nicht-Kaufmann	Ja	Nein	Nein
Freiberufler	Nein	Nein	Eigentlich nein, aber möglich, vgl. § 107 HGB.
Privatperson	Nein	Nein	Nein, aber Eintragung bei reiner privater Vermögensverwaltung möglich, vgl. § 107 HGB.
Formkaufmann (z.B. GmbH, AG)	Nicht zwingend	Nicht zwingend	Ja

Kaufleute, egal ob im Handelsregister eingetragen oder nicht, haften unbeschränkt für Verbindlichkeiten der Unternehmung (anders als z.B. Kommanditisten bei einer KG oder Gesellschafter bei einer GmbH).

II. Grundzüge der Anmeldung zum Handelsregister

Kaufleute werden ins Handelsregister eingetragen: 114

- Einzelkaufleute oder Personengesellschaften wie OHG und KG werden in der **Abteilung A**,
- Körperschaften wie GmbH und AG in der **Abteilung B** eingetragen.

Das Handelsrecht, HGB, ist das Sonderrecht für Kaufleute. Hält des HGB keine spezielle Regelung bereit, gilt das Bürgerliche Gesetzbuch (BGB).

Zuständig für Handelsregisteranmeldungen ist das **Amtsgericht** (vgl. § 23a Abs. 1 Nr. 2, Abs. 2 Nr. 3 GVG i.V.m. § 374 Nr. 1 FamFG, sog. sachliche Zuständigkeit). Der Rechtspfleger ist innerhalb des Amtsgerichts funktional zuständig (vgl. § 3 Nr. 2 RPflG). Nur ausnahmsweise bei Körperschaften, also GmbHs oder AGs, ist der Richter zuständig, vgl. § 17 RPflG. Die örtliche Zuständigkeit ist eine ausschließliche und richtet sich nach dem Sitz der Unternehmung (vgl. § 377 Abs. 1 FamFG). 115

Die vom örtlich unzuständigen Gericht vorgenommene Eintragung ist wirksam (vgl. § 2 Abs. 3 FamFG), die des sachlich unzuständigen Gerichts dagegen unwirksam.[24] Ein Verstoß gegen die funktionale Zuständigkeit führt nicht zur Unwirksamkeit der Eintragung (vgl. § 8 RPflG).

Anmeldungen zum Handelsregister müssen stets **elektronisch** eingereicht werden. Anmeldungen zum Handelsregister sind stets von den das Unternehmen vertretenden Personen in vertretungsberechtigter Zahl anzumelden, sofern das Gesetz nichts anderes bestimmt (z.B. § 78 GmbHG für die GmbH). Die Anmeldung kann in **Urschrift** oder in **beglaubigter Abschrift** zum Registergericht eingereicht werden, vgl. § 12 HGB. Organschaftliche Vertreter können sich mit Vollmacht durch Dritte bei der Anmeldung vertreten lassen. Derartige Vollmachten bedürfen jedoch der notariellen Beglaubigung, vgl. § 12 Abs. 1 S. 2 HGB. 116

Eine **öffentliche Beglaubigung mittels Videokommunikation** ist zulässig, vgl. § 12 Abs. 1 S. 2 HGB. Handels- und Gesellschaftsregisteranmeldungen können nicht von den Beteiligten selbst bei Gericht eingereicht werden (Umkehrschluss gemäß § 378 Abs. 3 S. 2 FamFG). Ein **Prüfvermerk** nach § 378 Abs. 3 S. 1 FamFG ist erforderlich (sofern der Notar den Entwurf der Anmeldung nicht selbst gefertigt hat).

Grundsätzlich sind im Eintragungsverfahren keine öffentlichen Genehmigungstatbestände mehr zu prüfen, vgl. § 7 HGB; eine Ausnahme gilt lediglich für den Betrieb von Kreditinsti- 117

24 BGHZ 24, 47, 51 f.

tuten, die nur mit Genehmigung der BaFin eingetragen werden dürfen, vgl. § 43 KWG. Wenn aber bezüglich einer Anlage- und Vermögensberatung im Unternehmensgegenstand erlaubnispflichtige Tätigkeiten nach dem KWA ausdrücklich ausgenommen sind, so muss das Registergericht die Eintragung vornehmen.[25]

III. Anmeldung eines Kaufmanns

118 Ein Ist-Kaufmann muss, ein Kann-Kaufmann kann in das Handelsregister eingetragen werden, vgl. § 29 HGB. Wer seiner Pflicht zur Eintragung in das Handelsregister nicht nachkommt, ist durch das Registergericht mit Festsetzung eines Bußgelds zur Eintragung anzuhalten, vgl. § 14 HGB. Es handelt sich also um eine **eintragungspflichtige Tatsache**.

1. Materielle Voraussetzungen

119 **Inhaber** eines einzelkaufmännischen Unternehmens kann jede natürliche Person sein. Ist der Inhaber allerdings beschränkt geschäftsfähig, so ist die Ermächtigung durch den gesetzlichen Vertreter sowie eine familiengerichtliche Genehmigung erforderlich (§ 112 BGB). Wird diese erteilt, so kann der Minderjährige sämtliche erforderlichen Handelsregisteranmeldungen selbst vornehmen.

120 Im Güterstand der Gütergemeinschaft treten Besonderheiten nur dann ein, wenn das Handelsgeschäft nicht gemäß § 1418 Abs. 2 BGB Vorbehaltsgut ist und daher in das Gesamtgut fällt (§ 1418 Abs. 1 BGB). Auch eine GbR oder OHG kann nur begründet werden, wenn beide das Geschäft im Vorbehaltsgut halten (str.).

Ehegatten in Gütergemeinschaft können aber auch ein Unternehmen in Gütergemeinschaft (ohne Bildung von Vorbehaltsgut) führen. Das Geschäft gehört zum Gesamtgut, auch wenn es im Namen nur eines Gatten geführt wird. Bei gemeinsamer Führung sind beide als Inhaber und Kaufleute einzutragen, bei Führung nur durch einen ist nur dieser Kaufmann und allein einzutragen. Auch bei gemeinsamer Führung sind nur die beiden, nicht die Gütergemeinschaft als solche (nur Sondervermögen) Unternehmensträger.[26]

KG-Anteile können nach derzeit h.M. wohl auch ohne Begründung von Vorbehaltsgut von einem Ehepartner als Sondergut gehalten werden (str.).

2. Formelle Voraussetzungen

121 Kaufleute, die ein Handelsgewerbe im Sinne des § 1 Abs. 2 HGB betreiben, sind verpflichtet,ihre **Firma**, den **Ort der Handelsniederlassung** und ihre **inländische Geschäftsanschrift** bei dem Gericht, in dessen Bezirk sich die Niederlassung (**Hauptniederlassung**) befindet, zur Eintragung in das Handelsregister anzumelden, § 29 HGB. Der Sitz und die Geschäftsanschrift des Einzelkaufmanns müssen – anders als bei der GmbH oder AG – übereinstimmen.

122 Soweit sich aus der Firma der Geschäftszweig des Unternehmens nicht ergibt, soll der Gegenstand des Unternehmens bei der Anmeldung angegeben werden (§ 24 Abs. 4 HRV). Der Gegenstand wird im Handelsregister jedoch nicht veröffentlicht.

123 Zur Frage, ob die Firma gegen § 18 HGB verstößt, kann das Registergericht nach § 380 FamFG die **IHK** anhören. Die Firma muss zur **Kennzeichnung** des Kaufmanns geeignet sein und Unterscheidungskraft besitzen. Die Firma darf zudem keine Angaben enthalten, die geeignet sind, über geschäftliche Verhältnisse, die für die angesprochenen Verkehrskreise wesentlich sind, irrezuführen. Im Verfahren vor dem Registergericht wird die Eignung zur Irreführung nur berücksichtigt, wenn sie ersichtlich ist.

25 So OLG München ZIP 2012, 2107.

26 Vgl. zum Ganzen *Hopt*, HGB, 43. Aufl. 2024, § 1 Rn 48.

Beispiele:

- Firma „XXX e.K." ist unzulässig, weil „XXX" zu Kennzeichnung nicht geeignet ist; Phantasienamen sind aber grundsätzlich zulässig (z.B. „Zalando").
- Firma „Meier e.K." ist unzulässig, weil Unterscheidungskraft nicht gewahrt und Name „Meier" zu gebräuchlich ist; in diesen Fällen Zusatz (z.B. „Meier Bau e.K.") sinnvoll.
- Firma „BMW e.K." ist unzulässig, weil Unterscheidungskraft nicht gewahrt ist; bloß unterschiedliche Rechtsform (hier e.K. anstatt AG) ist für die Unterscheidung nicht ausreichend.
- Firma „Auto Meier e.K." ist unzulässig, weil irreführend, wenn dieses Unternehmen nicht mit Autos, sondern mit Küchengeräten handelt.
- Firma „K. Schmidt Vermögensverwaltung Gruppe" ist unzulässig, wenn K. Schmidt nur ein Geschäft betreibt; der Begriff „Gruppe" erfordert eine Holdingstruktur, wobei „Gruppe" erlaubt ist, wenn die Anmeldung mehrerer Unternehmen zwar noch nicht erfolgt, aber in Planung ist.
- Firma „Hans Carstens Bau Deutschland" ist unzulässig, wenn Hans Carstens nur ein kleines Baugewerbe in Passau betreibt.

▼ 124

Muster 2.5: Anmeldung eines Kaufmanns

An das
Amtsgericht Musterstadt
– Registergericht –

HRA Neu
Einrichtungshaus Mustermann e.K. mit dem Sitz Musterstr. 1, in 10000 Musterstadt:

Zur Eintragung in das Handelsregister

Es wird **angemeldet**:
Ich, Max Mustermann, geboren am ______,

betreibe unter der obengenannten Firma ein Handelsgewerbe.

Gegenstand des Geschäfts ist das Betreiben eines Möbelhauses.

Die inländische Geschäftsanschrift lautet:

10000 Musterstadt, Musterstr. 1.

(*Mitarbeitervollmacht*)

Mitteilungen des Gerichts werden ausschließlich an den beglaubigenden Notar erbeten.

Musterstadt, den ______

(*Unterschrift des Kaufmanns*)

▲

3. Prüfung durch das Registergericht und Eintragung

Das Registergericht prüft zunächst, ob der Eintragungsantrag **formell ordnungsgemäß** war, ob also die Unterschrift des Kaufmanns notariell beglaubigt wurde, vgl. § 12 HGB. 125

Ob ein Gewerbebetrieb im Sinne des § 1 Abs. 1 HGB vorliegt, hat das Gericht ebenfalls zu prüfen, jedoch ist im Zweifel hiervon auszugehen. Art bzw. Umfang des Unternehmens sowie die Erforderlichkeit kaufmännischer Einrichtungen ist durch das Registergericht nicht festzustellen, da die Eintragung im Handelsregister hiervon aufgrund der Bestimmung des § 2 HGB nicht abhängt. Weil im Antrag auf Eintragung im Register regelmäßig auch die Ausübung des Wahlrechts nach § 2 S. 1 HGB zu sehen ist, hat das Gericht auch insoweit keine weitere Prüfungspflicht.

Zu überprüfen ist allerdings die **rechtliche Zulässigkeit** der Firma (§§ 17 bis 19 HGB) und ihre **Unterscheidbarkeit** von bereits eingetragenen Firmen (§ 30 Abs. 1 HGB) sowie die 126

richtige Bestimmung des Orts der Niederlassung, wobei als solcher eine politische Gemeinde zu benennen ist. Bei Zweifelsfragen sollte ein Gutachten der IHK vorgelegt werden. Das Vorliegen einer etwa notwendigen familiengerichtlichen Genehmigung (§§ 1645, 1823 BGB) ist ebenfalls zu prüfen, nicht aber die Erfüllung öffentlich-rechtlicher Erfordernisse zum Betrieb des Handelsgeschäfts (§ 7 HGB).

Das Registergericht hat jedoch eine Eintragung abzulehnen, wenn die gesetzlichen Vorschriften den Betrieb des konkreten Gewerbes in der Rechtsform eines einzelkaufmännischen Unternehmens untersagen, wie etwa im Falle der Ausübung von nach § 32 KWG genehmigungsbedürftigen Geschäften (§ 2b Abs. 1 KWG).

127 Einzelkaufmännische Unternehmen werden in **Abteilung A des Handelsregisters** eingetragen (§ 29 HGB; §§ 3, 39 und 40 HRV).

Einzutragen in das Handelsregister Abteilung A sind (§§ 39, 40 HRV) die Firma, der Ort der Niederlassung samt inländischer Geschäftsanschrift, ein Vermerk, der zum Ausdruck bringt, dass der Unternehmer stets einzeln für das Unternehmen handelt, ferner der Familienname, der Vorname, das Geburtsdatum und der Wohnort des Inhabers des einzelkaufmännischen Unternehmens. Zudem ist zu vermerken, dass es sich bei dem eingetragenen Rechtsträger um einen Einzelkaufmann handelt (§ 40 Nr. 5 lit. a HRV).

> *Merke:*
>
> Die Eintragung des e.K. enthält nicht den Gegenstand des Unternehmens, auch wenn dieser bei der Anmeldung angegeben werden soll.

IV. Änderung beim eingetragenen Kaufmann

128 Sollte sich beim eingetragenen Kaufmann einmal die Firma, der Sitz des Unternehmens oder die Geschäftsanschrift ändern, ist dies wieder zum Handelsregister anzumelden, vgl. § 31 HGB.

Wichtig! Der Sitz und die Geschäftsanschrift des Einzelkaufmanns müssen übereinstimmen.

▼

Muster 2.6: Änderungen beim eingetragenen Kaufmann

An das
Amtsgericht Musterstadt
– Registergericht –

HRA 1000

Einrichtungshaus Mustermann e.K. mit dem Sitz in 10000 Musterstadt, Musterstr. 1

Zur Eintragung in das Handelsregister wird **angemeldet**:
Der Name des o.g. eingetragenen Kaufmanns ist geändert.

Der neue Name lautet:

Möbelhaus Mustermann e.K.

Der Sitz des o.g. eingetragenen Kaufmanns ist von Musterstadt nach 94469 Deggendorf verlegt worden.

Die inländische Geschäftsanschrift lautet künftig:

94469 Deggendorf, Bahnhofstraße 1.

(*Mitarbeitervollmacht*)

Mitteilungen des Gerichts werden ausschließlich an den beglaubigenden Notar erbeten.

Deggendorf, den ______

(*Unterschrift des Kaufmanns*)

▲

V. Erlöschen des eingetragenen Kaufmanns

Der eingetragene Kaufmann kann im Handelsregister auch wieder gelöscht werden. Eine 129
Löschung ist z.B. möglich, wenn der Kaufmann seine Tätigkeit einstellt oder seine Tätigkeit sich verkleinert, so dass er künftig nur noch ein sog. Kleingewerbe betreibt (also Kann-Kaufmann wird und sich entschließt, nicht länger im Handelsregister eingetragen zu bleiben), oder der Kaufmann verstirbt und die Unternehmung nicht fortgeführt werden soll, vgl. § 31 HGB.

▼

Muster 2.7: Erlöschen des eingetragenen Kaufmanns

An das

Amtsgericht Musterstadt

– Registergericht –

HRA 1000

Möbelhaus Mustermann mit dem Sitz in 10000 Musterstadt, Musterstr. 1

Zur Eintragung in das Handelsregister wird **angemeldet:**

Die Firma ist erloschen.

Grund des Erlöschens: Das unter dieser Firma betriebene Geschäft wurde aufgegeben.

(Variante 1, dann gegebenenfalls auch Prokura abmelden): Das bisher unter der Firma betriebene Unternehmen erfordert nach Art oder Umfang einen in kaufmännischer Weise eingerichteten Geschäftsbetrieb nicht mehr.

(Variante 2, dann gegebenenfalls auch Prokura abmelden): Das bisher unter der Firma betriebene Unternehmen wird künftig in Form einer Gesellschaft mit beschränkter Haftung fortgeführt. Es wird beantragt, die Löschung des e.K. Zug um Zug mit der Eintragung der beim Handelsregister des Amtsgerichts neu angemeldeten GmbH vorzunehmen.[27][28]

(*Mitarbeitervollmacht*)

Mitteilungen des Gerichts werden ausschließlich an den beglaubigenden Notar erbeten.

Musterstadt, den

(*Unterschrift des Kaufmanns*)

▲

VI. Übernahme eines eingetragenen Kaufmanns

Überträgt ein eingetragener Kaufmann sein Unternehmen, z.B. durch Kaufvertrag, Pachtver- 130
trag, Nießbrauch, Einbringung o.Ä., so ist dies ebenfalls zum Handelsregister anzumelden. Hierbei ist anzugeben, ob der Nachfolger für die Verbindlichkeiten des Veräußerers haftet, vgl. § 25 Abs. 2 HGB. Eine Haftung für Altverbindlichkeiten kommt aber nur dann in Frage, wenn der Erwerber die Firma, also den Namen der Unternehmung, fortführt. Die Gerichte legen eine Firmenfortführung in der Praxis sehr weit aus.

27 Alternative: Umwandlung e.K. in GmbH.

28 Sollte der e.K. in die GmbH eingebracht worden sein und der Kern der Firma weiterhin erhalten bleiben, kommt eine Forthaftung gemäß § 25 HGB in Betracht. Gegebenenfalls ist hier zu einem Haftungsausschluss nach § 25 Abs. 2 HGB zu raten.

▼

Muster 2.8: Übernahme eines eingetragenen Kaufmanns

An das

Amtsgericht Musterstadt

– Registergericht –

HRA 1000

Möbelhaus Mustermann e.K. mit dem Sitz in 10000 Musterstadt, Musterstr. 1

Zur Eintragung in das Handelsregister wird **angemeldet**:

Max Mustermann, geboren am ____, wohnhaft in ____,

hat das bisher von ihm unter der obigen Firma betriebene Geschäft mit dem Recht, die Firma mit oder ohne Beifügung eines das Nachfolgeverhältnis andeutenden Zusatzes fortzuführen, an

Eva Musterfrau, geboren am ____, wohnhaft in ____,

veräußert. Diese führt das Geschäft unter der Firma

Möbelhaus Mustermann e.K., Inh. Musterfrau

fort. Der Gegenstand des Geschäftes ist unverändert.

(Variante 1): Die Haftung des Erwerbers für die im Betrieb des Geschäfts begründeten Verbindlichkeiten der bisherigen Inhaber sowie der Übergang der in dem Betrieb begründeten Forderungen auf den Erwerber ist ausgeschlossen (§ 25 Abs. 2 HGB).

(Variante 2): Trotz Hinweis des Notars darauf, dass derjenige, der ein unter Lebenden erworbenes Handelsgeschäft unter der bisherigen Firma mit oder ohne Beifügung eines das Nachfolgeverhältnis andeutenden Zusatzes fortführt, für alle im Betrieb des Geschäfts begründeten Verbindlichkeiten des früheren Inhabers haftet, wird die Eintragung eines diese Haftung ausschließenden Vermerks gemäß § 25 Abs. 2 HGB nicht gewünscht.

Die inländische Geschäftsanschrift lautet weiterhin:

1000 Musterstadt, Musterstr. 1.

(*Mitarbeitervollmacht*)

Mitteilungen des Gerichts werden ausschließlich an den beglaubigenden Notar erbeten.

Musterstadt, den ____

(*Unterschrift des alten und des neuen Kaufmanns*)

▲

Wird ein eingetragener Kaufmann ohne Firma übernommen, so sind die alte Firma zur Löschung und die neue Firma als Neueintragung zum Handelsregister anzumelden. Eine Haftung für Altverbindlichkeiten nach § 25 HGB scheidet in dem Fall von vornherein aus.

VII. Tod des eingetragenen Kaufmanns

131 Verstirbt ein eingetragener Kaufmann, kann das Unternehmen entweder eingestellt werden (dann **Löschung**, siehe Rdn 129) oder durch den oder die Erben unter der alten Firma (dann **Anmeldung wie Übernahme** mit gegebenenfalls Haftungsausschluss, vgl. §§ 27, 25 Abs. 2 HGB) oder mit neuer Firma (dann Löschung alte Firma und Neueintragung neue Firma) fortgeführt werden.

132 Ist der eingetragene Kaufmann auf **mehrere Erben** übergegangen, kann das Geschäft von der (ungeteilten) Erbengemeinschaft ohne zeitliche Begrenzung fortgeführt werden. Alternativ kann das Geschäft auch aufgrund einer Erbauseinandersetzung auf einen Miterben oder Vermächtnisnehmer allein übertragen werden. Die Fortführung des Handelsgewerbes durch eine ungeteilte Erbengemeinschaft ist auch dann möglich, wenn zur Erbengemein-

schaft ein minderjähriger Erbe gehört. Eine Genehmigung durch das Familiengericht ist für die Fortführung nicht notwendig.[29]

Die Anordnung einer Testamentsvollstreckung kann nicht ins Handelsregister eingetragen werden.

▼ 133

Muster 2.9: Fortführung eines eingetragenen Kaufmanns durch eine ungeteilte Erbengemeinschaft

An das

Amtsgericht Musterstadt

– Registergericht –

HRA 1000

Möbelhaus Mustermann e.K. mit dem Sitz in 10000 Musterstadt, Musterstr. 1

Zur Eintragung in das Handelsregister wird **angemeldet**:

Der bisherige Inhaber der oben genannten Firma, Max Mustermann, geb. am ______, ist verstorben und beerbt worden von:

Adam Lens, geboren am ______, wohnhaft ______, und

Eva Lens, geboren am ______, wohnhaft ______,

je zur Hälfte.

Auf die Nachlassakte beim Amtsgericht Musterstadt, Az. ______ und den darin befindlichen Erbnachweis wird Bezug genommen.

Das Geschäft und die Firma sind auf uns in ungeteilter Erbengemeinschaft übergegangen.

Das Geschäft wird von uns unter der Firma

Möbelhaus Mustermann e.K.

fortgeführt.

Die inländische Geschäftsanschrift lautet weiterhin:

10000 Musterstadt, Musterstr. 1.

(*Mitarbeitervollmacht*)

Mitteilungen des Gerichts werden ausschließlich an den beglaubigenden Notar erbeten.

Musterstadt, den ______

(*Unterschrift sämtlicher Mitglieder der Erbengemeinschaft*)

▲

VIII. Gebühren

Der **Geschäftswert** für die Erstanmeldung eines eingetragenen Kaufmanns beträgt gemäß § 105 Abs. 2, 3 Nr. 1 GNotKG 30.000 EUR. 134

Entwirft der Notar die Registeranmeldung selbst, entsteht eine 0,5-Gebühr gemäß KV-Nr. 24102 GNotKG. Wird lediglich die Unterschrift beglaubigt, entsteht eine 0,2-Gebühr gemäß KV-Nr. 25100 GNotKG, höchstens 70 EUR. Übermittelt der Notar die Registeranmeldung elektronisch mit XML-Strukturdaten an das Registergericht, entsteht, wenn der Notar den Entwurf selbst gefertigt hat, zusätzlich eine 0,2-Gebühr gemäß KV-Nr. 22114 GNotKG aus dem Geschäftswert der Anmeldung, höchstens 125 EUR. Übermittelt der Notar eine Anmeldung, für die er nicht den Entwurf erstellt hat, elektronisch mit XML-Strukturdaten an das Registergericht, entsteht anstatt einer 0,2-Gebühr eine 0,5-Gebühr gemäß KV-Nr. 22125

29 So BGH NJW 1985, 136.

GNotKG. Zusätzlich zu dieser 0,5-Gebühr fällt eine Gebühr nach KV-Nr. 22124 GNotKG i.H.v. pauschal 20 EUR für die Übermittlung an das Registergericht an.

Zudem fällt gegebenenfalls eine 0,3-Vollzugsgebühr, höchstens 50 EUR (vgl. KV-Nr. 22112 GNotKG), für auftragsgemäße Einholung eines Gutachtens zur firmenrechtlichen Unbedenklichkeit bei der IHK an. In diesem Fall verringert sich die XML-Gebühr von 0,2 auf 0,1 (vgl. KV-Nr. 22115 GNotKG). Hinzukommen die üblichen Auslagen und die Umsatzsteuer.

135 Bei **jeder Änderung oder Löschung** der Eintragungen eines eingetragenen Kaufmanns fallen Kosten in entsprechender Höhe an. Wird der eingetragene Kaufmann übernommen, so sind die Werte für das Ausscheiden des alten Inhabers und die Eintragung des neuen Inhabers zu addieren, also 2 x 30.000 EUR.

136 Ist eine Anmeldung nur deshalb erforderlich, weil sich eine **Anschrift** geändert hat oder handelt es sich um eine ähnliche Anmeldung (z.B. Namensänderung oder Adressänderung des Firmeninhabers z.B. wegen Heirat), die für das Unternehmen keine wirtschaftliche Bedeutung hat, so beträgt der Geschäftswert lediglich 5.000 EUR, vgl. § 105 Abs. 5 GNotKG.

IX. Exkurs: Erteilung von Prokura

1. Einführung

137 Wenn man ein Unternehmen führt, merkt man schnell, dass man nicht alle Sachen allein machen kann. Aus diesem Grund stellt ein Unternehmen Arbeitskräfte ein. Manche Arbeitskräfte sollen den „Chef" im Alltag vertreten können. Der „Chef" eines eingetragenen Kaufmanns ist der **Kaufmann** selbst, bei einer OHG oder KG ist es der vollhaftende Gesellschafter, bei einer GmbH der Geschäftsführer und bei einer AG der Vorstand.

138 Will man den **Vertreter** nicht zu einem „weiteren" Geschäftsführer oder „weiteren Vorstand" machen, kann man diesen – eine Stufe tiefer – zum **Prokuristen** bestellen.[30]

Prokura kann ausschließlich ein Gewerbetreibender, also ein eingetragenen Kaufmann, eine OHG oder KG oder eine GmbH oder AktG erteilen. Auch die Genossenschaft kann – wie gesehen – eine Person zum Prokuristen bestellen (vgl. § 42 Abs. 1 GenG).

Ein Privatmann, eine GbR (auch wenn sie im Gesellschaftsregister eingetragen ist), ein Kleingewerbetreibender, der nicht im Handelsregister eingetragen ist, oder eine Partnerschaftsgesellschaft können dagegen keine Prokura erteilen, vgl. § 48 Abs. 1 HGB.

139 Die Prokura **ermächtigt** zu allen Arten von **gerichtlichen und außergerichtlichen Geschäften** und Rechtshandlungen, die der Betrieb eines Handelsgewerbes mit sich bringt, vgl. § 49 Abs. 1 HGB.

Zur Veräußerung und Belastung von Grundstücken ist ein Prokurist nur dann ermächtigt, wenn ihm diese Befugnis **ausdrücklich** erteilt worden ist, vgl. § 49 Abs. 2 HGB. Auch die dazugehörigen Verpflichtungsgeschäfte darf ein Prokurist nur bei besonderer Erlaubnis abschließen. Diese sog. **Grundstücksklausel** ist jedoch eng auszulegen. Der Prokurist kann also sehr wohl – auch ohne ausdrückliche Ermächtigung – Grundstücke kaufen (und die dazugehörige Finanzierungsgrundschuld bestellen), Belastungen löschen lassen oder Gebäude vermieten oder verpachten.

Der Prokurist ist nicht berechtigt, sog. **Grundlagengeschäfte** vorzunehmen, also Geschäfte, die die Verfassung des jeweiligen Unternehmens betreffen. Die Prokura ist auf die Vertretungsmacht für Verkehrsgeschäfte beschränkt und umfasst nicht das Organisationsrecht des Unternehmens. Insoweit ist der Prokurist noch nicht einmal berechtigt, eine Adressänderung zum Handelsregister anzumelden (str.). Auch kann der Prokurist seinerseits keine Prokura zum Register anmelden. Ausnahmen bestehen bei der sog. **unechten Gesamtvertretung** (dazu sogleich Rdn 142).

30 Zum Ganzen sehr instruktiv *Seebach*, RNotZ 2015, 68.

Hingegen sind die Gründung einer Tochtergesellschaft oder Zweigniederlassung, der Erwerb eines Handelsgeschäfts oder einer Beteiligung grundsätzlich von der Prokura umfasst, da diese Handlungen nicht die Organisationsstruktur des die Prokura verleihenden Unternehmens an sich betreffen. 140

Der Prokurist hat stets mit seinem **eigenen Namen** zu unterzeichnen und **kenntlich zu machen**, dass er als Prokurist unterschreibt (z.B. „ppa. Meier"). Fügt ein Prokurist keinen Zusatz hinzu, macht dies die Unterschrift jedoch nicht unwirksam, vgl. § 51 HGB. Diese Verpflichtung ist also eine bloße Ordnungsvorschrift, hat aber keine Auswirkung auf die Wirksamkeit einer Erklärung. 141

2. Anmeldung der Prokura

a) Materielle Voraussetzungen

1. Erklärung des Unternehmens gegenüber dem Prokuristen, dass dieser Prokura erhalten soll. Die Erteilung von Prokura muss **ausdrücklich** erfolgen. Eine stillschweigende Prokuraerteilung ist nicht möglich. Eine Prokura erteilen darf ausschließlich die Geschäftsleitung mit entsprechender Vertretungsmacht (z.B. der einzelvertretungsberechtigte Geschäftsführer der GmbH). 142

   Merke:

   Ein Prokurist selbst kann keine Prokura (sog. Unterprokura) erteilen, vgl. § 52 Abs. 2 HGB.

2. Bei dem Prokuristen muss es sich um eine **natürliche Person** handeln. Ein Unternehmen kann kein Prokurist sein. Auch eine beschränkt geschäftliche Person, also ein Minderjähriger ab 14 Jahren, kann Prokurist werden, vgl. § 165 BGB. Handelt der minderjährige Prokurist für den Unternehmer, bedarf er für Geschäfte, z.B. Grundstücksgeschäfte, keiner familienrechtlichen Genehmigung. Komplementäre und Geschäftsführer einer GmbH können nicht gleichzeitig Prokurist sein.
3. Regelung der Vertretungsmacht des Prokuristen. Es sind folgende Regelungen denkbar:
   a) **Einzelvertretung**, d.h., der Prokurist kann allein unterzeichnen,
   b) **echte Gesamtvertretung**, d.h., der Prokurist kann nur mit einem anderen Prokuristen vertreten,
   c) **unechte Gesamtvertretung**, d.h., der Prokurist kann nur zusammen mit einem Geschäftsführer vertreten

   Merke:

   Unzulässig wäre es, wenn die Geschäftsführung stets einen Prokuristen benötigte, um ein Geschäft tätigen zu können. Eine solche Bindung an Personen außerhalb der Geschäftsleitung würde gegen den sog. **Grundsatz der Selbstorganschaft** bei Personengesellschaften oder § 37 Abs. 2 GmbHG bei der GmbH verstoßen. Der Grundsatz der Selbstorganschaft besagt, dass bei einer Personengesellschaft immer die Gesellschafter zumindest zusammen die Gesellschaft nach außen selbst vertreten können müssen.

   Beispiele:

   - Die beiden Komplementäre einer OHG können nur gemeinsam unterzeichnen (sog. **Gesamtvertretung**); daneben darf ein Komplementär auch zusammen mit einem Prokuristen vertreten → zulässig, weil die Geschäftsführung auch ohne Prokuristen entscheiden kann.
   - Der alleinige Geschäftsführer einer GmbH darf nur zusammen mit einen von zwei Prokuristen vertreten → unzulässig, weil in diesem Fall die Geschäftsführung immer die Unterschrift eines Prokuristen benötigt, was gegen § 37 Abs. 2 GmbHG verstößt.

   Besteht eine sog. **unechte Gesamtvertretung**, kann also ein Geschäftsführer immer nur zusammen mit einem anderen Geschäftsführer oder Prokuristen unterzeichnen, richtet sich die Vertretungsmacht in solchen Fällen nach der Vertretungsmacht des Geschäftsführers. Der Prokurist kann somit gemeinsam mit dem organschaftlichen Vertreter alle Rechtsgeschäfte tätigen, die von dessen organschaftlicher Vertretungsmacht gedeckt sind, und zwar auch dann, wenn sie über den Umfang der Prokura i.S.d. § 49 HGB hinausgehen.

Beispiele:

- A hat Einzelprokura und soll die Prokura von B zum Handelsregister anmelden → nicht möglich, weil es sich hierbei um ein sog. Grundlagengeschäft handelt.
- A hat unechte Gesamtprokura; A und der Geschäftsführer C sollen die Prokura von B zum Handelsregister anmelden → zulässig, weil sich in diesem Fall die Vertretungsmacht des Prokuristen A nach der organschaftlichen Vertretungsmacht des C richtet.
- A hat unechte Gesamtprokura; Grundstücke darf er nicht veräußern; zusammen mit dem Geschäftsführer C unterzeichnet A einen notariellen Kaufvertrag über einen Grundstücksverkauf → zulässig, weil sich in diesem Fall die Vertretungsmacht des Prokuristen A nach der organschaftlichen Vertretungsmacht des C richtet; Geschäftsführer dürfen Grundstücke verkaufen.

4. Zudem kann dem Prokuristen die Erlaubnis erteilt werden, Grundstücke zu veräußern oder zu belasten, vgl. § 49 Abs. 2 HGB (siehe oben).
5. Der Prokurist kann auch von den Beschränkungen des § 181 BGB befreit werden, sodass er befugt ist, Rechtsgeschäfte mit sich selbst im eigenen Namen oder als Vertreter eines Dritten abzuschließen.

Merke:

Die Vertretungsmacht eines Prokuristen ist standardisiert, kann also gegenüber Dritten nicht eingeschränkt werden, selbst wenn eine Einschränkung – fehlerhafterweise – im Handelsregister eingetragen wäre, vgl. § 50 Abs. 1 und 2 HGB. Die Prokura kann mit Außenwirkung jedoch auf die jeweilige Zweigniederlassung beschränkt werden, vgl. § 50 Abs. 3 HGB.

b) Formelle Voraussetzungen

143 *Merke:*

Die Anmeldung der Prokura ist lediglich deklaratorisch, d.h. eine außerhalb des Registers bereits erteilt Prokura ist wirksam. Die Anmeldung dient lediglich der Bekanntmachung, vgl. § 53 HGB.

144 Zum Handelsregister muss lediglich angemeldet werden:

1. dass **Prokura erteilt** worden ist; die Vorlage eines Beschlusses der Geschäftsführung und/oder der Gesellschafter ist **nicht** erforderlich; unternehmensintern ist jedoch häufig ein Beschluss erforderlich, vgl. § 46 Nr. 7 HGB;
2. **wem** Prokura erteilt worden ist (Vor- und Nachname mit Wohnort);
3. **welche Vertretungsmacht** ein Prokurist hat.

Die Anmeldung ist durch die **vertretungsberechtigten Personen** des Unternehmens zum Handelsregister anzumelden.

Merke:

Ein Prokurist darf **nicht** seine eigene Prokura zum Handelsregister anmelden. Auch bei einer unechten Gesamtvertretung ist das nicht möglich (str.).

145 Erlischt eine Prokura (z.B. durch Widerruf, Tod des Prokuristen oder Löschung des Unternehmens), ist dies ebenfalls zum Handelsregister anzumelden, auch wenn die Anmeldung

der Prokura irrtümlicherweise nicht erfolgt ist, vgl. § 53 HGB. Das Erlöschen einer Prokura ist daher selbst dann zum Handelsregister anzumelden, wenn die Anmeldung der Prokura fehlerhafterweise unterblieb.

Ändert sich eine Prokura (z.B. anstatt Gesamtprokura wird nun Einzelprokura erteilt) ist auch dies zum Handelsregister anzumelden.

▼

Muster 2.10: Anmeldung Prokura

An das

Amtsgericht

– Registergericht –

mit dem Sitz in

Zur Eintragung in das Handelsregister wird **angemeldet**:

Einzelprokura mit der Befugnis, mit sich im eigenen Namen oder als Vertreter eines Dritten Rechtsgeschäfte abzuschließen, ist erteilt an Max Mustermann, geboren am , wohnhaft in 10000 Musterstadt (*gegebenenfalls:* Der Prokurist ist auch zur Veräußerung und Belastung von Grundstücken ermächtigt.).

Prokura gemeinsam mit einem Geschäftsführer oder einem weiteren Prokuristen ist erteilt an Frau Eva Musterfrau, geboren am, wohnhaft .

Die Prokura von Frau Mila Jovo ist erloschen.

(*Mitarbeitervollmacht*)

Mitteilungen des Gerichts werden ausschließlich an den beglaubigenden Notar erbeten.

Musterstadt, den

(*Unterschrift der Geschäftsführung in vertretungsberechtigter Zahl; neue Prokuristen dürfen nicht mitunterzeichnen*).

▲

3. Gebühren

Der **Geschäftswert** für die Anmeldung eines Prokuristen richtet sich nach § 105 Abs. 4 GNotKG und beträgt 30.000 EUR je Prokuristen. Mehrere Prokuraanmeldungen sind gegenstandsverschieden, vgl. § 111 Nr. 3 GNotKG. Entwirft der Notar die Registeranmeldung selbst, entsteht eine 0,5-Gebühr, vgl. KV-Nr. 24102 GNotKG. Wird lediglich die Unterschrift beglaubigt, entsteht eine 0,2-Gebühr gemäß KV-Nr. 25100 GNotKG, höchstens 70 EUR. **146**

Übermittelt der Notar die Registeranmeldung elektronisch mit XML-Strukturdaten an das Registergericht, entsteht, wenn der Notar den Entwurf selbst gefertigt hat, zusätzlich eine 0,2-Gebühr gemäß KV-Nr. 22114 GNotKG aus dem Geschäftswert der Anmeldung, höchstens 125 EUR. Übermittelt der Notar eine Anmeldung, für die er nicht den Entwurf erstellt hat, elektronisch mit XML-Strukturdaten an das Registergericht, entsteht anstatt einer 0,2-Gebühr eine 0,5-Gebühr gemäß KV-Nr. 22125 GNotKG. Zusätzlich zu dieser 0,5-Gebühr fällt eine Gebühr nach KV-Nr. 22124 GNotKG i.H.v. pauschal 20 EUR für die Übermittlung an das Registergericht an. **147**

Hinzukommen die üblichen Auslagen und die Umsatzsteuer.

Bei jeder Änderung oder Löschung einer Prokura fallen Kosten in entsprechender Höhe an.

D. Personengesellschaften

I. Einführung und Abgrenzung der verschiedenen Gesellschaftsformen

148 Wie bereits angedeutet, handelt es sich bei Personengesellschaften um Zusammenschlüsse natürlicher Personen zur Verwirklichung eines gemeinsamen Zwecks auf Grundlage eines gemeinsamen Gesellschaftsvertrages (vgl. § 705 BGB).

149 Hierbei stellt die **GbR** die **Grundform** aller Personengesellschaften dar. Der Zweck einer GbR kann ein beliebiger sein, z.B. Zusammenschluss zur gemeinsamen Abgabe eines Lottoscheins, Zusammenschluss von Freiberuflern wie Rechtsanwälten oder Steuerberatern, Zusammenschluss von gewerblich Tätigen. Anders als bei juristischen Personen wie Vereinen, Genossenschaften, GmbHs oder AGs ist bei Personengesellschaften das einzelne Mitglied, der Gesellschafter, von zentraler Bedeutung. Der Ein- oder Austritt eines Gesellschafters ist bei Personengesellschaften daher nicht bloß eine Anteilsübertragung, sondern immer ein Akt, der die gesamte Gesellschaft betrifft.

150 Die GbR kann entsprechend dem Willen ihrer Gesellschafter **rechtsfähig** sein und damit als Gesellschaft am Rechtsverkehr teilnehmen. Eine GbR kann aber auch nicht rechtsfähig sein und nur eine interne Regelung zwischen den Gesellschaftern darstellen (vgl. § 705 Abs. 2, 740 BGB). Auf die Eintragung in ein etwaiges Register kommt es für die Rechtsfähigkeit der GbR **nicht** an.

Die OHG und KG sind dagegen per se rechtsfähig.

151 Die OHG muss – anders als die GbR – grundsätzlich einen **gewerblichen Zweck** verfolgen, vgl. §§ 1, 105 HGB. Eine OHG ist daher **Kaufmann** i.S.d. HGB. Die OHG oder KG kann aber auch dann im **Handelsregister** eingetragen werden, wenn sie lediglich **eigenes Vermögen** verwaltet – wichtig v.a. für Familiengesellschaften zum Schutze von Minderjährigen.

Seit dem 1.1.2024 können sich auch Freiberufler als OHG oder KG zusammenschließen, wenn das jeweilige Berufsrecht dies erlaubt, vgl. § 107 Abs. 1 S. 2 HGB In den beiden letzten Fällen wird die Kaufmannseigenschaft i.S.d. § 1 HGB dann fingiert, vgl. § 6 Abs. 1 HGB.

152 Analog zur vorstehenden Darstellung bei den eingetragenen Kaufleuten gibt es gewerblich tätige Gesellschaften, die einen eingerichteten Geschäftsbetrieb erfordern und daher sog. Muss-/Ist-Kaufleute sind, d.h. in das Handelsregister eingetragenen werden müssen. Ist die gewerblich tätige Gesellschaft dagegen noch klein und bedarf keines eingerichteten Geschäftsbetriebs, kann sie sich gleichwohl ins Handelsregister eintragen lassen (sog. Kann-Kaufmann). Wird eine solche Gesellschaft ins Handelsregister eingetragen, wird die GbR kraft Eintragung automatisch zur Offenen Handelsgesellschaft; ansonsten bleibt sie GbR.

153 Bei einer GbR ebenso wie bei einer Offenen Handelsgesellschaft haften alle Gesellschafter persönlich (vgl. § 126 HGB). Haftet bei einer Offenen Handelsgesellschaft mindestens ein Gesellschafter nur mit seiner Einlage – man nennt diesen Gesellschafter dann Kommanditisten – wandelt sich die OHG automatisch in eine sog. KG. Die beschränkte Haftung des Kommanditisten muss im Handelsregister eingetragen sein, vgl. § 176 HGB.

154 Eine Personengesellschaft, die **freiberuflich** tätig ist, kann – wie gesehen – GbR sein und bleiben oder mit Eintragung ins Register Partnerschaftsgesellschaft (gegebenenfalls mit beschränkter Berufshaftung) werden. Mit Umwandlung[31] der GbR in eine Partnerschaftsgesellschaft ist eine gewisse Haftungsbeschränkung für die Gesellschafter verbunden (vgl. § 8 PartGG, ausführlich Rdn 236 f.). Die Freiberuflergesellschaft kann aber seit dem 1.1.2024 nun auch als OHG oder KG ins Handelsregister eintragen werden (vgl. § 107 Abs. 1 S. 2 HGB).

31 Hier ist keine Umwandlung i.S.d. UmwG gemeint.

Der **Gesellschaftsvertrag** bedarf bei Personengesellschaften **keiner Schriftform**. 155

Gleichwohl ist Schriftform dringend anzuraten, weil bei Streitigkeiten Vereinbarungen nur sehr schwer nachgewiesen werden können. Bei bloß mündlichen Absprachen besteht zudem die Gefahr, dass Vereinbarungen steuerlich nicht anerkannt werden. Eine Beurkundung des Gesellschaftsvertrages ist nur in Ausnahmefällen erforderlich, wenn z.B. Vereinbarungen über Grundstücke getroffen werden (vgl. § 311b BGB) oder über die Einbringung oder spätere Abtretung von GmbH-Anteilen (vgl. § 15 GmbHG). Letzteres ist meist bei Gesellschaftsverträgen bei der GmbH & Co. KG der Fall.

Der **Inhalt** des Gesellschaftsvertrages ist weitestgehend **frei** vereinbar.

Es gilt daher folgende **Zusammenfassung**: 156

	Vertrag	**Zweck der Gesellschaft**	**Haftung**	**Eintragung im Handelsregister**
Gesellschaft bürgerlichen Rechts	Ja, aber konkludent möglich.	Jeglicher.	Jeder Gesellschafter voll.	Grundsätzlich nein, aber Eintragung im Gesellschaftsregister möglich, § 707 BGB; Eintragung einer Freiberufler-GbR aber auch ins Handelsregister möglich.
Offene Handelsgesellschaft	Ja, aber konkludent möglich.	Gewerblich, freiberuflich (neu).	Jeder Gesellschafter voll.	Ja.
Kommanditgesellschaft	Ja, aber konkludent möglich.	Gewerblich, freiberuflich (neu).	Komplementäre voll, Kommanditisten nur mir ihrer Einlage.	Ja.
Partnerschaftsgesellschaft	Ja, aber konkludent möglich.	Freiberuflich.	Teilweise beschränkte Haftung, vgl. § 8 PartGG.	Ja, konkret ins Partnerschaftsregister.

Merke: 157

Personengesellschaften müssen einen **Sitz** haben. Es kann sich hierbei um den sog. **Verwaltungssitz** handeln (d.h. wo die tatsächliche Verwaltung sitzt) oder hiervon abweichend ein sog. **Vertragssitz** (d.h. der von der Gesellschaft frei bestimmt werden kann, sofern er im Inland liegt). Geschäftsanschrift und Sitz müssen bei Personengesellschaften neuerdings nicht mehr übereinstimmen (vgl. § 707 Abs. 2 Nr. 1 BGB). Die Geschäftsanschrift kann auch im europäischen Ausland sein.

Bei Personengesellschaften gilt ebenso wie bei der Genossenschaft das Prinzip der sog. **Selbstorganschaft**, d.h., die Geschäftsleitung einer GbR, OHG oder KG dürfen stets nur Gesellschafter übernehmen. Im GmbH- oder Aktienrecht gibt es einen solches Prinzip der Selbstorganschaft nicht.

Personengesellschaften werden im **Handelsregister** unter der Abteilung A geführt (HRA), Partnerschaftsgesellschaften im speziellen **Partnerschaftsregister**. 158

GmbHs oder AGs werden demgegenüber unter der Abteilung B geführt (HRB).

Eine GbR kann nach § 707 BGB im sog. **Gesellschaftsregister** eingetragen werden.

Merke:

Eine Personengesellschaft kann sich in eine andere Personengesellschaft **wandeln**, ohne dass das Verfahren nach dem UmwG eingehalten werden müsste.

Beispiele:

Eine GbR wandelt sich automatisch in eine OHG, wenn die Gesellschaft gewerblich tätig ist und jeder Gesellschafter voll haftet, vorausgesetzt die Gesellschaft bedarf eines eingerichteten Gewerbebetriebs (Ist-Kaufmann) oder ist im Handelsregister eingetragen (Kann-Kaufmann) (vgl. Umkehrschluss aus § 707a Abs. 3 S. 1 BGB.

Eine OHG wandelt sich automatisch in eine KG, wenn ein Gesellschafter nur noch beschränkt als Kommanditist haftet.

Eine GbR wandelt sich automatisch in eine PartG, wenn die Gesellschaft freiberuflich tätig ist und in das Partnerschaftsregister eingetragen wird.

II. Gesellschaft bürgerlichen Rechts

1. Einführung in die Gesellschaft bürgerlichen Rechts

159 Eine Gesellschaft bürgerlichen Rechts (GbR) entsteht mit **Abschluss des Gesellschaftsvertrages**, der keiner bestimmten Form bedarf, d.h. sogar **konkludent**, also stillschweigend, abgeschlossen werden kann. Der Gesellschaftsvertrag bedarf jedoch dann der **Beurkundung**, wenn dies durch spezielle Vorschriften vorgegeben ist (z.B. durch § 311b BGB bezüglich Einbringung von Grundstücken in die Gesellschaft oder § 15 GmbH bezüglich Einbringung von GmbH-Anteilen in die Gesellschaft). Eine GbR kann – wie gesehen – jeglichen Zweck verfolgen.

Die GbR kann entsprechend dem Willen ihrer Gesellschafter **rechtsfähig** sein und damit als Gesellschaft am **Rechtsverkehr** teilnehmen. Eine GbR kann aber auch nicht rechtsfähig sein und nur eine **interne Regelung** zwischen den Gesellschaftern darstellen (vgl. § 705 Abs. 2 BGB).

Im Folgenden wird lediglich die rechtsfähige GbR behandelt.

160 Die GbR ist rechtsfähig, kann also **Träger von Rechten und Pflichten** sein, vgl. § 705 BGB. Der **Sitz** kann frei gewählt werden, vgl. § 706 BGB.

Die GbR ist grundsätzlich auch **registerfähig**, kann also z.B. als Eigentümer eines Grundstücks im Grundbuch eingetragen werden. Anders als bei den Handelsgesellschaften, also Gesellschaften, die gewerblich tätig sind und ins Handelsregister eingetragen werden, werden Gesellschaften bürgerlichen Rechts jedoch nicht im Handelsregister geführt. Eine Anmeldung zum Handelsregister ist weder möglich noch nötig (mit Ausnahme der Freiberufler-Tätigkeiten seit dem 1.1.2024).

161 Eine Ausnahme gilt nur bei einer **gewerblich tätigen GbR**. Werden diese zum Handelsregister angemeldet, entsteht automatisch eine OHG (sog. Kann-Kaufmann, siehe vorstehend). Wollen GbRs aber seit dem 1.1.2024 ein Grundstück erwerben oder veräußern, müssen sie nach § 47 Abs. 2 GBO in das sog. **Gesellschaftsregister** eingetragen sein/werden. Gleiches gilt, wenn die GbR Gesellschafterin einer GmbH sein möchte, vgl. § 40 Abs. 1 S. 3 GmbHG. Generell kann eine GbR nur Gesellschafterin einer anderen Gesellschaft sein, wenn sie im Gesellschaftsregister eingetragen ist (vgl. § 707a Abs. 1 S. 2 BGB).

162 Ändert sich bei einer Alt-GbR der Bestand der Gesellschafter und ist diese Gesellschaft bereits Eigentümerin eines Grundstücks oder Gesellschafterin einer Gesellschaft, ist die Alt-Gesellschaft in das Gesellschaftsregister anzumelden; eine Korrektur der Gesellschafter im

Grundbuch oder im Handelsregister bzw. in der Gesellschafterliste findet nicht mehr statt.[32] Im Grundbuch ist durch die bisherigen Gesellschafter der GbR sowie mit Zustimmung der neu eingetragenen eGbR eine Berichtigung durchzuführen. Im Handelsregister haben die bisherigen Gesellschafter der GbR sowie mit Zustimmung der neu eingetragenen eGbR eine Änderungseintragung vorzunehmen; hierbei ist zu versichern, dass die neu angemeldete GbR und die Alt-Gesellschaft identisch sind. Die Versicherung ist nicht höchstpersönlich.

Merke:

Die bloße Namensberichtigung eines Gesellschafters einer Alt-GbR führt nicht zu einer Eintragungspflicht der Alt-GbR.[33] Auch Änderungen bei dritten Gesellschaftern, von der die GbR nicht betroffen ist, führt nicht zu einer Eintragungspflicht der GbR in das Gesellschaftsregister.

Merke:

Die bloße Übertragung von Gesellschaftsanteilen der Alt-GbR (z.B. an einer OHG oder KG) führt nicht zu einer Voreintragungspflicht im Handelsregister (str.); eine solche besteht nach Art. 89 Abs. 1 EGHGB nur, wenn sich der Gesellschafterbestand der Alt-GbR ändert![34]

Eingetragene GbR können künftig auch nach dem UmwG umgewandelt werden (vgl. § 3 163
Abs. 1 UmwG). Mit der Eintragung der GbR in das Gesellschaftsregister ist die Gesellschaft verpflichtet, den Namenzusatz „*eingetragen Gesellschaft bürgerlichen Rechts*“ oder kurz „*eGbR*“ zu führen (vgl. § 707a Abs. 2 BGB).

Eine GbR kann also künftig im Gesellschaftsregister eingetragen werden, sie muss es aber nicht, wenn sie nicht Eigentümerin eines Grundstücks oder Gesellschafterin anderer Gesellschaften ist oder sein möchte. Die Rechtsfähigkeit der GbR hängt also nicht von der Eintragung im Gesellschaftsregister ab.

Die eGbR unterliegt anders als die GbR im Übrigen auch der Pflicht, sich in das Trans- 164
parenzregister eintragen zu lassen und Angaben zum wirtschaftlichen Berechtigten beizubringen (vgl. § 20 GwG).

Im materiellen GbR-Recht gibt es wenige Änderungen. Wichtig ist aber zu wissen, dass beim Tod eines Gesellschafters die Gesellschaft nicht mehr aufgelöst wird, sondern zum Ausscheiden des Gesellschafters (vgl. § 723 Abs. 1 Nr. 1 BGB). Das Ausscheiden des vorletzten Gesellschafters führt dagegen zum Erlöschen der Gesellschaft ohne Liquidation und zum Übergang des Gesellschaftsvermögens im Wege der Gesamtrechtsnachfolge auf den verbleibenden Gesellschafter (vgl. § 712a BGB). Im Übrigen wurde lediglich die bisherige Rechtsprechung kodifiziert.

32 Vgl. Art. 220 § 21 Abs. 2 EGBGB n.F und Art. 89 Abs. 1 EGHGB und § 12 Abs. 2 EGGmbHG. Vgl. hierzu Rundschreiben BNotK vom 24.11.2023.

33 Vgl. BT-Drucks 19/27635, 218.

34 Str., für eine Voreintragungspflicht, wenn nicht alle Gesellschaftsanteile übertragen werden, aber *Hermanns*, in: Schäfer (Hrsg.), Das neue Personengesellschaftsrecht, § 2 Rn 57.

165 ▼

Muster 2.11: Gesellschafterliste bei einer GmbH

Liste der Gesellschafter

HRB 1000 – Amtsgericht Musterstadt

Bau Enormis GmbH mit dem Sitz in Musterstadt

Gesellschafter	**Geschäftsanteile**		
Daten des Gesellschafters	Nennbetrag und Anteil		
	lfd. Nr.	einzeln *in % des Stammkapitals*	Summe *in % des Stammkapitals*
1. Hans Enormis, geboren am , wohnhaft in	1 bis 12.500	1 EUR *0,004 %*	12.500 EUR *50 %*
2. Bauunternehmen Huber eGbR mit Sitz in Musterstadt (AG Musterstadt, RNr. 002)	12.501 bis 25.000	1 EUR *0,004 %*	12.500 EUR *50 %*
Stammkapital insgesamt			**25.000 EUR** *100,00 %*

Musterstadt, den

(*Unterschrift der Geschäftsführer in vertretungsberechtigter Zahl*)

▲

Anmerkung zu dem obigen Muster:

Bei einer Alt-GbR ist zudem von allen Alt-Gesellschaftern sowie der eGbR zu versichern, dass die alte GbR und die neue im Gesellschaftsregister eingetragene GbR identisch sind.[35] Diese Versicherung ist gegenüber der Person abzugeben, die die neue Gesellschafterliste einreichen muss (also gegenüber dem Notar bzw. der Geschäftsführung). Diese Erklärung kann formlos erfolgen; am besten ist jedoch, dass diese Erklärung der Anteilsabtretung beigefügt wird (vgl. § 31 Abs. 3 Nr. 2 NotAkVV).

166 Ist die GbR im Gesellschaftsregister eingetragen, gelten für sie im Wesentlichen die **Vorschriften der OHG entsprechend**, insbesondere § 15 HGB, vgl. § 707a Abs. 2 BGB sowie §§ 18, 21–24, 30, 37 HGB, vgl. § 707b BGB.

Merke:

Wird eine GbR, welche Gesellschafterin einer GmbH ist, in das Gesellschaftsregister eingetragen, so ist stets auch die Gesellschafterliste (obgleich es eigentlich nicht zu einem Gesellschafterwechsel kam) abzuändern. Zuständig ist hier der Notar, der den Entwurf für die Eintragung der Gesellschaft in das Gesellschaftsregister entworfen und beglaubigt hat.[36] Eine neue Gesellschafterliste ist aber dann nicht einzureichen, wenn eine andere Transaktion, an der die GbR nicht beteiligt ist, stattgefunden hat. Erwirbt die GbR einen GmbH-Anteil, kann auch der Veräußerer aus der Liste erst ausgetragen werden, wenn die (dann) eGbR im Gesellschaftsregister eingetragen ist; Anteilsübertragungen stellen immer einen einheitlichen Vorgang dar.

2. Anmeldung im Gesellschaftsregister

167 Die **Voraussetzungen** für die Erstanmeldung einer GbR im Gesellschaftsregister ergeben sich aus § 707 BGB.

Die Anmeldung ist der Anmeldung der OHG nachempfunden (siehe Rdn 183 ff.). Zuständig ist das Amtsgericht, in dessen Bezirk das Landgericht seinen Sitz hat (vgl. § 376 Abs. 1, 374

35 Vgl. § 12 Abs. 2 EGGmbHG.

36 Vgl. zum Ganzen *Baschnagel/Hilser*, notar 2023, 167, 172.

Nr. 2 FamFG).[37] Sie ist nach § 707b Nr. 2 BGB, § 12 HGB in öffentlich beglaubigter Form einzureichen.

Die Anmeldung ist vor Einreichung auf ihre **Eintragungsfähigkeit** zu prüfen, vgl. § 378 Abs. 3 S. 1 FamFG (sofern der Entwurf nicht vom beglaubigenden Notar stammt). Die Anmeldung kann nicht von den Beteiligten selbst bei Gericht eingereicht werden (Umkehrschluss zu § 378 Abs. 3 S. 2 FamFG). Der **Gegenstand** der Gesellschaft soll in der Anmeldung angegeben werden (vgl. § 3 Abs. 1 S. 1 GesRV). 168

Die Anmeldung ist von **allen Gesellschaftern** zum Registergericht anzumelden (vgl. § 707 Abs. 4 S. 1 BGB). Hierbei haben die Gesellschafter zu versichern, dass die Gesellschaft nicht bereit im Handels- oder Partnerschaftsregister eingetragen ist. Diese **Versicherung** ist wohl nicht höchstpersönlicher Natur und kann daher auch von einem Vertreter abgegeben werden. Prokura kann nur eine gewerbliche GbR erteilen. Anders als bisher kann die Gesellschaft einem vom Verwaltungssitz abweichenden Vertragssitz wählen (vgl. § 706 BGB).

Auch beim Gesellschaftsregister ist die datenschutzrechtliche Vorschrift des § 5a DONot zu beachten. Gleiches gilt für die Geldwäschevorschriften. 169

▼ 170

Muster 2.12: Erstanmeldung einer GbR

An das
Amtsgericht
– Registergericht –
GesellR neu

mit Sitz in

Anschrift:

Zur Eintragung in das Gesellschaftsregister wird **angemeldet**:

(1) Wir haben unter dem Namen eine Gesellschaft bürgerlichen Rechts mit dem Sitz in errichtet. Gegenstand der Gesellschaft ist .

(2) Die Anschrift lautet: .

(3) Gesellschafter der Gesellschaft sind:

Herr Max Mustermann,
geboren am 1.1.1966,
wohnhaft in 10000 Musterstadt und
Frau Monika Mustermann,
geboren am 1.1.1966,
wohnhaft in 10000 Musterstadt.

Die Gesellschaft wird jeweils durch zwei persönlich haftende Gesellschafter gemeinsam vertreten.

Max Mustermann sowie Monika Mustermann vertreten die Gesellschaft jeweils einzeln (*gegebenenfalls:* und sind von den Beschränkungen des § 181 BGB befreit).

(4) Sämtliche Gesellschafter versichern, dass die Gesellschaft nicht bereits im Handels- oder Partnerschaftsregister eingetragen ist.

(*Mitarbeitervollmacht*)

Mitteilungen des Gerichts werden ausschließlich an den beglaubigenden Notar erbeten.

Musterstadt, den .

(*Unterschrift sämtlicher Gesellschafter*)

▲

37 Durch Rechtsverordnung kann das Gesellschaftsregister – wie schon das Handelsregister – auch einem anderen Amtsgericht zugewiesen werden.

3. Anmeldung von Änderungen

171 Nach § 707 Abs. 3 BGB sind Änderungen von **Namen, Sitz, Anschrift** (muss nicht mit dem Sitz übereinstimmen und kann sogar im europäischen Ausland liegen), **Gesellschafterstand** oder **Vertretungsbefugnis** wiederum von allen Gesellschaftern zum Gesellschaftsregister anzumelden. Die Anmeldung der Änderung der Anschrift ist lediglich von den Gesellschaftern in **vertretungsberechtigter Zahl** anzumelden. Scheidet ein Gesellschafter durch Tod aus der Gesellschaft aus, kann das Ausscheiden ohne die Erben zum Register angemeldet werden, wenn der Mitwirkung der Erben „besondere Hindernisse" entgegenstehen.

4. Anmeldung von Statuswechsel, § 707c BGB

172 Seit dem 1.1.2024 kann der Fall auftreten, dass eine GbR, die im Gesellschaftsregister eingetragen ist, aufgrund von Sachverhaltsänderungen (oder auch nur weil der Wunsch der Beteiligten vorliegt) in ein anderes Register (Handelsregister oder Partnerschaftsregister) eingetragen werden soll oder sogar muss (z.B. GbR übt nun eine gewerbliche Tätigkeit in erheblichen Umfang aus; oder GbR soll in der Partnerschaftsregister eingetragen werden, weil das die Partner so wünschen). Die neuen Regelungen zum Statuswechsel in § 707c BGB, § 107 Abs. 3 HGB und § 4 Abs. 4 PartGG sollen verhindern, dass eine Gesellschaft in mehreren Registern eingetragen ist. Hierfür dient auch die neu eingeführte Versicherung der Gesellschafter, dass die Gesellschaft in keinem anderen Register eingetragen ist.

173 Der Statuswechsel wird beim **bisherigen Gericht** angemeldet und von dort an das neu zuständige Gericht verwiesen. Im bisherigen Register wird ein **Statuswechselvermerk** eingetragen.

Auch der umgekehrte Fall, dass eine Gesellschaft, die im Handels- oder Partnerschaftsregister eingetragen ist, nun „nur" noch im Gesellschaftsrechtsregister eingetragen werden soll, ist denkbar und entsprechend abzuwickeln.

5. Liquidation einer eGbR

174 Eine eGbR kann sich (z.B. nach der Veräußerung des einzigen Grundstücks) nicht einfach wieder vom Gesellschaftsregister abmelden. Sie muss in diesem Fall das formelle **Liquidationsverfahren** einhalten, vgl. § 707a Abs. 4 BGB. Die Auflösung der Gesellschaft ist formal beim Registergericht anzumelden, vgl. §§ 733 BGB ff.

6. Exkurs: eGbR als (künftige) Eigentümerin im Grundbuch bzw. Inhaberin von Gesellschaftsanteilen

175 Art. 229 § 21 Abs. 1 EGBGB bestimmt, dass Eintragungen im Grundbuch, die ein Recht einer GbR betreffen, nicht erfolgen sollen, solange die Gesellschaft nicht im Gesellschaftsregister eingetragen ist. Dies gilt ausdrücklich auch dann, wenn die Gesellschaft nach Übertragung des Eigentums sogleich wieder liquidiert werden (muss). Gemeint sind hier die Fälle, dass eine bestehende GbR ihr Grundstückseigentum übertragen, ihre „Auflassung" abtreten[38] oder ihre Dienstbarkeit abändern möchte (sog. **Veräußerungsfall**).

> *Merke:*
>
> Nimmt das Grundbuchamt trotz fehlender Eintragung der eGbR Änderungen vor, so sind diese **wirksam**.

Umgekehrt bestimmt § 47 Abs. 2 GBO, dass Rechte einer GbR nur dann im Grundbuch eingetragen werden sollen, wenn die GbR im Gesellschaftsregister registriert wurde (sog. **Erwerbsfall**).

38 Abgetreten kann genau genommen nicht die Vormerkung, sondern die zugrunde liegende Forderung.

Merke: 176

Die Voreintragung ist nicht Bedingung für den materiellen Erwerber und Übertragung von Rechten, aber Voraussetzung für deren verfahrensrechtlichen Vollzug. Im Gesellschaftsrecht kann die GbR also ohne Weiteres Rechte materiell-rechtlich erwerben oder veräußern; nur der **Vollzug** im Register hängt von einer Eintragung ab. Im Grundstücksrecht ist dagegen die Übertragung oder der Erwerb von Rechten ohne vorherige Eintragung der Gesellschaft im Register gar nicht wirksam, weil nach § 873 BGB zur Wirksamkeit der Vollzug im Grundbuch erforderlich ist.

In der Praxis stellt sich vor allem in der jetzigen Anfangszeit das Problem, wie zu verfahren ist, wenn die GbR, die Rechte veräußern oder erwerben will, noch nicht im Gesellschaftsregister eingetragen ist. Der sicherste Weg ist natürlich, wenn die Eintragung als eGbR vor Vollzug der Verträge und entsprechende Grundbuchberichtigung erfolgt ist. Probleme treten aber auf, wenn *„alle Erklärungen in einem Termin abgegeben werden sollen.*“[39]

a) Veräußerungsvertrag ohne vorherige Eintragung

Nach derzeit h.M. soll ein Grundstück nur dann veräußert werden, wenn die GbR im Gesellschaftsregister eingetragen ist. 177

Eine Veräußerung ist aber auch dann rechtswirksam, wenn die GbR nicht im Grundbuch eingetragen ist. Der Vollzug des Kaufvertrages, d.h. die Eintragung einer Vormerkung bzw. der Auflassung, ist aber erst möglich, wenn die GbR in das **Gesellschaftsregister eingetragen** wurde.

Der Notar muss zudem nachweisen, dass die veräußernde GbR und die eingetragene GbR **identisch** sind. Hierbei ist anzuraten, dass die Registeranmeldung unmittelbar vor Unterzeichnung des Kaufvertrags erfolgen sollte; ein Verweis auf den Gründungsvorgang ist sinnvoll. Aufgrund des fehlenden Gutglaubenstatbestands ist in der Veräußerungskonstellation aber dringend von einer Beurkundung ohne vorherige Eintragung der veräußernden GbR abzuraten.

b) Erwerbsvertrag ohne vorherige Eintragung

Nach derzeit h.M. soll ein Grundstück nur dann gekauft werden, wenn die GbR im Gesellschaftsregister eingetragen ist. 178

Ein Erwerb ist aber auch dann rechtswirksam, wenn die GbR nicht im Grundbuch eingetragen ist. Der Vollzug des Kaufvertrages, d.h. die Eintragung einer Vormerkung bzw. der Auflassung, ist aber erst möglich, wenn die GbR in das **Gesellschaftsregister eingetragen** wurde.

Der Notar muss zudem nachweisen, dass die erwerbende GbR und die eingetragene GbR **identisch** sind. Hierbei ist anzuraten, dass die Registeranmeldung unmittelbar vor Unterzeichnung des Kaufvertrags erfolgen sollte; ein Verweis auf den Gründungsvorbang ist sinnvoll. Wenn die Gesellschafter der erwerbenden GbR für die Verpflichtungen der GbR mithaften lässt, dürfte der Veräußerer trotz fehlender vorheriger Eintragung der erwerbenden GbR ausreichend gesichert sein.

Hinweis:

Zu beachten ist schließlich, dass die erwerbende GbR **ohne vorherige Eintragung** wohl **keine Grundschuld** bestellen kann, die Gesellschafter daher ohnehin zweimal beim Notar erscheinen müssen.[40]

39 Vgl. zum Ganzen Rundschreiben BNotK vom 24.11.2023.
40 Wie hier *Baschnagel/Hilser*, notar 2023, 167, 176.

c) Erwerb von Gesellschaftsanteilen

179 Die gleiche Problematik stellt sich, wenn eine noch nicht eingetragene GbR Gesellschaftsanteile veräußert oder erwirbt. Zwar ist der Vertrag wirksam, aber die GbR kann noch nicht in die Gesellschafterliste oder im Handelsregister aufgenommen werden.

7. Gebühren der Registereintragungen

180 Der **Geschäftswert für die Erstanmeldung einer eGbR** richtet sich nach § 105 Abs. 2, 3 Nr. 2 GNotKG und beträgt 45.000 EUR für zwei Gesellschafter zzgl. 15.000 EUR für jeden weiteren Gesellschafter; es gelten also dieselben Regelungen wie bisher bei der OHG. Entwirft der Notar die Registeranmeldung selbst, entsteht eine 0,5-Gebühr, vgl. KV-Nr. 24102 GNotKG. Wird lediglich die Unterschrift beglaubigt, entsteht eine 0,2-Gebühr gemäß KV-Nr. 25100 GNotKG, höchstens 70 EUR.

Übermittelt der Notar die Registeranmeldung elektronisch mit **XML-Strukturdaten** an das Registergericht, entsteht, wenn der Notar den Entwurf selbst gefertigt hat, zusätzlich eine 0,2-Gebühr gemäß KV-Nr. 22114 GNotKG aus dem Geschäftswert der Anmeldung, höchstens 125 EUR. Übermittelt der Notar eine Anmeldung, für die er nicht den Entwurf erstellt hat, elektronisch mit XML-Strukturdaten an das Registergericht entsteht anstatt einer 0,2-Gebühr eine 0,5-Gebühr gemäß KV-Nr. 22125 GNotKG. Zusätzlich zu dieser 0,5-Gebühr fällt eine Gebühr nach KV-Nr. 22124 GNotKG i.H.v. pauschal 20 EUR für die Übermittlung an das Registergericht an.

Hinzukommen die üblichen Auslagen und die Umsatzsteuer.

Bei jeder **Änderung** fallen nach § 105 Abs. 4 Nr. 3 GNotKG als Gegenstandswert 30.000 EUR an (z.B. bei Verlegung des Sitzes). Für den **Ein- oder Austritt** von bis zu zwei Gesellschaftern ist ebenfalls ein Gegenstandswert von 30.000 EUR anzusetzen, für jeden weiteren Gesellschafter fallen zusätzliche 15.000 EUR an. Für die **Anmeldung der Liquidation** beträgt der Gegenstandswert ebenfalls 30.000 EUR. Zwar werden bei der Liquidation mehrere Tatsachen zur Eintragung in das Register angemeldet, jedoch bilden die Anmeldung der Auflösung der Gesellschaft und die gleichzeitige Bestellung eines bisherigen Gesellschafters als Liquidator eine Erklärungseinheit und damit einen zu bewertenden Gegenstand. Für die **Anmeldung der Löschung** der eGbR fällt schließlich ebenfalls nochmals ein Gegenstandswert von 30.000 EUR an.

8. Gebühren für die Berichtigung der Gesellschafterliste bzw. des Handelsregisters

181 Ist die GbR **Gesellschafterin einer GmbH**, so ist nach Eintragung der GbR in das Gesellschaftsregister eine neue Gesellschafterliste enzureichen. Die Fertigung einer Liste außerhalb einer Vollzugstätigkeit löst eine **Entwurfsgebühr** aus. Als Geschäftswert ist ein Teilwert von ca. 10 % des Stammkapitals der GmbH anzusetzen. Ist eine GbR Kommanditistin oder persönlich haftende Gesellschafterin einer OHG bzw. KG und wird deren Bezeichnung im Handelsregister berichtigt, so beträgt der Geschäftswert 5.000 EUR, vgl. § 105 Abs. 5 GNotKG.

9. Gebühren für die Berichtigung der Eigentümerstellung im Grundbuch

182 Ist als Eigentümer im Grundbuch bisher eine GbR entsprechend des bisherigen Verfahrens eingetragen, bedarf es nach Eintragung der GbR im Gesellschaftsregister eines **Berichtigungsantrags** an das Grundbuchamt.[41] Dieser löst eine 0,5-Gebühr aus (vgl. KV-Nr. 21201 Nr. 4 GNotKG). Der Geschäftswert bestimmt sich nach §§ 97 Abs. 1, 36 Abs. 1, 46 Abs. 1 GNotKG nach einem Teilwert des Grundbesitzes. Aufgrund der reinen Berichtigungshandlung sollte man einen geringen Teilwert von ca. 10–30 % annehmen.[42]

41 Vgl. Art. 229 § 21 EGBGB.

42 A.A. *Wudy*, notar 2023, 225, 227, der einen Teilwert von 50 % annehmen möchte.

Stellt der Notar die Identität der eGbR nach ihrer Eintragung in das Gesellschaftsregister mit der in der Urkunde aufgetretenen GbR fest, beträgt der Geschäftswert nach § 36 Abs. 1 GNotKG ca. 10–30 % des kostenrechtlichen Werts des Erwerbsvorgangs. Für die Bescheinigung fällt eine 1,0-Gebühr nach KV-Nr. 25104 GNotKG an.[43]

III. Offene Handelsgesellschaft

1. Einführung in die Personenhandelsgesellschaften

Eine Offene Handelsgesellschaft (OHG) liegt dann vor, wenn sich zwei oder mehrere Personen zu einer Gesellschaft zusammenschließen, die Gesellschaft i.S.d. §§ 1, 2 HGB ein **Handelsgewerbe** betreiben und sämtliche Gesellschafter **voll haften**. Voll haftende Gesellschafter werden Komplementäre genannt. Haftet nur ein Gesellschafter beschränkt auf seine Einlage, würde es sich nicht mehr um eine OHG, sondern um eine sog. KG handeln. Der auf seine Einlage (sog. **Haftsumme**) beschränkt haftende Gesellschafter wird Kommanditist genannt. **183**

Eine OHG betreibt also eigentlich stets ein **Gewerbe**.[44] Seit dem 1.1.2024 können nun aber auch **Freiberufler** sich als OHG oder KG im Handelsregister eintragen lassen, vgl. § 107 Abs. 1 S. 2 HGB. Die Eintragung in das Handelsregister ist für Freiberufler aber nur dann möglich, wenn das jeweilige **Berufsrecht** dies zulässt, was vom Registergericht zu prüfen ist. Freiberuflicher können alternativ auch als Partnerschaftsgesellschaft firmieren.

Wird eine gewerblich tätige GbR in das Handelsregister eingetragen, so wandelt sie sich **automatisch** in eine OHG oder – bei Aufnahme eines Kommanditisten – in eine KG um (sog. Kann-Kaufmann). **184**

Gesellschafter einer OHG können private Personen, aber auch juristische Personen (z.B. GmbH) sein. Eine OHG mit GmbHs als Komplementären wäre eine sog. GmbH & Co. OHG, vgl. § 19 HGB. Auch eine GbR kann Gesellschafterin einer OHG sein, aber nur, wenn sie sich vorher im Gesellschaftsregister hat registrieren lassen (vgl. § 707a Abs. 1 S. 2 BGB). **185**

> *Merke:* **186**
>
> Für die OHG gilt grundsätzlich das HGB. Sollte das HGB keine passende Vorschrift bereithalten, gilt nach wie vor das BGB (dort die Vorschriften für die GbR, vgl. § 105 Abs. 3 HGB).

Ein Gesellschafter kann bei einer Personengesellschaft nur Komplementär oder nur Kommanditist sein. Jeder Gesellschafter kann überdies auch nur einen einheitlichen Gesellschaftsanteil haben (sog. **Einheitlichkeit der Beteiligung**).

> *Beispiel:*
>
> A kann bei der A, B & C KG nicht Komplementär und zugleich Kommanditist sein.
>
> A kann aber auch nicht Komplementär mit 20 % Anteil und Komplementär mit 30 % Anteil sein. Er kann lediglich einen Anteil mit 50 % halten.

Von diesem Grundsatz der Einheitlichkeit der Beteiligung gibt es jedoch im Einzelfall Ausnahmen, die bei der vorliegenden Einführung jedoch nicht weiter interessieren sollen.[45]

2. Erstanmeldung einer OHG

Zur Ersteintragung einer OHG ist lediglich eine **Registeranmeldung** durch **alle Gesellschafter** zum Handelsregister einzureichen, in der sämtliche Gesellschafter mit Vor- und Nachnamen, Geburtsdatum und Wohnort sowie deren Vertretungsmacht angegeben sind. Zu- **187**

43 Vgl. Rundschreiben BNotK vom 24.11.2023.

44 Eine OHG konnte nach § 105 Abs. 2 HGB a.F. und kann nach § 107 Abs. 1 S. 1 HGB, jedoch auch eine reine Vermögensverwaltung betreiben.

45 Ausführlich hierzu *Heckschen/Weitbrecht*, Beck'sches Notarhandbuch, 8. Aufl. 2024, § 20 Rn 78 ff.

dem ist die Firma der Gesellschaft, der Geschäftszweck, Sitz sowie Geschäftsanschrift der Gesellschaft anzugeben.

Die **Geschäftsanschrift** muss künftig nicht mehr mit dem Sitz übereinstimmen, sondern kann sogar im europäischen Ausland liegen.

Bei der **Vertretungsmacht** ist grundsätzlich die sog. abstrakte Vertretungsmacht anzugeben, d.h. wie Gesellschafter im Grundsatz bei der jeweiligen Gesellschaft vertreten, und die sog. konkrete Vertretungsmacht, d.h. wie der jeweilige Gesellschafter die Gesellschaft vertritt. Abstrakte und konkrete Vertretungsmacht können auseinanderfallen, weil es möglich ist, einzelnen Gesellschaftern weitergehende Vertretungsmacht zu erteilen (z.B. Befreiung von den Beschränkungen des § 181 BGB oder Einzelvertretungsmacht).

> *Beispiel:*
>
> Abstrakte Vertretungsregelung: „*Jeder Gesellschafter ist zusammen mit einem anderen Gesellschafter oder einen Prokuristen zur Vertretung der Gesellschaft berechtigt.*"
>
> Konkrete Vertretungsregelung: „*Max Meier ist einzelvertretungsberechtigt und von den Beschränkungen des § 181 BGB befreit*".

188 Der **Gesellschaftsvertrag** muss dem Registergericht nicht vorgelegt werden. Ein solcher Gesellschaftervertrag ist auch **nicht beurkundungsbedürftig**, sondern kann von den Beteiligten einfachschriftlich verfasst werden. Die gesellschaftsrechtlichen Vereinbarungen können jedoch auch konkludent, also stillschweigend, vereinbart sein. In diesem Fall gilt für die rechtliche Beziehung der Gesellschafter das Gesetz. Eine notarielle Beurkundung des Gesellschaftsvertrages wäre nur dann nötig, wenn andere Vorschriften eine Beurkundungspflicht vorsehen (z.B. § 311b BGB, wenn einer der Gesellschafter sich verpflichtet, ein Grundstück in die Gesellschaft einzubringen). Bestimmungen des Gesellschaftsvertrags sind regelmäßig **frei vereinbar** (vgl. § 108 HGB).

Handelsregisteranmeldungen sind stets von allen Gesellschaftern zu unterzeichnen, vgl. § 106 Abs. 7 HGB.

Eine OHG kann – weil sie Kaufmann ist – im Übrigen auch **Prokura** erteilen.

189 ▼

Muster 2.13: Erstanmeldung

An das

Amtsgericht ____

– Registergericht –

HRA neu

____ mit Sitz in ____

Anschrift: ____

Zur Eintragung in das Handelsregister wird **angemeldet**:

(1) Wir haben unter der Firma ____ eine Offene Handelsgesellschaft mit dem Sitz in ____ errichtet.

(2) Wir versichern, dass die Gesellschaft nicht bereits im Gesellschaftsregister oder Partnerschaftsregister eingetragen ist.

(2) Die Geschäftsanschrift lautet: ____.

(3) Gegenstand des Unternehmens ist der Verkauf von Software.

(4) Gesellschafter der Gesellschaft sind:

Herr Max Mustermann,
geboren am 1.1.1966,
wohnhaft in 10000 Musterstadt und

Frau Monika Mustermann,

geboren am 1.1.1966,

wohnhaft in 10000 Musterstadt.

Die Gesellschaft wird jeweils durch zwei persönlich haftende Gesellschafter gemeinsam vertreten.

Max Mustermann sowie Monika Mustermann vertreten die Gesellschaft jeweils einzeln (*gegebenenfalls:* und sind von den Beschränkungen des § 181 BGB befreit).

(5) Herrn David Albrecht, geboren am 1.7.1956, wohnhaft in 10000 Musterstadt, ist Einzelprokura (*gegebenenfalls:* mit der Befugnis, mit sich im eigenen Namen oder als Vertreter eines Dritten Rechtsgeschäfte abzuschließen, erteilt). (*Gegebenenfalls:* Der Prokurist ist zur Veräußerung und Belastung von Grundstücken ermächtigt.)

(*Mitarbeitervollmacht*)

Mitteilungen des Gerichts werden ausschließlich an den beglaubigenden Notar erbeten.

Musterstadt, den

(*Unterschrift sämtlicher Gesellschafter*)

▲

3. Anmeldung von Änderungen

Änderungen bei der OHG wie Gesellschafterwechsel, Sitzverlegung, Änderungen/Erweiterungen des Gegenstands der Gesellschaft sind immer **durch sämtliche Gesellschafter** zum Handelsregister anzumelden, vgl. § 106 Abs. 7 i.V.m. 6 HGB (Ausnahme: Anmeldung einer Änderung der Geschäftsanschrift; in diesem Fall reicht die Unterzeichnung durch einen vertretungsberechtigten Komplementär). Der **Statuswechsel** einer OHG richtet sich nach § 106 Abs. 3–5 HGB. 190

Merke: 191

Tritt ein voll haftender Gesellschafter aus einer OHG aus, haftet der ausgeschiedene Gesellschafter für die bis zu seinem Ausscheiden bestehenden Verbindlichkeiten, wenn diese Verbindlichkeiten vor Ablauf von fünf Jahren nach dem Ausscheiden fällig geworden und daraus Ansprüche gegen sie gerichtlich geltend gemacht sind, vgl. § 137 HGB.

Beispiel: 192

Nachfolgendem Muster liegt folgender Beispielsfall zugrunde: Die am Amtsgericht Musterstadt unter HRA 1889 eingetragene Mustermann OHG hatte bislang die drei Komplementäre Max Mustermann, Eva Mustermann und Max Hauser. Es sind folgende Vorfälle anzumelden:

1. Herr Hans Meier, geboren am 19.11.1979, wohnhaft in 10000 Musterstadt, ist als weiterer Komplementär in die Gesellschaft eingetreten. Für ihn gelten die allgemeinen Vertretungsregelungen. Er ist jedoch nicht von den Beschränkungen des § 181 BGB befreit.
2. Der Gesellschafter Max Mustermann ist aus der Gesellschaft ausgeschieden.
3. Die Gesellschafterin Eva Mustermann ist verstorben. An deren Stelle ist deren Alleinerbe Hubert Max, geboren 5.7.1994, wohnhaft in 10000 Musterstadt, in die Gesellschaft eingetreten. Er ist von den Beschränkungen des § 181 BGB befreit.
4. Der Firmenname wird von „Mustermann OHG" in „Max und Meier Software OHG" geändert. Der Sitz der Gesellschaft wird von Musterstadt nach 94469 Deggendorf verlegt. Die künftige Geschäftsanschrift lautet: Bahnhofstraße 1, 94469 Deggendorf.

▼

Muster 2.14: Änderungen bei der OHG

An das

Amtsgericht Musterstadt

– Registergericht –

HRA 1889

Mustermann OHG mit Sitz in 10000 Musterstadt

Anschrift:

Zur Eintragung in das Handelsregister wird **angemeldet**:

(1) In die Gesellschaft ist als weiterer Gesellschafter/Komplementär eingetreten:

Herr Hans Meier,

geboren am 19.11.1979,

wohnhaft in 10000 Musterstadt.

Der neu eingetretene Gesellschafter ist von den Beschränkungen des § 181 BGB nicht befreit. Im Übrigen vertritt er gemäß der allgemeinen Vertretungsregelung.

(2) Der Gesellschafter Max Mustermann ist aus der Gesellschaft ausgeschieden.

Dem ausgeschiedenen Gesellschafter ist bekannt, dass er gutgläubigen Dritten für alle Gesellschaftsschulden haftet, die bis zur Eintragung seines Ausscheidens im Handelsregister entstehen. (*Gegebenenfalls:* Der ausscheidende Gesellschafter willigt in die Fortführung der Firma ein. Er bewilligt insbesondere mit Wirkung auch gegenüber seinen Rechtsnachfolgern die Fortführung seines Familiennamens in der Firma der Gesellschaft auf unbegrenzte Zeit).

(3) Die Gesellschafterin Eva Mustermann ist verstorben und aus der Gesellschaft ausgeschieden.

Elektronisch beglaubigte Abschrift der Sterbeurkunde ist beigefügt.

Als Erbe der verstorbenen Gesellschafterin ist in die Gesellschaft als weiterer persönlich haftender Gesellschafter eingetreten:

Hubert Max,

geboren am 5.7.1994,

wohnhaft in 10000 Musterstadt.

Der neu eingetretene Gesellschafter vertritt die Gesellschaft gemäß der allgemeinen Vertretungsregelung. Er ist von den Beschränkungen des § 181 BGB befreit.

Ein Erbnachweis ist in elektronisch beglaubigter Abschrift beigefügt.

(4) Der Name der Gesellschaft wurde geändert in

Max und Meier Software OHG

Der Sitz der Gesellschaft ist zudem von nach 94469 Deggendorf verlegt.

§ 1 Abs. 2 der Satzung ist entsprechend geändert.

Die Geschäftsanschrift lautet künftig:

94469 Deggendorf, Bahnhofstraße 1.

(*Mitarbeitervollmacht*)

Mitteilungen des Gerichts werden ausschließlich an den beglaubigenden Notar erbeten.

Deggendorf, den

(*Unterschrift sämtlicher Gesellschafter*)

▲

4. Anmeldung der Liquidation

Eine OHG kann im Wesentlichen auf zwei Wege beendet werden. Erstens, wenn diese formal liquidiert wird (siehe Muster Rdn 194), oder zweitens, wenn sämtliche Gesellschafter bis auf einen aus der Gesellschaft ausscheiden. In diesem letzten Fall wächst das Gesellschaftsvermögen dem verbleibenden Gesellschafter automatisch zu; die Gesellschaft ist aufgelöst (siehe Muster Rdn 195). Im Stadium der Liquidation ist der Firma der Zusatz „i.L." beizufügen (vgl. § 148 Abs. 3 HGB). 193

▼ 194

Muster 2.15: Liquidation

An das

Amtsgericht

– Registergericht –

HRA 18847

mit dem Sitz in

Zur Eintragung in das Handelsregister wird **angemeldet**:

(Variante 1: ohne Liquidation):

Die Gesellschaft ist durch Beschluss sämtlicher Gesellschafter aufgelöst.

Der Geschäftsbetrieb wurde ohne Liquidation eingestellt. Zu verteilendes Vermögen ist nicht vorhanden.

Die Firma der Gesellschaft ist erloschen. Die Bücher und Schriften der Gesellschaft werden von mir, Max Mustermann, verwahrt.

(Variante 2: mit Liquidation):

Die Gesellschaft ist durch Beschluss sämtlicher Gesellschafter aufgelöst. Die Abwicklung erfolgt durch den Liquidator.

Zum Liquidator wurde bestellt:

Max Mustermann,

geboren am ,

wohnhaft in 10000 Musterstadt.

Die abstrakte Vertretungsregelung ist geändert. Jeder Liquidator vertritt die Gesellschaft einzeln.

Der Liquidator vertritt die Gesellschaft einzeln und ist von den Beschränkungen des § 181 BGB befreit.

(Gegebenenfalls): Änderungen bei Prokuren

(*Mitarbeitervollmacht*)

Musterstadt, den

(*Unterschrift sämtlicher Gesellschafter, vgl. §§ 141, 147 HGB*)

▲

▼ 195

Muster 2.16: Liquidation durch Austritt und Anwachsung

An das

Amtsgericht

– Registergericht –

HRA 18847

mit dem Sitz in

Zur Eintragung in das Handelsregister wird **angemeldet**:

Der Gesellschafter Max Mustermann ist aus der Gesellschaft ausgeschieden. Monika Mustermann hat als einziger verbliebener Gesellschafter das Gesellschaftsvermögen als Ganzes mit allen Aktiven und Passiven im Wege der Anwachsung übernommen, vgl. § 712a BGB i.V.m. § 105 As. 3 HGB.

Die Gesellschaft ist aufgelöst. Eine Abwicklung findet nicht statt.

Die Gesellschaft ist erloschen. Das Unternehmen wird von Monika Mustermann allein fortgeführt.

(Entweder): Die Firma lautet künftig:

Monika Mustermann e.K.

(Oder): Hierzu wird klargestellt, dass Unternehmen nach Art oder Umfang einen in kaufmännischer Weise eingerichteten Geschäftsbetrieb nicht erfordert. Das Einzelunternehmen soll nicht im Handelsregister eingetragen werden.

(*Mitarbeitervollmacht*)

Mitteilungen des Gerichts werden ausschließlich an den beglaubigenden Notar erbeten.

Musterstadt, den

(*Unterschrift sämtlicher Gesellschafter*)

▲

196 Ist die Gesellschaft nicht sofort aufgelöst worden, sondern es fand eine Liquidation statt, so ist das Erlöschen der Firma nach Ende der Liquidation zum Handelsregister anzumelden, vgl. § 150 HGB. Die Anmeldung ist von den Liquidatoren in **vertretungsberechtigter Zahl** zu unterzeichnen.

5. Gebühren

197 Der Geschäftswert für die Erstanmeldung einer OHG richtet sich nach § 105 Abs. 3 Nr. 2 GNotKG und beträgt 45.000 EUR für zwei Komplementäre zzgl. 15.000 EUR für jeden weiteren Komplementär. Entwirft der Notar die Registeranmeldung selbst, entsteht eine 0,5-Gebühr, vgl. KV-Nr. 24102 GNotKG. Wird lediglich die Unterschrift beglaubigt, entsteht eine 0,2-Gebühr gemäß KV-Nr. 25100 GNotKG, höchstens 70 EUR.

198 **Übermittelt** der Notar die Registeranmeldung elektronisch mit **XML-Strukturdaten** an das Registergericht, entsteht, wenn der Notar den Entwurf selbst gefertigt hat, zusätzlich eine 0,2-Gebühr gemäß KV-Nr. 22114 GNotKG aus dem Geschäftswert der Anmeldung, höchstens 125 EUR. Übermittelt der Notar eine Anmeldung, für die er nicht den Entwurf erstellt hat, elektronisch mit XML-Strukturdaten an das Registergericht, entsteht anstatt einer 0,2-Gebühr eine 0,5-Gebühr gemäß KV-Nr. 22125 GNotKG. Zusätzlich zu dieser 0,5-Gebühr fällt eine Gebühr nach KV-Nr. 22124 i.H.v. pauschal 20 EUR für die Übermittlung an das Registergericht an.

Hinzukommen die üblichen Auslagen und die Umsatzsteuer.

199 Bei jeder Änderung fallen nach § 105 Abs. 4 Nr. 3 GNotKG als Gegenstandswert 30.000 EUR an (z.B. bei Verlegung des Sitzes oder Änderung des Gegenstands). Für den Ein- oder Austritt von bis zu zwei Gesellschaftern ist ebenfalls ein Gegenstandswert von 30.000 EUR anzusetzen, für jeden weiteren Gesellschafter fallen zusätzliche 15.000 EUR an. Für die Anmeldung der Liquidation beträgt der Gegenstandswert ebenfalls 30.000 EUR. Zwar werden bei der Liquidation mehrere Tatsachen zur Eintragung in das Handelsregister angemeldet, jedoch bilden die Anmeldung der Auflösung der Gesellschaft und die gleichzeitige Bestellung eines bisherigen Gesellschafters als Liquidator eine Erklärungseinheit und damit einen zu bewertenden Gegenstand. Für die Anmeldung der Löschung der OHG fällt schließlich ebenfalls nochmals ein Gegenstandswert von 30.000 EUR an.

6. Exkurs: Übertragung von OHG-Anteilen

Ein OHG-Anteil ist grundsätzlich übertragbar, sofern der **Gesellschaftsvertrag** keine abweichende Vereinbarung vorsieht (vgl. § 711 Abs. 1 BGB i.V.m. 105 Abs. 3 HGB). Die Übertragung von OHG-Anteilen bedarf jedoch grundsätzlich der **Zustimmung und Anmeldung** durch alle Gesellschafter (§§ 106 Abs. 6, 7 HGB). 200

Der Übertragungsvertrag ist **nicht beurkundungspflichtig**. Der übertragende Gesellschafter scheidet aus der Gesellschaft aus, der übernehmende Gesellschafter tritt in die Gesellschaft ein. Diese beiden Vorgänge sind von sämtlichen Gesellschaftern zum Handelsregister anzumelden.

Scheidet der vorletzte Gesellschafter aus der Gesellschaft aus oder überträgt dieser seine Anteile an den letzten Gesellschafter (siehe Muster Rdn 195), so erlischt die Gesellschaft und sämtliche Anteile gehen auf den einen verbleibenden Gesellschafter über (sog. **Anwachsung**, vgl. § 712a BGB i.V.m. § 105 Abs. 3 HGB).

7. Exkurs: Vererbung von OHG-Anteilen

Ein OHG-Anteil ist grundsätzlich **nicht frei vererblich**. Der verstorbene Gesellschafter scheidet also aus der Gesellschaft aus, vgl. 130 Abs. 1 Nr. 1 HGB. Dessen Anteil wächst den übrigen Gesellschaftern zu. Der Erbe des ausgeschiedenen Gesellschafters erhält einen **Abfindungsanspruch**, vgl. § 712 BGB i.V.m. § 105 Abs. 3 HGB. 201

Es ist jedoch möglich, dass in den **Gesellschaftsverträgen** die OHG-Anteile frei vererblich ausgestaltet werden (vgl. § 711 Abs. 2 BGB i.V.m. § 105 Abs. 3 HGB.[46] Bei der Vererblichkeit von Gesellschaftsanteilen gilt aber die Besonderheit, dass anders als im allgemeinen Erbrecht der Nachlass nicht ungeteilt auf den oder die Erben übergeht (sog. **Universalsukzession**, vgl. § 1922 BGB), sondern sämtliche Erben mit ihrer jeweiligen Quote sofort geteilt als Gesellschafter in die Gesellschaft einrücken (sog. **Singularsukzession**) (vgl. § 711 Abs. 2 S. 2, 3 BGB). 202

> *Beispiel:*
>
> A verstirbt und wird von seiner Ehefrau E zu 50 % und seinen Kinder K1 und K2 zu je 25 % beerbt. A ist an der A & B OHG zu 50 % mit einem festen Kapitalanteil von 20.000 EUR beteiligt. Ist As Gesellschaftsanteil vererblich, rücken dessen Erben E, K1 und K2 sofort als Gesellschafter ohne eine Erbauseinandersetzung in die Gesellschaft mit festen Kapitalanteilen von 10.000 EUR und je 5.000 EUR ein. Die Gesellschaft besteht also künftig aus vier Gesellschaftern, B, E, K1 und K2.

Der verstorbene Gesellschafter scheidet aus der Gesellschaft aus, der Erbe bzw. die Erben tritt bzw. treten in die Gesellschaft ein. Diese beiden Vorgänge sind von sämtlichen Gesellschaftern zum Handelsregister anzumelden. 203

Stirbt bei einer OHG der vorletzte Gesellschafter und erbt diesen Anteil der verbliebene Gesellschafter, so geht die Gesellschaft unter (Erlöschen kraft Anwachsung, vgl. § 712a BGB i.V.m. § 105 Abs. 3 HGB). 204

IV. Kommanditgesellschaft

1. Einführung

Die Kommanditgesellschaft (KG) ist im Prinzip identisch mit der OHG. Der einzige Unterschied zwischen beiden Gesellschaftsformen liegt darin, dass bei der KG mindestens ein Gesellschafter (sog. Kommanditist) lediglich mit seiner Einlage (sog. **Haftsumme**) haftet. Ein Gesellschafter einer KG muss mindestens **voll haftender Komplementär** sein. 205

46 Ausführlich zu den Möglichkeiten von erbrechtlichen Regelungen *Heckschen/Weitbrecht*, Beck'sches Notarhandbuch, 8. Aufl. 2024, § 20 Rn 155 ff.

206 *Merke:*

Bei dem jeweiligen Kommanditisten wird im Handelsregister dessen sog. Haftsumme eingetragen, also der Betrag, für den der Kommanditist Dritten gegenüber haftet. Seine im KG-Vertrag vereinbarte Einlageverpflichtung kann demgegenüber sogar höher sein (sog. **Pflichteinlage**), was aber seine Haftung gegenüber Dritten nicht erhöht und auch nicht ins Register eingetragen wird.

207 Tritt in eine OHG ein Kommanditist ein oder wandelt ein Gesellschafter seinen Komplementäranteil in einen Kommanditanteil, so verwandelt sich die OHG automatisch in eine KG. Es handelt sich hierbei jedoch nicht um einen Umwandlungsvorgang i.S.d. **UmwG**.

Komplementär oder Kommanditisten einer KG können private Personen, aber auch juristische Personen sein (z.B. GmbH & Co. KG, also eine KG, deren einziger Komplementär eine GmbH ist).

2. Erstanmeldung

208 Bezüglich der Erstanmeldung bestehen keine wesentlichen Unterschiede zur Erstanmeldung bei der OHG. Da der Kommanditist lediglich mit seiner Einlage haftet, ist diese Haftsumme in vollen Euros zum Handelsregister anzumelden, vgl. § 162 Abs. 1 S. 1 HGB.

209 Aus **Haftungsgründen** ist bei Abfassung des **KG-Vertrages** stets darauf zu achten, dass der eintretende Kommanditist erst mit Eintragung der Anmeldung Gesellschafter der KG wird. Andernfalls haftet der Kommanditist bis zur Eintragung der Anmeldung voll, vgl. § 176 Abs. 1 HGB. Der KG-Vertrag ist ebenso wie ein OHG-Vertrag nicht beurkundungsbedürftig. Auch Schriftform ist nicht vorgeschrieben, jedoch sinnvoll.

Merke:

Möchte ein Gesellschafter z.B. sein Einzelunternehmen oder ein Grundstück in die neue KG einbringen, muss die KG zum Zeitpunkt der Einbringung bereits existieren. Entweder wartet man in diesen Fällen mit der Einbringung bis die KG im Handelsregister eingetragen ist oder man lässt die KG sofort entstehen (zumindest als GbR) und nimmt die Haftung nach § 176 Abs. 1 HGB in Kauf. Wegen § 47 Abs. 2 GBO (Eintragungspflicht einer GbR) ist aber die erste Alternative ohnehin vorzugswürdig.

210 ▼

Muster 2.17: Erstanmeldung einer KG

An das

Amtsgericht ______

– Registergericht –

HRA Neu

______ mit dem Sitz in ______

Zur Eintragung in das Handelsregister wird **angemeldet**:

(1) Unter der Firma ______ wurde eine Kommanditgesellschaft mit Sitz in ______ errichtet.

(2) Wir versichern, dass die Gesellschaft nicht bereits im Gesellschaftsregister oder Partnerschaftsregister eingetragen ist.

(3) Die Geschäftsanschrift lautet: ______.

(4) Gegenstand des Unternehmens der Gesellschaft ist der Betrieb eines Restaurants.

(5) Persönlich haftender Gesellschafter ist

______,
geboren am ______,
wohnhaft in ______.

Allgemeine Vertretungsregelung: Jeder persönlich haftende Gesellschafter vertritt einzeln. Er selbst und seine Geschäftsführer sind von den Beschränkungen des § 181 BGB befreit.

vertritt gemäß der allgemeinen Vertretungsregelung.

(6) Kommanditist ist:

,
geboren am ,
wohnhaft in .
mit einer Haftsumme von EUR.

(*Mitarbeitervollmacht*)

Mitteilungen des Gerichts werden ausschließlich an den beglaubigenden Notar erbeten.

Musterstadt, den

(*Unterschrift sämtlicher Komplementäre und sämtlicher Kommanditisten*)

▲

3. Anmeldung von Änderungen

Beispiel: Änderungen bei der KG 211

Nachfolgendem Muster liegt folgender Beispielsfall zugrunde: die am Amtsgericht Musterstadt unter HRA 1889 eingetragen Mustermann KG hatte bislang einen Komplementär, Max Mustermann, sowie zwei Kommanditisten mit je 500 EUR Haftsumme, Eva Mustermann und Max Hauser. Es sind folgende Vorfälle anzumelden:

1. Herr Hans Meier, geb. 19.11.1979, wohnhaft in 10000 Musterstadt, ist als Komplementär in die Gesellschaft eingetreten. Für ihn gelten die allgemeinen Vertretungsregelungen. Er ist jedoch nicht von den Beschränkungen des § 181 BGB befreit.
2. Der Gesellschafter Max Mustermann wandelt seine Komplementärstellung in eine Kommanditstellung um. Seine Haftsumme beträgt künftig 1.000 EUR.
3. Die Kommanditistin Eva Mustermann ist verstorben. An deren Stelle ist deren Alleinerbe Hubert Max, geboren 5.7.1994, wohnhaft in 10000 Musterstadt, in die Gesellschaft eingetreten, ebenfalls als Kommanditist, die Haftsumme wurde übernommen.
4. Max Hauser hat seine Kommanditanteile an seinen Sohn Lukas Hauser, geb. 19.4.1988, unentgeltlich abgetreten. Der Sohn hat die Haftsumme übernommen.

▼

Muster 2.18: Änderungen bei der KG

An das

Amtsgericht

– Registergericht –

HRA 1889

mit dem Sitz in

Zur Eintragung in das Handelsregister wird **angemeldet**:

(1) Herr Hans Meier, geb. 19.11.1979, wohnhaft in 10000 Musterstadt, ist als neuer persönlich haftender Gesellschafter in die Gesellschaft eingetreten. Herr Hans Meier vertritt die Gesellschaft stets einzeln. Er ist von den Beschränkungen des § 181 BGB nicht befreit.

(2) Der bisherige persönlich haftende Gesellschafter Max Mustermann ist fortan Kommanditist. Seine in das Handelsregister einzutragende Haftsumme beträgt 1.000 EUR.

(3) Die Kommanditistin Eva Mustermann ist verstorben und aus der Gesellschaft ausgeschieden. Ihre Haftsumme ist durch Erbfolge auf ihren Erben übergegangen. Als Erben der verstorbenen Kommanditistin ist im Wege der Sondererbfolge in die Gesellschaft als weiterer Kommanditist eingetreten:

Hubert Max,

geboren 5.7.1994,

wohnhaft in 10000 Musterstadt,

mit einer in das Handelsregister einzutragenden Haftsumme von 500 EUR;

Ein Erbnachweis ist in elektronisch beglaubigter Abschrift beigefügt.

(*Alternative):* Zum Nachweis der Erbfolge wird auf die Nachlassakten beim Amtsgericht Deggendorf, Aktenzeichen VI ______ Bezug genommen.

(4) Der Kommanditist Max Hauser ist aus der Gesellschaft ausgeschieden. Durch Sonderrechtsnachfolge ist an seine Stelle mit einer Haftsumme von 500 EUR Lukas Hauser, geboren am 19.4.1988 als Kommanditist in die Gesellschaft eingetreten.

Ausscheiden und Eintritt im Wege der Sonderrechtsnachfolge sind aufschiebend bedingt durch Eintragung der Änderung im Handelsregister.

Der ausgeschiedene Kommanditist und die persönlich haftende Gesellschafterin versichern, dass der ausgeschiedene Kommanditist keine Abfindung für die von ihm aufgegebenen Rechte aus dem Gesellschaftsvermögen gewährt oder versprochen erhalten hat.

(*Mitarbeitervollmacht*)

Musterstadt, den ______

(*Unterschrift sämtlicher Gesellschafter, auch der Kommanditisten*)

▲

Die **Erhöhung** sowie die **Herabsetzung** der Haftsumme ist durch sämtliche Gesellschafter zum Handelsregister anzumelden, vgl. § 175 HGB.

4. Anmeldung der Liquidation und Erlöschen der Firma

212 Die Auflösung bzw. die Liquidation einer KG verläuft entsprechend der Auflösung bzw. Liquidation einer OHG. Auf Rdn 193 ff. wird verwiesen. Nach § 178 HGB ist die Liquidation nur noch von den Komplementären, nicht aber von den Kommanditisten zum Register anzumelden.

5. Sonderfall: Die GmbH & Co. KG

213 Die GmbH & Co. KG ist eine **Sonderform** einer KG. Der Sonderfall besteht darin, dass einziger Komplementär keine natürliche Person, sondern eine GmbH (auch möglich UG (haftungsbeschränkt)) ist. Diese Gesellschaftsform können seit dem 1.1.2024 auch **Freiberufler** nutzen, sofern das jeweilige **Berufsrecht** dies erlaubt.

214 Bei einer **GmbH & Co. KG** muss zunächst die GmbH nach den allgemeinen Grundsätzen errichtet werden. In aller Regel wird erst nach der Eintragung der Komplementär-GmbH im Handelsregister – und damit ihrer Entstehung – die KG zum Handelsregister angemeldet. Theoretisch möglich ist es auch, die KG bereits nach der Gründung der GmbH, aber vor deren Eintragung anzumelden. Dann muss allerdings die Vor-GmbH mit dem Zusatz „in Gründung" als Komplementär angemeldet werden. Ohne weiteres möglich und in der Praxis üblich ist hingegen, sämtliche Gründungsdokumente im Rahmen eines einzigen Notartermins unterzeichnen zu lassen. Der Notar wird dann zunächst die GmbH-Anmeldung zum Handelsregister einreichen und nach Eintragung der GmbH die bislang in der Akte belassene KG-Anmeldung dem Registergericht zur Eintragung vorlegen.

215 Ein Sonderfall der GmbH & Co. KG ist die sog. **Einheits-GmbH & Co. KG**. Sie zeichnet sich dadurch aus, dass die KG, deren Komplementärin eine GmbH ist, zugleich alleinige Gesellschafterin dieser GmbH ist. Eine solche Einheits-GmbH & Co. KG entsteht regelmäßig dann, wenn die Kommanditisten ihre GmbH-Anteile an die KG übertragen. Hierbei ist darauf zu achten, dass das Stammkapital der GmbH (ausnahmsweise) voll einbezahlt ist,

weil ansonsten die GmbH für das eigene Stammkapital haften würde, was mit § 33 Abs. 1 GmbHG nicht vereinbar wäre.[47]

Bezüglich Handelsregisteranmeldungen gibt es keine Besonderheiten. Die Firma muss zwingend die Kennzeichnung enthalten, dass kein Komplementär eine natürliche Person ist, die voll haftet, vgl. § 19 Abs. 2 HGB (daher auch „GmbH & Co. KG“). 216

Bei der Abtretung von Anteilen an einer GmbH & Co. KG ist zu beachten, dass die Abtretung aufgrund der meist zusätzlich erforderlichen Abtretung eines GmbH-Anteils insgesamt nach § 15 GmbH beurkundungspflichtig ist. 217

Bei der **Liquidation** einer GmbH & Co. KG ist zu beachten, dass das **Sperrjahr** auch für die KG gilt (vgl. § 73 Abs. 1 GmbHG analog).[48] Zunächst soll immer erst die KG und dann die Komplementär-GmbH liquidiert werden. 218

6. Gebühren

Der **Geschäftswert** für die Erstanmeldung einer KG richtet sich nach § 105 Abs. 1 Nr. 5 GNotKG und beträgt die Summe der Kommanditanteile zzgl. 30.000 EUR für den ersten und je 15.000 EUR für jeden weiteren Komplementär. Entwirft der Notar die Registeranmeldung selbst, entsteht eine 0,5-Gebühr, vgl. KV-Nr. 24102 GNotKG. Wird lediglich die Unterschrift beglaubigt, entsteht eine 0,2-Gebühr gemäß KV-Nr. 25100 GNotKG, höchstens 70 EUR. 219

Übermittelt der Notar die Registeranmeldung elektronisch mit XML-Strukturdaten an das Registergericht, entsteht, wenn der Notar den Entwurf selbst gefertigt hat, zusätzlich eine 0,2-Gebühr gemäß KV-Nr. 22114 GNotKG aus dem Geschäftswert der Anmeldung, höchstens 125 EUR. Übermittelt der Notar eine Anmeldung, für die er nicht den Entwurf erstellt hat, elektronisch mit XML-Strukturdaten an das Registergericht, entsteht anstatt einer 0,2-Gebühr eine 0,5-Gebühr gemäß KV-Nr. 22125 GNotKG. Zusätzlich zu dieser 0,5-Gebühr fällt eine Gebühr nach KV-Nr. 22124 GNotKG i.H.v. pauschal 20 EUR für die Übermittlung an das Registergericht an. 220

Hinzukommen die üblichen Auslagen und die Umsatzsteuer.

Bei Ein- oder Austritten von Komplementären gilt § 105 Abs. 4 Nr. 3 GNotKG. Bei Ein- oder Austritten von Kommanditisten oder Umwandlungen von Komplementärstellung in Kommanditstellung (oder umgekehrt) gilt § 105 Abs. 1 Nr. 6 GNotKG. Werden Kommanditanteile erhöht oder erniedrigt, gilt § 105 Abs. 1 Nr. 7 GNotKG. Für die Anmeldung der Liquidation beträgt der Gegenstandswert ebenfalls 30.000 EUR. Zwar werden bei der Liquidation mehrere Tatsachen zur Eintragung in das Handelsregister angemeldet, jedoch bilden die Anmeldung der Auflösung der Gesellschaft und die gleichzeitige Bestellung eines bisherigen Gesellschafters als Liquidator eine Erklärungseinheit und damit einen zu bewertenden Gegenstand. Für die Anmeldung der Löschung der KG fällt schließlich ebenfalls nochmals ein Gegenstandswert von 30.000 EUR an. 221

7. Exkurs: Übertragung von KG-Anteilen

Ein KG-Anteil ist **grundsätzlich frei übertragbar**, sofern der Gesellschaftsvertrag keine abweichende Vereinbarung vorsieht. Die Übertragung von KG-Anteilen bedarf jedoch der Anmeldung und Zustimmung durch alle Gesellschafter (§§ 106 Abs. 7, 161 Abs. 2 HGB). 222

Der Übertragungsvertrag ist nicht beurkundungspflichtig, sofern nicht gleichzeitig wie meist bei der GmbH & Co. KG Anteile an einer GmbH übertragen werden (müssen), vgl. § 15 GmbHG. Der übertragende Gesellschafter scheidet aus der Gesellschaft aus, der übernehmende Gesellschafter tritt in die Gesellschaft ein. 223

47 Vgl. zum Ganzen *Heckschen/Weitbrecht*, Beck'sches Notarhandbuch, 8. Aufl. 2024, § 20 Rn 294 ff.; *v. Bonin*, RNotZ 2017, 1 ff.

48 Vgl. zum Ganzen DNotI-Rep. 2023, 177 m.w.N.

224 Anders als bei der OHG besteht bei Kommanditanteilen aber folgendes **Sonderproblem**: Wird die Übertragung von Kommanditanteilen mit einer Haftsumme von z.B. 1.000 EUR als separater Eintritt eines neuen Kommanditisten mit Haftsumme von 1.000 EUR sowie als separater Austritt eines Kommanditisten mit Haftsumme von 1.000 EUR gewertet, würden potentiellen Gläubigern der Gesellschaft gegenüber der neue Kommanditist sowie nach § 160 HGB auch der alte Kommanditist kumulativ haften. Dies würde jedoch zu einer ungewollten Besserstellung der Gläubiger der KG führen. Aus diesem Grund ist es auch möglich und anerkannt, dass der neue Kommanditist direkt die KG-Anteile des ausscheidenden Kommanditisten übernimmt (als sog. **Sonderrechtsnachfolge**). In diesem Fall bleibt es dann dabei, dass Gläubiger nur einmal auf den Einlagebetrag zugreifen können.

225 Zudem darf der ausscheidende Kommanditist von der KG keine **Abfindung** erhalten. Zulässig und üblich ist es jedoch, wenn der neue Kommanditist den alten Kommanditisten für dessen Anteile eine Abfindung bezahlt. Bei der Anmeldung der Sonderrechtsnachfolge müssen sämtliche Gesellschafter versichern, dass der alte Kommanditist wegen des Austritts keine zusätzlichen Zahlungen von der Gesellschaft erhalten hat (bezüglich Versicherung vgl. vorstehendes Muster unter Rdn 211). Teilweise wird verlangt, dass die Komplementäre und der ausscheidende Kommanditist diese Versicherung höchstpersönlich abgeben; eine Stellvertretung sei unzulässig.[49] Für den **Haftungsausschluss** des alten Kommanditisten erforderlich ist auch, dass diese Sonderrechtsnachfolge im Handelsregister verlautbart wird (Veröffentlichung im Register mit Hinweis „im Wege der Sonderrechtnachfolge").

226 Streitig ist nach wie vor, inwieweit die Anteilsübertragung unter der **aufschiebenden Bedingung der Eintragung im Handelsregister** eingetragen sein muss, um die Haftung nach § 176 Abs. 2 HGB zu vermeiden. Nach einer Ansicht gilt die Haftung gemäß § 176 Abs. 2 HGB nur noch für den Fall des Ein- und Austritts, nicht aber mehr für den Fall der derivativen Anteilsübertragung.[50] Nach wohl richtiger Ansicht greift die Haftung des § 176 Abs. 2 HGB künftig nur noch dann, aber dann schon, wenn ein „weiterer" Gesellschafter hinzutritt. Dies ist bei Übertragung aller Anteile auf einen Erwerber sowie bei einer anteiligen Übertragung auf einen Mitgesellschafter nicht der Fall. Die **Haftung** des § 176 Abs. 2 HGB greift also nach dieser wohl vorzugswürdigen Ansicht nur dann, wenn ein Kommanditist seine gesamten Anteile auf mehrere neue Gesellschafter überträgt oder Teile seiner Anteile auf einen neuen Gesellschafter.

> *Merke:*
>
> Um die Haftung aus § 176 Abs. 2 HGB sicher zu vermeiden, sollte die Anteilsübertragung von KG-Anteilen nach wie vor unter die aufschiebende Bedingung der Eintragung ins Handelsregister gestellt werden.[51]

227 Werden KG-Anteile unentgeltlich an **Minderjährige** abgetreten, so stellt sich überdies die Frage, ob diese Übertragung lediglich rechtlich **vorteilhaft** ist (vgl. § 107 BGB). Bei einem voll eingezahlten KG-Anteil ist dies nach der h.M. wohl der Fall, weshalb ein **Ergänzungspfleger** nicht bestellt werden muss.[52]

Eine Genehmigung durch das **Familiengericht** ist dann nicht erforderlich, wenn die KG **kein Erwerbsgeschäft** betreibt (vgl. § 1852 Nr. 1 BGB). Streitig ist, was unter einem Erwerbsgeschäft zu verstehen ist. Jedenfalls dann, wenn das Vermögen so groß ist, dass hierfür

49 So KG NZG 2009, 905.

50 So wohl *Heckschen/Weitbrecht*, Beck'sches Notarhandbuch, 8. Aufl. 2024, § 20 Rn 313. Angedeutet auch in der Entscheidung des OLG München, Beschl. v. 3.8.2023 – 16 WF 193/23 e, FGPrax 2023, 266.

51 So auch Schall, NZG 2023, 1540.

52 So nun auch mit der h.M. OLG München, Beschl. v. 3.8.2023 – 16 WF 193/23 e, FGPrax 2023, 266. A.A. OLG Oldenburg, FGPrax 2019, 178.

eine komplexe Verwaltung erforderlich ist, liegt kein privatvermögenverwaltendes Handeln mehr vor.[53]

> *Praxistipp*
>
> Ist das Geschäft lediglich rechtlich vorteilhaft und das Kind zumindest beschränkt geschäftsfähig (also sieben Jahre oder älter), könnte es den Vertrag selbst unterzeichnen, sodass es einer Genehmigung durch das Familiengericht nicht bedarf! Auf die Frage, ob es sich bei dem Geschäft um ein Erwerbsgeschäft i.S.d. § 1852 BGB handelt, kommt es dann nicht mehr an.

Scheidet der vorletzte Gesellschafter einer KG – egal, ob Komplementär oder Kommanditist – aus der Gesellschaft aus, so erlischt die Gesellschaft; der Anteil geht kraft **Anwachsung** auf den verbliebenen Gesellschafter über (vgl. § 712a BGB i.V.m. §§ 162 Abs. 1, 105 Abs. 3 HGB). 228

8. Exkurs: Vererbung von KG-Anteilen

Ein Kommandit-Anteil ist grundsätzlich frei vererblich, vgl. § 177 HGB. Der verstorbene Gesellschafter scheidet also aus der Gesellschaft aus, vgl. § 723 Abs. 1 Nr. 1 BGB i.V.m. §§ 161 Abs. 2, 105 Abs. 3 HGB. Dessen Anteil wächst dessen Erben zu. Hier gilt zudem die Besonderheit, dass anders als im allgemeinen Erbrecht der Nachlass nicht ungeteilt auf den oder die Erben übergeht (sog. **Universalsukzession**, vgl. § 1922 BGB), sondern sämtliche Erben mit ihrer jeweiligen Quote sofort geteilt als Gesellschafter/Kommanditisten in die Gesellschaft einrücken (sog. **Singularsukzession,** vgl. § 711 Abs. 2 BGB i.V.m. §§ 105 Abs. 3, 161 Abs. 2 HGB). 229

> *Beispiel:*
>
> Kommanditist A (mit Haftsumme von 1.000 EUR) verstirbt und wird von seiner Ehefrau E zu 50 % und seinen Kinder K1 und K2 zu je 25 % beerbt. As Kommanditanteil ist wegen § 177 HGB grundsätzlich vererblich. Es rücken dessen Erben E, K1 und K2 sofort als Gesellschafter ohne eine Erbauseinandersetzung in die Gesellschaft ein, E mit der Haftsumme von 500 EUR, K1 und K2 je mit einer Einlage von 250 EUR.

Der verstorbene Gesellschafter scheidet also aus der Gesellschaft aus, der Erbe tritt bzw. die Erben treten in die Gesellschaft ein. Diese beiden Vorgänge sind von sämtlichen Gesellschaftern zum Handelsregister anzumelden. 230

Stirbt bei einer KG der vorletzte Gesellschafter – egal ob Kommanditist oder Komplementär – und erbt diesen Anteil der verbliebene Gesellschafter, so geht die Gesellschaft unter (**Erlöschen kraft Anwachsung**, vgl. § 712a BGB i.V.m. § 161 Abs. 2, 105 Abs. 3 HGB).[54] Stirbt der letzte Komplementär, haftet der Kommanditist nach §§ 27, 131 HGB analog auch nur beschränkt auf das Gesellschaftsvermögen, sofern er innerhalb von 3 Monaten die Unternehmung einstellt.[55]

53 Vgl. zum Ganzen DNotI-Rep. 2023, 185 ff.

54 Vgl. BGH NJW 2000, 1119. Vgl. hierzu auch DNotI-Rep. 2005, 153.

55 Insgesamt sehr str., vgl. DNotI-Rep. 2005, 153.

231 **Exkurs: Nießbrauch und Testamentsvollstreckung an Gesellschaftsanteilen von Personengesellschaften**

Ab und zu kann es vorkommen, dass Gesellschaftsanteile einer Personengesellschaft mit einem Nießbrauch für einen Dritten oder mit einer Testamentsvollstreckung belastet sind. Die Belastung mit einem Nießbrauch kann nach derzeit herrschender Meinung nicht im Handelsregister verlautbart werden.[56] Demgegenüber kann die Testamentsvollstreckung bzgl. eines Gesellschaftsanteils im Handelsregister eingetragen werden, nach überwiegender Ansicht sei die Eintragung sogar verpflichtend.[57] Ob der Testamentsvollstrecker die Handelsregisteranmeldungen für den jeweiligen Gesellschaftsanteil selbst unterzeichnen kann oder ob hier der Gesellschafter selbst zuständig ist, ist im Einzelfall umstritten.

V. Partnerschaftsgesellschaft mit/ohne beschränkte/r Berufshaftung

1. Grundzüge des Rechts der Partnerschaftsgesellschaft

a) Abgrenzung zu anderen Gesellschaftsformen

232 Der eingetragene Kaufmann als Einzelunternehmer sowie die OHG oder die KG als Personenhandelsgesellschaften sind im Grundsatz **gewerblich tätige Gesellschaften.**[58] Freiberufler konnten sich daher zunächst nur als GbR zusammenschließen. Da die GbR lange Zeit für nicht rechtsfähig gehalten wurde, war diese Gesellschaftsform für Freiberufler sehr nachteilig. Aber auch nachdem anerkannt wurde, dass die GbR rechtsfähig sein kann, bestand für eine separate Gesellschaftsform für Freiberufler noch ein großes Bedürfnis. GbR wurden und werden künftig auch nicht in einem Register erfasst (außer sie erwerben Grundbesitz oder Anteile an anderen Gesellschaften), sodass sich die Existenz und Vertretungsverhältnisse der GbR nur sehr eingeschränkt und erschwert nachweisen ließ und künftig nach wie vor lässt. Auch das Haftungsregime der GbR war und ist für viele Freiberufler unbefriedigend. Aus diesem Grund hat der Gesetzgeber speziell für **Freiberufler** die sog. **Partnerschaftsgesellschaft** geschaffen. Systematisch orientiert sich die Partnerschaftsgesellschaft sehr stark an der GbR sowie der Offenen Handelsgesellschaft, vgl. auch § 1 Abs. 4 PartGG.

Nach § 107 Abs. 1 S. 2 HGB können sich Freiberufler künftig nun auch als OHG oder KG zusammenschließen, wenn sie sich in das **Handelsregister** eintragen lassen (**konstitutive Eintragung**).[59] Man wird künftig sehen müssen, ob die nachfolgend dargestellte Partnerschaft neben den Handelsgesellschaften (insbesondere der GmbH & Co. KG) überhaupt noch eine praktische Anwendung findet.[60] Für einen Statuswechsel gilt künftig § 4 Abs. 4 PartGG i.V.m. § 107 HGB.

233 Nachdem die Partnerschaftsgesellschaft bei den Freiberuflern gut aufgenommen worden ist, wurden in neuerer Zeit Forderungen laut, für Freiberufler auch eine Gesellschaftsform mit beschränkter Haftung zu konzipieren. Zwar kann die Gesellschaftsform der GmbH auch von Freiberuflern gewählt werden (vgl. im Umkehrschluss zu § 1 GmbHG). Weil die GmbH aber steuerliche Nachteile hat – insbesondere Gewerbesteuer auslöst, von der Freiberufler grundsätzlich befreit sind – hat der Gesetzgeber die sog. Partnerschaftsgesellschaft mit beschränkter Berufshaftung geschaffen, die die Vorteile der beschränkten Haftung der Gesellschafter von der GmbH auf die Partnerschaftsgesellschaft überträgt. Wichtig zu verstehen ist jedoch, dass die Partnerschaftsgesellschaft mit beschränkter Berufshaftung keine Körper-

56 Vgl. nur OLG München v. 8.8.2016 – 31 Wx 204/16, RNotZ 2016, 608.

57 Vgl. zum Ganzen *Kämper*, RNotZ 2016, 625, 639 m.w.N.

58 Dass die OHG und KG – wie bisher auch schon – auch reine Vermögensverwaltung betreiben können, soll an dieser Stelle zur Vereinfachung außer Betracht bleiben, vgl. § 107 Abs. 1 HGB.

59 Streitig war, ob das für die Rechtsanwalts-KG bisher auch schon möglich war, vgl. § 59b Abs. 2 BRAO.

60 Ein wesentlicher Vorteil der PartG liegt in der Nichtanwendbarkeit der Insolvenzantragspflicht nach § 15a InsO sowie geringere Pflichten bei der Rechnungslegung.

schaft ist, sondern eine „normale“ Partnerschaftsgesellschaft, also eine Personengesellschaft. Das PartGG enthält daher auch keine Kapitalaufbringungs- und -erhaltungsvorschriften. Die Partnerschaftsgesellschaft mit beschränkter Berufshaftung ist also nur eine besondere Form der normalen Partnerschaftsgesellschaft; die Haftung der Gesellschafter ist beschränkt, wenn eine Berufshaftpflichtversicherung abgeschlossen wird. Bei dem Wechsel einer normalen Partnerschaftsgesellschaft zu einer mit beschränkter Berufshaftung handelt es sich daher um keinen Umwandlungsvorgang i.S.d. UmwG, sondern lediglich um eine Ergänzung der bereits bestehenden Partnerschaftsgesellschaft, quasi eine bloße Namensänderung mit Rechtsfolgen für die Haftung der Gesellschafter.

Schließlich ist zu berücksichtigen, dass bei Partnerschaftsgesellschaften stets die besonderen Vorschriften des jeweiligen Berufsrechts, insbesondere Zusammenschlussverbote, einzuhalten sind, vgl. § 1 Abs. 3 PartGG. Die Einhaltung dieser speziellen berufsrechtlichen Vorschriften ist bei jeder Anmeldung zu prüfen.

> *Wichtig!*
>
> Nur-Notare können sich im Übrigen aus berufsrechtlichen Gründen nicht zu einer Partnerschaft zusammenschließen.

b) Grundzüge des Rechts der Partnerschaftsgesellschaft mit/ohne beschränkte/r Berufshaftung

Die Partnerschaft ist eine Gesellschaft, in der sich Angehörige freier Berufe zur Ausübung 234
ihrer Berufe zusammenschließen, vgl. § 1 PartGG. Sie übt **kein Handelsgewerbe** aus. Aus diesem Grund kann eine Partnerschaft auch **keine Prokura** erteilen. Angehörige einer Partnerschaft können nur natürliche Personen sein, keine Gesellschaften. Eine GmbH & Co. PartG kann es also nicht geben. Auf die Partnerschaft finden, soweit im PartG nichts anderes bestimmt ist, die Vorschriften des Bürgerlichen Gesetzbuchs über die Gesellschaft Anwendung, vgl. § 1 Abs. 4 PartGG. Der **Partnerschaftsvertrag** bedarf neuerdings nicht mehr der Schriftform (vgl. § 3 PartGG a.F.); Schriftform ist aber sicherlich sehr sinnvoll.

Schließlich ist zu berücksichtigen, dass bei Partnerschaftsgesellschaften stets die besonderen 235
Vorschriften des jeweiligen **Berufsrechts**, insbesondere Zusammenschlussverbote, einzuhalten sind, vgl. § 1 Abs. 3 PartGG.

Grundsätzlich haften Partner einer Partnerschaftsgesellschaft für die Verbindlichkeiten der 236
Gesellschaft als Gesamtschuldner nach § 428 BGB, d.h., jeder Partner **haftet** für die kompletten Schulden der Gesellschaft voll und ganz, auch mit seinem Privatvermögen. Partner, die bei der Bearbeitung eines Auftrags nicht beteiligt waren, haften nach § 8 Abs. 2 PartGG nicht für Verbindlichkeiten aus diesem Auftragsverhältnis. Hierin liegt ein gewichtiger Unterscheid und Vorteil zu den Personengesellschaften, bei denen es eine solche Haftungsbeschränkung nicht gibt.

> *Beispiel 1:* 237
>
> A und B haben sich als Architekten zur AB Architekten Partnerschaftsgesellschaft zusammengeschlossen. Bei der Planung eines Gebäudes sind A erhebliche planerische Fehler unterlaufen. B war an der Planung nicht beteiligt. Der Auftraggeber verlangt nun Schadensersatz.
>
> Der Auftraggeber kann aus dem Auftragsverhältnis die Partnerschaftsgesellschaft und A selbst verklagen. B, der am Auftrag nicht beteiligt war, wird durch § 8 Abs. 2 PartGG vor einer persönlichen Haftung geschützt.

> *Beispiel 2:*
>
> Die AB Architekten Partnerschaftsgesellschaft stellt C als technischen Zeichner ein. C kündigt das Arbeitsverhältnis zum 31.12. und verlangt restlichen Lohn für zwei Monate. Von wem kann er die Summe fordern? Das Einstellungsgespräch hat nur A geführt.

Zunächst haftet die Partnerschaftsgesellschaft für die offene Lohnforderung. Zudem haften sämtliche Partner der Partnerschaftsgesellschaft gesamtschuldnerisch für die Verbindlichkeiten der Gesellschaft, vgl. § 8 Abs. 1 PartGG i.V.m. § 428 BGB. Die Haftungsbeschränkung nach § 8 Abs. 2 PartGG ist nicht einschlägig, weil Verbindlichkeiten aus einem Arbeitsverhältnis nicht auf „beruflichen Fehlern" i.S.d. § 8 Abs. 2 PartGG basieren.

238 Sofern die Partnerschaftsgesellschaft über eine **Berufshaftpflichtversicherung** verfügt, die das jeweilige Standesrecht vorschreibt, kann die Partnerschaftsgesellschaft als Partnerschaftsgesellschaft mit beschränkter Berufshaftung firmieren, vgl. § 8 Abs. 4 PartGG. In diesem Fall haftet für Verbindlichkeiten der Gesellschaft lediglich die Gesellschaft (sofern dem Einzelnen kein Delikt nach §§ 823 ff. BGB vorgeworfen werden kann). Die **Haftungsbeschränkung** gilt aber auch bei der PartGmbB – anders als bei der GmbH & Co. KG, die seit dem 1.1.2024 auch für Freiberufler wählbar ist, vgl. § 107 HGB – nur für Schäden wegen fehlerhafter Berufsausübung, nicht aber für sonstige Verbindlichkeiten (z.B. aus Miet- oder Arbeitsverträgen). Bei der Anmeldung der beschränkten Berufshaftung handelt es sich lediglich um einen Anmeldezusatz einer ganz normalen Partnerschaftsgesellschaft.

Beispiel 3:

Die AB Architekten Partnerschaftsgesellschaft mbB plant ein großes Einkaufszentrum in München. Aufgrund von planerischen Fehlern wird das Einkaufszentrum erst verspätet eröffnet. Dem Bauherrn entsteht durch die Verspätung ein Schaden i.H.v. 1,0 Mio. EUR. Gegen wen kann der Bauherr vorgehen, wenn sämtliche Partner der Partnerschaftsgesellschaft am Projekt beteiligt waren?

Nach § 8 Abs. 3 PartGG kann der Bauherr nur die Gesellschaft selbst verklagen. Die Partner haften wegen der abgeschlossenen Versicherung nur beschränkt auf das Gesellschaftsvermögen.

Anders als bei der OHG sind bei der Partnerschaftsgesellschaft jedoch zwei **Sonderprobleme** zu beachten. Erstens scheidet ein Partner automatisch aus der Gesellschaft aus, wenn er die **Zulassung** zum jeweiligen freien Beruf verliert, vgl. § 9 Abs. 3 PartGG. Zweitens ist die Partnerschaftsstellung **nicht vererblich** (sofern der Erbe nicht ebenfalls den entsprechenden freien Beruf ausübt), vgl. § 9 Abs. 4 PartGG. Verstirbt daher ein Partner, scheidet er aus der Partnerschaftsgesellschaft aus; vererbt wird lediglich der Anteil des verstorbenen Partners am fiktiven Auseinandersetzungsguthaben an der Gesellschaft nach § 728 BGB i.V.m. § 1 Abs. 4 PartGG.

2. Anmeldung zum Partnerschaftsregister

a) Materielle Voraussetzungen

239 Als materielle Voraussetzungen sind die in Rdn 234 aufgeführten Kriterien einzuhalten. Weitere materielle Voraussetzungen bestehen nicht.

b) Formelle Voraussetzungen

240 § 4 PartGG regelt die formellen Voraussetzungen der Eintragung einer PartG. Die Voraussetzungen sind mit denen bei der Anmeldung einer handelsrechtlichen Personengesellschaft fast identisch, insbesondere ist auch die Vertretungsberechtigung der Partner anzugeben. Einzig eine inländische Geschäftsanschrift muss nicht zum Register angemeldet werden, vgl. § 5 Abs. 2 PartGG, was gleichwohl in der Praxis regelmäßig gemacht wird und auch sinnvoll ist. Partnerschaftsregisteranmeldungen können nach § 378 Abs. 3 S. 2 FamFG auch von den Beteiligten selbst bei Gericht eingereicht werden. Die Dokumente sind in diesem Fall dann aber elektronisch einzureichen. Ein Prüfvermerk nach § 378 Abs. 3 S. 1 FamFG ist anders als z.B. im Vereinsrecht nicht erforderlich.

Der Name der Partnerschaft muss neuerdings nicht mehr den Namen mindestens eines Partners oder die Berufsbezeichnung enthalten (vgl. § 2 Abs. 1 PartGG). Ausreichend ist lediglich, dass dem Namen der Partnerschaft der **Zusatz** „und Partner“ oder „Partnerschaft“ oder – hat sich in der Praxis durchgesetzt – „Partnerschaftsgesellschaft“ hinzugefügt wird. Selbst die Wahl eines **Sach- oder Phantasienamens** ist künftig zulässig. Sind aber die Namen sämtlicher Partner in den gemeinsamen Namen aufgenommen, so würde der Zusatz „und Partner“ den irreführenden Eindruck einer über die Namensgeber hinausgehenden Zahl von Partnern hervorrufen; in diesem Fall reduziert sich die Wahl daher ausnahmsweise auf den Zusatz „Partnerschaft“. Die Beifügung von Vornamen ist nicht erforderlich, aber erlaubt. Ein ausgeschiedener Partner kann weiterhin im Namen der Partnerschaft geführt werden, wenn dieser zustimmt (vgl. § 24 HGB). Der Begriff „Partner“ ist im Registerrecht für Partnerschaftsgesellschaften reserviert (vgl. § 11 Abs. 1 PartGG), kann also nicht von gewerblichen Personengesellschaften verwendet werden.[61] 241

Bei der Partnerschaft mit beschränkter Berufshaftung ist den Namen ein Hinweis auf die beschränkte Berufshaftung hinzuzufügen, in der Praxis meist „mbB“. 242

Beispiele:

- Müller & Partner Steuerberater
- Müller Steuerberater Partnerschaft
- Huber Rechtsanwälte PartG
- Müller und Huber Rechtsanwälte und Steuerberater Partnerschaft
- Ernst und Reuter Rechtsanwälte Steuerberater Wirtschaftsprüfer PartGmbB
- Laumann & Partner
- Advocatus PartG

Wesentlichstes Problem bei der Anmeldung einer Partnerschaft sind regelmäßig aber die berufsrechtlichen Fragen: 243

1. *Gibt es den anzumeldenden freien Beruf überhaupt, gegebenenfalls Vorlage einer Bestätigung der zuständigen Kammer?*
2. *Übt der jeweils anzumeldende Partner den freien Beruf rechtmäßig aus, gegebenenfalls Vorlage einer Bestätigung der zuständigen Kammer?*
3. *Ist der Zusammenschluss von Partnern verschiedener freier Berufe berufsrechtlich erlaubt, gegebenenfalls Vorlage einer Bestätigung der zuständigen Kammer?*
4. *Kann für die Ausübung des freien Berufs eine Berufshaftpflichtversicherung abgeschlossen werden und wie hoch muss die Versicherungssumme sein?*

Die vorstehenden Nachweise (z.B. Zulassung zum Beruf des Rechtsanwalts, entsprechender Abschluss einer Haftpflichtversicherung) sind dem Registergericht in Urschrift, Ausfertigung oder beglaubigter Abschrift zur Prüfung vorzulegen. Besteht für die angestrebte Tätigkeit keine anerkannte Ausbildung oder ist zweifelhaft, ob die angestrebte Tätigkeit als freiberuflich im Sinne des § 1 Abs. 2 PartGG einzustufen ist, können die anmeldenden Partner die Ausübung freiberuflicher Tätigkeit auf sonstige Weise, notfalls auch durch schlichte Erklärung, darlegen. Das Gericht legt in diesem Fall bei der Eintragung die Angaben der Partner zugrunde, es sei denn, ihm ist deren Unrichtigkeit bekannt (vgl. § 4 Abs. 2 S. 2 PartGG).

61 Der BGH erlaubt jedoch die Bezeichnung „partners“ bei einer GmbH, vgl. BGH v. 13.4.2021 – II ZB 13/20, NJW 2021, 1952.

244 Die Antworten zu den vorstehenden Fragen werden zu den wichtigsten Berufsgruppen wie folgt zusammengefasst:

	Existenz des Berufsbilds und Rechtmäßigkeit der Berufsausübung	**Zulassung von Zusammenschlüssen mit anderen Berufen**	**Möglichkeit des Abschlusses einer Berufshaftpflichtversicherung und erforderliche Haftsumme**
Rechtsanwälte	§ 2 BRAO: freier Beruf § 12 BRAO: Verleihung durch Urkunde der Rechtsanwaltskammer	Ja, v.a. mit Steuerberatern und Wirtschaftsprüfern, vgl. § 59c BRAO.	Ja, 2.500.000 EUR je Versicherungsfall, Jahreshöchstsumme begrenzbar je nach Größe der Kanzlei, vgl. § 51 o f. BRAO.
Steuerberater	§ 32 Abs. 2 StBerG: freier Beruf § 41 StBerG: Verleihung durch Urkunde der Steuerberaterkammer	Ja, v.a. mit Rechtsanwälten und Wirtschafsprüfern, vgl. § 50 StBerG.	Ja, 1.000.000 EUR je Versicherungsfall, Jahreshöchstsumme begrenzbar auf 1.000.000 x Anzahl der Partner, mind. 4.000.000, § 55f StBerG.
Wirtschaftsprüfer	§ 1 Abs. 2 WPO: freier Beruf § 15 WPO: Verleihung durch Urkunde der Wirtschaftsprüferkammer	Ja, sogar sehr weitgehend, vgl. § 44b WPO.	Ja, 1.000.000 EUR je Versicherungsfall, Jahreshöchstsumme begrenzbar auf 1.000.000 x Anzahl der Partner, mind. 4.000.000, § 54 WPO.
Architekten	§ 1, 3 Abs. 1, 4 BauKaG: freier Beruf und Eintragung in die Architektenliste	Grundsätzlich keine Beschränkung; die Bezeichnung als „freischaffender" Architekt ginge aber verloren, wenn ein Architekt z.B. gewerblich tätig wäre (z.B. als Bauträger) oder sich mit anderen Gewerbetreibenden zusammenschließen würde (z.B. mit Maklern oder Bauträgern).	Ja, 2.500.000 EUR, vgl. § 9 Abs. 3 i.V.m. 8 Abs. 5 BauKaG, Jahreshöchstsumme begrenzbar auf 7.500.000 EUR.
Beratende Ingenieure[62]	§ 1, 3 Abs. 5, 5 BauKaG: freier Beruf und Eintragung in die Liste für Beratende Ingenieure	Grundsätzlich keine Beschränkung; die Bezeichnung als Beratender Ingenieur ginge aber verloren, wenn ein solcher z.B. gewerblich tätig wäre (z.B. als Bauträger) oder sich mit anderen Gewerbetreibenden zusammenschließen würde (z.B. mit Maklern oder Bauträgern).	Ja, 2.500.000 EUR, vgl. § 9 Abs. 3 i.V.m. 8 Abs. 5 BauKaG, Jahreshöchstsumme begrenzbar auf 7.500.000 EUR.

62 Merke: „Einfache" Ingenieure stellen keine Beratenden Ingenieure i.S.d. BauKaG dar. Strittig ist, ob Beratende Ingenieure zusammen mit „einfachen" Ingenieuren eine PartGmbB gründen können. Die Bayerische Ingenieurkammer-Bau bejaht dies mit ihrem Rundschreiben vom 10.5.2017, das OLG Celle MDR 2016, 1216, sowie das OLG Hamm FGPrax 2016, 18, verneinen dies.

Bezüglich des Zusammenschlusses verschiedener freier Berufe ist anzumerken, dass das BVerfG vor kurzen ohnehin die berufsrechtlichen Beschränkungen zum Zusammenschluss freier Berufe im Einzelfall (Gegenstand des Urteils war ein Zusammenschluss eines Rechtsanwalts mit einer Ärztin) für verfassungswidrig erklärt hat. Die begrenzte Überschaubarkeit und zunehmende Komplexität moderner Lebens- und Wirtschaftsverhältnisse habe zur Folge, dass Rechtsfragen oft nicht ohne professionellen Sachverstand aus anderen Berufen ausreichend beantwortet werden könnten und die Nachfrage nach kombinierten interprofessionellen Dienstleistungen wachse. Möchten sich daher künftig verschiedene freie Berufe zu einer gemeinsamen Gesellschaft zusammenschließen, ist zu prüfen, ob ein etwaiges Verbot des Zusammenschlusses nicht gegen diese neue Rechtsprechung des BVerfG verstößt. 245

▼ 246

Muster 2.19: Anmeldung zum Partnerschaftsregister

An das

Amtsgericht Musterstadt

– Registergericht –

PR Neu

Mustermann Rechtsanwälte Partnerschaftsgesellschaft mit dem Sitz in 10000 Musterstadt

Zur Eintragung in das Partnerschaftsregister wird **angemeldet**:

(1) Wir haben unter dem Namen Mustermann Rechtsanwälte Partnerschaftsgesellschaft eine Partnerschaftsgesellschaft mit dem Sitz in 10000 Musterstadt und der Geschäftsanschrift in ____ errichtet.

(Bei einer PartGmbB müsste Folgendes ergänzt werden: Eine Bescheinigung gemäß §113 Abs. 2 des Gesetzes über den Versicherungsvertrag über den nach §8 Abs. 4 PartGG i.V.m. dem jeweiligen Standesrecht für eine Partnerschaft mit beschränkter Berufshaftung vorgeschriebenen Versicherungsschutzes, welche die die Versicherungssumme und die der Versicherung zugrunde liegende Rechtsvorschrift nennt, ist dieser Anmeldung ebenfalls als beglaubigte Abschrift beigefügt.)

(2) Gegenstand der Partnerschaft ist die gemeinschaftliche Berufsausübung der Partner als Rechtsanwälte (*Alternative: z.B. Rechtsanwälte, Steuerberater, Architekten oder andere freie Berufe*) in einer Partnerschaftsgesellschaft.

(3) Partner sind:

- Herr Max Mustermann, geboren am ____, wohnhaft in 10000 Musterstadt,
- Frau Eva Musterfrau, geboren am ____, wohnhaft in 10000 Musterstadt.

Jeder Partner vertritt die Gesellschaft einzeln. Die genannten Partner vertreten die Gesellschaft jeweils gemäß der allgemeinen Vertretungsregelung (gegebenenfalls Befreiung von §181 BGB).

Alle Partner üben den Beruf des Rechtsanwalts (*Alternative: z.B. Rechtsanwalt, Steuerberater, Architekten oder andere freie Berufe*) aus.

(4) Wir versichern die Zugehörigkeit zu dem freien Beruf, den wir in Partnerschaft ausüben und die bisherige Ausübung dieses Berufs. Als Nachweis legen wir die Urkunden über die Bestellung zum Rechtsanwalt vor. Darüber hinausgehende Nachweise können nicht erbracht werden.

(5) Wir erklären, dass dem Eingehen der Partnerschaft berufsrechtliche Vorschriften nicht entgegenstehen, insbesondere nicht solche über die Zusammenarbeit von Angehörigen verschiedener freier Berufe (§3 Abs. 2 PRV), und dass über die vorgelegten Unterlagen hinausgehende Nachweise über die staatliche Zulassung nicht erforderlich sind.

Die Richtigkeit der vorstehenden Angaben wird gemäß §3 Abs. 1 PRV versichert.

Für die in der Partnerschaft ausgeübten freien Berufe bestehen folgende Berufskammern: Rechtsanwaltskammer

(*Mitarbeitervollmacht*)

Mitteilungen des Gerichts werden ausschließlich an den beglaubigenden Notar erbeten.

Musterstadt, den

(*Unterschrift sämtlicher Partner, vgl. § 1 Abs. 4 PartG i.V.m. §§ 106, 108 HGB*)

▲

c) Prüfung des Gerichts

247 Das Gericht überprüft die Voraussetzungen einer Eintragung, insbesondere ob es sich bei dem jeweiligen Beruf um einen **freien Beruf** handelt und ob die **berufsrechtlichen Vorschriften** eingehalten sind. Bestehen für in der Partnerschaft ausgeübte Berufe Berufskammern, so soll das Gericht diesen in zweifelhaften Fällen vor Eintragung Gelegenheit zur Stellungnahme geben.

Mit Eintragung der Partnerschaftsgesellschaft (mit oder ohne beschränkte Berufshaftung) erlangt die Gesellschaft **Rechtsfähigkeit**, vgl. § 7 Abs. 1 PartGG. Die erstmalige Eintragung ist also konstitutiv. Spätere Änderungen, insbesondere die nachträgliche Haftungsbeschränkung nach § 8 Abs. 4 PartGG wirken dagegen nur deklaratorisch.

Besteht für einen in der Partnerschaft ausgeübten Beruf eine **Berufskammer**, so sind dieser sämtliche Eintragungen mitzuteilen, vgl. § 6 PRV.

Mit der Eintragung erhält die Gesellschaft eine PR-Nr. (so wie eine OHG eine HRA-Nr. oder die GmbH eine HRB-Nr. erhält).

d) Gebühren

248 Die Gebühren für die Gründung einer Partnerschaftsgesellschaft entsprechenden Kosten für die Gründung einer OHG (siehe Rdn 197).

3. Änderungen und Liquidation/Löschung von Partnerschaftsgesellschaften

249 Änderungen bei einer Partnerschaft sind analog zu **Änderungen** bei einer OHG zum Partnerschaftsregister **anzumelden**. Gleiches gilt für die **Liquidation** und **Löschung** von Partnerschaftsgesellschaften, vgl. § 10 PartGG. Besonderheiten bestehen im Grundsatz nicht. Ebenso wie bei der OHG haben stets sämtliche Partner die Änderungen zum Partnerschaftsregister anzumelden. Dies gilt nur nicht, wenn sich nur der Name eines Partners ändert (z.B. durch Heirat), hier reicht die Anmeldung des jeweiligen Partners aus (sofern nicht die Firma betroffen ist).

250 Soll eine normale Partnerschaftsgesellschaft zu einer Partnerschaftsgesellschaft mit beschränkter Berufshaftung „**umgewandelt**" werden, ist hierfür lediglich die Anmeldung dieser „Umwandlung" und Vorlage der entsprechenden Dokumente erforderlich. Wie bereits erwähnt, handelt es sich in diesem Fall nicht um eine echte Umwandlung i.S.d. UmwG. Im Anmeldetext ist lediglich auf die nunmehr beschränkte Berufshaftung hinzuweisen, der geänderte Name der Partnerschaft anzugeben und die für die Beschränkung der Haftung erforderlichen Unterlagen (wie bei einer Erstanmeldung) dem Registergericht vorzulegen.

251 Anders als bei der OHG sind bei der Partnerschaftsgesellschaft jedoch zwei **Sonderprobleme** zu beachten. Erstens scheidet ein Partner automatisch aus der Gesellschaft aus, wenn er die **Zulassung zum jeweiligen freien Beruf verliert**, vgl. § 9 Abs. 3 PartGG. Zweitens ist die Partnerschaftsstellung nicht vererblich (sofern der Erbe nicht ebenfalls den entsprechenden freien Beruf ausübt), vgl. § 9 Abs. 4 PartGG. Verstirbt daher ein Partner, scheidet er aus der Partnerschaftsgesellschaft aus; vererbt wird lediglich der Anteil des verstorbenen Part-

ners am fiktiven Auseinandersetzungsguthaben an der Gesellschaft nach § 728 BGB i.V.m. § 1 Abs. 4 PartGG.

Die Gebühren für Anmeldungen von Änderungen bei einer Partnerschaftsgesellschaft oder der Anmeldung der Liquidation/Löschung einer Partnerschaftsgesellschaft entsprechen den Gebühren für die Anmeldungen von Änderungen oder der Liquidation/Löschung bei einer OHG (siehe Rdn 197). 252

E. Gesellschaft mit beschränkter Haftung

I. Einführung

Bei der Gesellschaft mit beschränkter Haftung (GmbH) handelt es sich anders als bei der GbR, OHG oder KG nicht um eine Personengesellschaft, sondern um eine Kapitalgesellschaft, also eine **juristische Person**. Die GmbH ist also selbstständig rechtsfähig, vgl. § 13 GmbHG. Sie ist vom Ein- und Austritt einzelnen Gesellschafter unabhängig. Die GmbH ist die weitaus häufigste Kapitalgesellschaft in Deutschland und die kleine Schwester der AG. 253

Eine GmbH kann auch nur aus einem Gesellschafter bestehen, vgl. § 1 GmbHG. Anders als bei der AG spielt in der Praxis bei der GmbH die persönliche Beziehung der Gesellschafter meist noch eine große Rolle.

Eine GmbH betreibt stets ein Handelsgewerbe i.S.d. HGB, ist also sog. **Formkaufmann**, vgl. § 6 HGB. Sie kann stets Prokura erteilen.

Wesentlicher Vorteil der GmbH gegenüber den Personengesellschaften ist, dass die Gesellschafter der GmbH nur auf die **Stammeinlage** beschränkt haften (ähnlich wie bei der KG die Kommanditisten). Anders als bei der KG muss jedoch kein Gesellschafter persönlich haften. Der Vorteil der **Haftungsbeschränkung** wird jedoch dadurch erkauft, dass die Gesellschafter ein Mindestkapital von 25.000 EUR in die Gesellschaft einlegen müssen und dieses Stammkapital durch komplizierte und umfangreiche Kapitalerhaltungsvorschriften geschützt ist. Bei geringerem Stammkapital kann nur eine sog. UG (haftungsbeschränkt) gegründet werden, vgl. § 5a GmbHG. Wichtig zu wissen ist, dass die GmbH und die UG (haftungsbeschränkt) beides Gesellschaften mit beschränkter Haftung sind. Es gelten im Grundsatz die gleichen Vorschriften. 254

Beide Gesellschaftsformen unterscheiden sich im Wesentlichen nur in folgenden Punkten:

	GmbH	**UG**
Firma	GmbH	UG (haftungsbeschränkt)
Stammkapital	mind. 25.000 EUR	mind. 1 EUR, dann aber Verpflichtung zur Bildung einer jährlichen Rücklage
Einlage	Bar- oder Sacheinlage	nur Bareinlage, d.h. auch keine „Gründung" durch Umwandlung möglich[63] [64]
Bareinlage	muss nur zur Hälfte eingezahlt werden	muss voll eingezahlt werden, vgl. § 5a GmbHG
Gebühren Notar	Gegenstandswert mind. 30.000 EUR, vgl. § 105 Abs. 1 S. 2 GNotKG	Gegenstandwert mind. 30.000 EUR, vgl. § 105 Abs. 1 S. 2 GNotKG

Eine **UG (haftungsbeschränkt)** unterliegt weiteren Einschränkungen, wenn diese mittels Musterprotokolls gegründet worden ist (siehe dazu Rdn 342 ff.).

63 Vgl. dazu *Lutz*, notar 2014, 210.

64 Strittig ist, ob die UG (haftungsbeschränkt) aufgrund dieser Rücklagenpflicht Komplementär einer KG sein kann. Nach mittlerweile h.M. ja, vgl. hierzu *Mayer/Weiler*, Beck'sches Notarhandbuch, 8. Aufl. 2024, § 22 Rn 277.

Merke:

Der Firmenbestandteil „UG (haftungsbeschränkt)“ ist zwingend und darf nicht verändert oder angepasst werden. Firmen wie „Mayer UG für Arbeitsvermittlung (haftungsbeschränkt)“ sind daher unzulässig.[65] Eine gGmbH oder gUG („g“ für gemeinnützig) ist jedoch zulässig, vgl. § 4 GmbHG.

255 Anders als bei Personengesellschaften bedarf der Gesellschaftsvertrag bei der GmbH der **notariellen Beurkundung**, vgl. § 2 GmbHG. Sollte sich ein Gesellschafter bei der Gründung vertreten lassen, bedarf die Vollmacht entgegen § 167 Abs. 2 BGB der notariell beurkundeten oder öffentlich-beglaubigten Form, vgl. § 2 Abs. 2 GmbHG. Ist keine Vollmacht erteilt oder fehlt ihr die Form, so ist der jeweilige Gesellschafter nicht wirksam vertreten. Bei Einpersonengründung ist das einseitige Errichtungsgeschäft nichtig, vgl. § 180 BGB. Bei Mehrpersonengründung ist der Gesellschaftsvertrag schwebend unwirksam (vgl. § 177 Abs. 1 BGB) und kann durch den Vertretenen durch formgerechte Nachholung der Bevollmächtigung, genehmigt und dadurch wirksam werden. Entsprechendes gilt bei vollmachtloser Änderung des Gesellschaftsvertrages.[66]

256 Eine GmbH hat einen oder mehrere **Geschäftsführer**, vgl. § 6 GmbHG. Der Umfang der Vertretungsmacht von Geschäftsführern ist Dritten gegenüber nicht beschränkbar, vgl. § 37 Abs. 2 GmbHG. Die Geschäftsführer müssen nicht Gesellschafter der GmbH sein, der sog. Grundsatz der Selbstorganschaft aus dem Personengesellschaftsrecht gilt im Kapitalgesellschaftsrecht also nicht.

257 Anders als bei den anderen Gesellschaften muss bei der GmbH stets auch eine **Liste der gegenwärtigen Gesellschafter zum Handelsregister** eingereicht sein. Sollte ein Notar an der Veränderung der Zusammensetzung der Gesellschafter beteiligt sein (z.B. wegen der Beurkundung einer Geschäftsanteilsabtretung), so ist die Liste durch den jeweiligen Notar zum Handelsregister einzureichen. Im Übrigen ist für die Liste die Geschäftsführung zuständig, vgl. § 40 GmbHG. Die Gesellschafter sind in der Liste möglichst genau zu bezeichnen. Bei Privatpersonen sind Geburtsdatum und Wohnsitz anzugeben; bei Unternehmen, die im Handelsregister oder Gesellschaftsregister registriert sind, sind Firma und Sitz sowie zuständiges Registergericht mit Registernummer zu nennen, vgl. § 40 GmbHG. Bei nicht im Handelsregister aufgeführten Unternehmen (z.B. Vor-GmbH) sind sämtliche Gesellschafter mit Geburtsdatum und Wohnsitz zu nennen (vgl. Muster 2.11). Will eine GbR in einer Gesellschafterliste eingetragen sein, so muss diese im Gesellschaftsregister registriert sein, vgl. § 707a BGB. Weitere formale Erfordernisse der Gesellschafterliste sind zudem in einer Verordnung geregelt.[67]

258 Eine GmbH kann auch einen **Aufsichtsrat** haben, vgl. § 52 GmbHG. Dies ist in der Praxis nur sehr selten der Fall. Die Bildung eines Aufsichtsrats kann aber auch gesetzlich vorgeschrieben sein. Dies kann aus Gründen der Mitbestimmung der Arbeitnehmer oder wegen erhöhter Publikumsschutzinteressen erforderlich werden. Eine **Mitbestimmung** durch Arbeitnehmer im Aufsichtsrat ist grundsätzlich zwingend, wenn die GmbH in der Regel mehr als 500 Arbeitnehmer hat, § 1 Abs. 1 Nr. 3 DrittelbG. Ein größeres Mitbestimmungsrecht der Arbeitnehmer kann sich noch aus dem MitbestG, MontanMitbestG oder MitbestErgG ergeben. Unter dem Gesichtspunkt der erhöhten Publikumsschutzinteressen haben Kapitalanlagegesellschaften, die in der Rechtsform einer GmbH betrieben werden, stets auch einen Aufsichtsrat zu bilden, § 18 Abs. 2 KAGB.

259 **Vorteile** der GmbH sind:

- Die GmbH ist eine juristische Person; sie kann im eigenen Namen klagen und verklagt und im Grundbuch eingetragen werden;
- die Geschäftsführung ist vor den Risiken einer vertraglichen Haftung geschützt;

65 So auch OLG Hamburg NZG 2011, 872.
66 Zum Ganzen vgl. *Baumbach/Hueck*, GmbHG, 23. Aufl. 2022, § 2 Rn 22.
67 Verordnung über die Ausgestaltung der Gesellschafterliste vom 20.6.2018, BGBl I 2018, 870.

- die Gesellschafter haften nach Erbringung der Stammeinlage nicht für die Verbindlichkeiten der Gesellschaft;
- eine GmbH kann jeglichen Zweck verfolgen, sogar gemeinnützig sein;
- es ist lediglich ein Gesellschafter und ein Geschäftsführer erforderlich. Beide können personenidentisch ein;
- Anteile sind grundsätzlich veräußerlich und vererblich, vgl. § 15 GmbHG;
- Grundsatz der Selbstorganschaft aus dem Recht der Personengesellschaften gilt für Kapitalgesellschaften nicht;
- Sitz der Gesellschaft im Inland frei wählbar; faktischer Verwaltungssitz kann auch – bei Anwendbarkeit der Gründungstheorie – im Ausland liegen; Geschäftsanschrift muss eine inländische sein.

Nachteile der GmbH sind:
- Nicht geringfügige Gründungskosten; die Gründungskosten sind jedoch bei einer UG mit Musterprotokoll deutlich geringer (siehe Rdn 347);
- es wird ein Mindestkapital benötigt; diesen Nachteil gibt es bei der UG nicht mehr;
- die GmbH ist eine Körperschaft; es besteht daher i.d.R. Bilanzierungspflicht;
- die GmbH ist Formkaufmann, vgl. § 13 GmbHG, auch wenn die Gesellschaft kein Gewerbe betreiben würde (z.B. Rechtsanwalts-GmbH).

II. Grundzüge der Anmeldung im GmbH-Recht

Der Notar ist im GmbH-Recht sowohl mit der Abfassung des Gesellschaftervertrages (sog. **260**
Satzung) als auch mit der Anmeldung der GmbH zum Handelsregister betraut.

Zuständig für Handelsregisteranmeldungen ist das Amtsgericht (vgl. § 23a Abs. 1 Nr. 2, Abs. 2 Nr. 3 GVG i.V.m. § 374 Nr. 1 FamFG, sog. sachliche Zuständigkeit). Der Richter ist innerhalb des Amtsgerichts funktional zuständig (vgl. § 17 Nr. 1 RPflG). Die örtliche Zuständigkeit ist eine ausschließliche und richtet sich nach dem Sitz der Gesellschaft (vgl. § 377 Abs. 1 FamFG).

Die vom örtlich unzuständigen Gericht vorgenommene Eintragung ist wirksam (vgl. § 2 Abs. 3 FamFG), die des sachlich unzuständigen Gerichts dagegen unwirksam.[68] Ein Verstoß gegen die funktionale Zuständigkeit führt zur Unwirksamkeit der Eintragung (vgl. § 8 Abs. 4 RPflG).

Die Anmeldungen zum Handelsregister erfolgen in **elektronischer Form**. Anmeldungen **261**
zum Handelsregister sind stets von den Geschäftsführern in vertretungsberechtigter Zahl anzumelden, vgl. § 78 GmbHG, sofern das Gesetz bei bestimmten Vorgängen nicht die Unterschrift sämtlicher Geschäftsführer fordert (z.B. bei der Anmeldung einer Kapitalerhöhung). Die Unterschriften sind zu beglaubigen, vgl. § 12 HGB. Die Anmeldung kann in Urschrift oder in beglaubigter Abschrift zum Registergericht eingereicht werden, vgl. § 12 HGB. Geschäftsführer können sich mit Vollmacht durch Dritte bei der Anmeldung vertreten lassen. Derartige Vollmachten bedürfen jedoch ebenfalls der notariellen Beglaubigung, vgl. § 12 Abs. 1 S. 2 HGB analog. Eine Vertretung der Geschäftsführung ist bei höchstpersönlichen Geschäften ausgeschlossen (z.B. Abgabe der Versicherung nach § 6 Abs. 2 GmbHG oder Unterzeichnung der Gesellschafterliste).

Bei **Veränderungen** (z.B. Satzungsänderungen oder Geschäftsführerwechsel) muss dem **262**
Gericht immer das **Protokoll der Gesellschafterversammlung** vorgelegt werden. Die einfache Schriftform reicht aus, sofern durch den jeweiligen Beschluss nicht die Satzung selbst geändert werden soll. Solche satzungsändernden Beschlüsse bedürfen der notariellen Form, vgl. § 53 Abs. 2 S. 1 GmbH. Lassen sich die Gesellschafter vertreten, ist für die jeweilige Vollmacht die einfache Schriftform ausreichend, auch bei Satzungsänderungen; § 2 Abs. 2 GmbHG gilt nur bei der Gründung.

68 So BGHZ 24, 47, 51 f.

Merke:

Notare müssen nach § 54 EStDV an das in § 20 der Abgabenordnung bezeichneten Finanzamt eine beglaubigte Abschrift aller aufgrund gesetzlicher Vorschrift aufgenommenen oder beglaubigten Urkunden, die die Gründung, Kapitalerhöhung oder -herabsetzung, Umwandlung oder Auflösung von Kapitalgesellschaften oder die Verfügung über Anteile an Kapitalgesellschaften zum Gegenstand haben, übersenden. Die Abschrift ist binnen zwei Wochen, ab der Aufnahme oder Beglaubigung der Urkunde gerechnet, einzureichen. Sie soll mit der Steuernummer gekennzeichnet sein, mit der die Kapitalgesellschaft bei dem Finanzamt geführt wird. Die Absendung der Urkunde ist auf der zurückbehaltenen Urschrift der Urkunde beziehungsweise auf einer zurückbehaltenen Abschrift zu vermerken. Den Beteiligten dürfen die Urschrift, eine Ausfertigung oder beglaubigte Abschrift der Urkunde erst ausgehändigt werden, wenn die Abschrift der Urkunde an das Finanzamt abgesandt ist.

III. Anmeldung der Gründung einer GmbH

1. Materielle Gründungsvoraussetzungen

263 Für die Gründung einer GmbH bedarf es mindestens eines Gesellschafters, vgl. § 1 GmbHG. Die GmbH muss mindestens einen Geschäftsführer haben. Dieser kann, muss aber nicht, Gesellschafter sein. Eine GmbH kann sowohl zu gewerblichen, aber auch zu freiberuflichen[69] oder gar privaten Zwecken gegründet werden.[70] Gesellschafter kann grundsätzlich jedermann sein, auch Personengesellschaften. Auch Ausländer können Gesellschafter und/oder Geschäftsführer einer GmbH sein, selbst wenn sie in Deutschland keinen ständigen Aufenthaltstitel haben.[71]

Der **Gründungsvorgang** besteht aus drei Akten:

1. Vertrag über die Gründung der GmbH samt Satzung,
2. Beschluss über die Bestellung der ersten Geschäftsführung,
3. erste Gesellschafterliste, unterzeichnet von den Geschäftsführern in vertretungsberechtigter Zahl.

a) Gründungsbeschluss

264 Die Gründung einer GmbH samt Vereinbarung einer Satzung bedarf der notariellen Beurkundung, vgl. § 2 Abs. 1 GmbHG. Der Gründungsakt ist von sämtlichen Gesellschaftern zu unterzeichnen. Eine GmbH kann auch mittels eines Musterprotokolls gegründet werden, vgl. § 2 Abs. 1a GmbHG (siehe hierzu Rdn 342 ff.). Die Gesellschafter können sich bei der Gründung vertreten lassen. Die Vollmacht bedarf nach § 2 Abs. 2 GmbH aber ihrerseits auch der notariellen Form. Ist keine Vollmacht erteilt oder fehlt ihr die Form, so ist der jeweilige Gesellschafter nicht wirksam vertreten. Bei Einpersonengründung ist das einseitige Errichtungsgeschäft nichtig, vgl. § 180 BGB. Bei Mehrpersonengründung ist der Gesellschaftsvertrag schwebend unwirksam (vgl. § 177 Abs. 1 BGB) und kann durch den Vertretenen, durch formgerechte Nachholung der Bevollmächtigung, genehmigt und dadurch wirksam werden. Entsprechendes gilt bei vollmachtloser Änderung des Gesellschaftsvertrages.[72]

265 Das **Stammkapital** einer GmbH muss mindestens 25.000 EUR betragen, vgl. § 5 Abs. 1 GmbHG, das einer UG (haftungsbeschränkt) mind. 1 EUR, vgl. § 5a GmbHG. Die **Geschäftsanteile** müssen pro Anteil mindestens einen Wert von 1 EUR oder ein Vielfaches aufweisen. In den meisten Fällen wird eine GmbH mit Barmitteln gegründet (sog. Bargrün-

69 Bei freiberuflichen GmbHs ist aber das jeweilige Standesrecht zu beachten. Dies gilt insb. auch bei der Frage, ob sich verschiedene Freiberufler zusammenschließen dürfen.

70 Ein Versicherungsunternehmen kann nicht in Form einer GmbH betrieben werden, vgl. § 7 Abs. 1 VAG.

71 Einzelheiten hierzu *Mayer/Weiler*, Beck'sches Notarhandbuch, 8. Aufl. 2024, § 22 Rn 291.

72 Zum Ganzen vgl. Baumbach/Hueck/*Fastrich*, GmbHG, 23. Aufl. 2022, § 2 Rn 22.

dung). Eine GmbH kann aber auch mit Sachmitteln (z.B. Grundstücken, Maschinen etc.) gegründet werden (sog. Sachgründung).

Bei der Sachgründung muss dem Registergericht zur Gründung ein sog. **Sachgründungsbericht** sowie ein Wertgutachten über die einzubringenden Gegenstände vorlegt werden, damit das Gericht die Werthaltigkeit der einzubringenden Gegenstände überprüfen kann. Einzelheiten sollen bei dieser Einführung nicht interessieren. Bei einer GmbH mit Stammkapitel von 25.000 EUR oder höher kann zunächst auch nur pro Geschäftsanteil $^1/_4$, insgesamt mind. die Hälfte des Stammkapitals auf das Konto der neu gegründeten GmbH eingezahlt werden, vgl. § 7 Abs. 2 GmbHG. Der Rest ist auf Anweisung der Geschäftsführung zur Einzahlung fällig.

> *Merke:*
>
> Das Konto der neu zu gründenden Gesellschaft kann eigentlich nur und sollte erst nach der Gründung eröffnet werden. Erst nach Gründung darf dann auch das Stammkapital auf das Konto der Gesellschaft eingezahlt werden; der Einzahlungsbeleg der Bank ist dem Notar vorzulegen. Das Registergericht kann den Einzahlungsbeleg bei Verdacht auf Unregelmäßigkeiten ebenfalls fordern.

Die **Satzung** einer GmbH muss mindestens die Inhalte wie in § 10 GmbHG vorgegeben aufweisen, also Firma und Sitz, Gegenstand und Stammkapital der Gesellschaft benennen, sowie angeben, ob die Gesellschaft zeitlich befristet ist. Sitz und inländische Geschäftsanschrift müssen bei einer Kapitalgesellschaft nicht übereinstimmen. 266

Der **Sitz** der Gesellschaft kann innerhalb Deutschlands frei gewählt werden. Der Verwaltungssitz ist demgegenüber der tatsächliche Sitz der Geschäftsleitung, der bei der Registeranmeldung aber nicht angegeben werden muss. Der Verwaltungssitz kann – sofern die Gründungstheorie zur Anwendung kommt – sogar im Ausland liegen. Dem Gericht muss jedoch stets eine inländische Geschäftsanschrift genannt werden, unter der das Unternehmen erreichbar ist.

Als **Geschäftsanschrift** wird meist die Adresse des Verwaltungssitzes verwendet, beide müssen aber nicht identisch sein. Der tatsächliche Verwaltungssitz spielt v.a. für die Gewerbesteuer eine Rolle. Bei dem Gegenstand ist der Schwerpunkt der Geschäftstätigkeit der Gesellschaft anzugeben ist.

Allgemeine Floskeln wie „*Dienstleistungen aller Art*" sind zu **unbestimmt**. Staatliche Genehmigung sind für die Eintragung in das Register nicht mehr erforderlich (mit Ausnahme bei § 43 Abs. 1 KWG). Bzgl. der Firma gilt § 18 HGB entsprechend.[73] Bei Zweifel kann eine Stellungnahme der zuständige IHK eingeholt werden. Auch die Gründung einer sog. gGmbH ist zulässig, vgl. § 4 S. 2 GmbHG, wenn diese GmbH ausschließlich und unmittelbar steuerbegünstige Zwecke nach §§ 51 ff. AO verfolgt.

Die Übernahme der **Gründungskosten** sowie deren Höhe muss in der Satzung geregelt sein. 267
Die Angabe eines prozentualen Betrags (z.B. bis zu 10 %) reicht nicht aus. Nach neuerer Rechtsprechung reicht auch eine „bis zu" Angabe nicht aus.[74] Die Gründungskosten sind daher möglichst genau aufzuführen (z.B. Notarkosten, Registerkosten, Steuerberaterkosten);[75] Beträge, die noch nicht genau beziffert werden könne, sind zu schätzen. Die Höhe der Gründungskosten muss dem Registergericht nachgewiesen werden können. Die Gründungskosten können bei entsprechendem Nachweis auch deutlich über 10 % hinausgehen. Der Passus zu den Gründungskosten muss in der Satzung mindestens zehn Jahre stehen bleiben (streitig).[76]

73 Vgl. die Ausführungen beim Kaufmann, Rdn 123 ff.

74 OLG Schleswig, Beschl. v. 21.2.2023 – 2 Wx 50/22, NZG 2023, 470.

75 Strittig ist, ob dies erforderlich ist, vgl. zum Ganzen *Mayer/Weiler*, Beck'sches Notarhandbuch, 8. Aufl. 2024, § 22 Rn 186.

76 Str., vgl. hierzu *Mayer/Weiler*, a.a.O., § 22 Rn 186.

b) Beschluss zur Bestellung der ersten Geschäftsführung

268 Der Beschluss zur Bestellung der ersten Geschäftsführung bedarf lediglich der einfachen Schriftform. Eine Beurkundung ist also nicht nötig, wenn auch in der Praxis mehr als üblich. Bei den Geschäftsführern ist sowohl die abstrakte Vertretung, also wie diese generell vertreten dürfen, als auch die konkrete Vertretungsmacht, also wie der einzelne Geschäftsführer tatsächlich vertreten darf, anzugeben.

> *Beispiel:*
>
> Abstrakte Vertretungsmacht: „*Ist nur ein Geschäftsführer bestellt, so vertritt dieser die Gesellschaft allein. Sind mehrere Geschäftsführer bestellt, wird die Gesellschaft entweder durch zwei Geschäftsführer oder durch einen Geschäftsführer zusammen mit einem Prokuristen vertreten.*"
>
> Konkrete Vertretungsmacht: „*Herr/Frau (…) vertritt stets einzeln und ist von den Beschränkungen des § 181 BGB befreit.*"

269
> *Merke:*
>
> Ist bei einem ins Handelsregister einzutragenden Geschäftsführer keine konkrete Vertretungsmacht angegeben, gilt immer die abstrakte Vertretungsmacht.

270
> *Merke:*
>
> Anders als bei Personengesellschaft kann bei der GmbH auch ein Nicht-Gesellschafter Geschäftsführer sein. Der Grundsatz der Selbstorganschaft gilt im GmbH-Recht nicht.

Eine GmbH kann **einen oder mehrere Geschäftsführer** haben. Ab und zu schreibt die Satzung auch vor, dass eine GmbH mindestens zwei Geschäftsführer haben muss.

Die **Vertretungsmacht** von Geschäftsführern kann Dritten gegenüber nicht eingeschränkt werden, vgl. § 37 Abs. 2 GmbHG. Bei Verstoß gegen interne Vereinbarungen kann sich ein Geschäftsführer jedoch der Gesellschaft gegenüber schadensersatzpflichtig, gegebenenfalls sogar strafbar machen.

Ein **Sonderproblem** ergibt sich, wenn ein Vertretungsorgan der Muttergesellschaft (z.B. der Vorstand einer AG) sich selbst zum Geschäftsführer der Tochter-GmbH bestellen oder einem Geschäftsführer von den Beschränkungen des § 181 BGB Befreiung erteilen möchte. Eine **Eigenbestellung** verstößt regelmäßig gegen § 181 BGB. Der Geschäftsführer der Tochter soll, wenn möglich, von dem Vorstand der Mutter bestellt werden – ggf. über § 78 Abs. 4 AktG –, der nicht selbst Geschäftsführer werden soll. Strittig ist, welches Organ der AG die Zustimmung erteilen muss, wenn es keinen „freien" Vorstand gibt.[77] § 112 AktG ist in diesem Fall nicht anwendbar.[78] Eine Befreiung von § 181 BGB kann überdies generell nur jemand erteilen, der selbst von den Beschränkungen des § 181 BGB befreit ist.

c) Gesellschafterliste

271 Sämtliche Gesellschafter sind in einer **Gesellschafterliste**[79] aufzuführen. Die erste Gesellschafterliste, die **Gründungsliste**, ist von der Geschäftsführung in vertretungsberechtigter Zahl zum Registergericht einzureichen. Eine eigene UVZ-Nr. wird hierfür nicht vergeben. **Stellvertretung** bei der Unterzeichnung ist unzulässig. Die Liste ist stets durch die Geschäftsführung **aktuell** zu halten, vgl. §§ 16, 40 GmbHG (sofern nicht der Notar an der Veränderung der Zusammensetzung der Gesellschafter beteiligt war, z.B. bei einer Geschäftsanteilsabtretung; in diesem Fall ist der Notar für die Einreichung einer neuen Gesellschafterliste mit Notarbescheinigung verantwortlich, vgl. § 40 GmbHG; eine Liste mit No-

77 Vgl. zum Ganzen *Wagner/Bärnreuther*, NotBZ 2023, 241.
78 So BGH, Beschl. v. 17.1.2023 – II ZB 6/22, NJW 2023, 1350.
79 Vgl. zum Ganzen sehr instruktiv *Mayer*, MittBayNot 2014, 24 ff., 114 ff.

tarbescheinigung erhält eine eigene UVZ-Nr.). Für jede Veränderung bei der Zusammensetzung der Gesellschafter ist eine eigene Gesellschafterliste einzureichen, außer die Veränderungen sind zeitgleich eingetreten; in diesem Fall ist eine Gesellschafterliste ausreichend.

Merke: 272

Nur die in der Liste aufgeführten Personen gelten nach § 16 GmbH als berechtigt, einen **Gesellschafterbeschluss** zu fassen. Vor jedem Beschluss ist daher die Gesellschafterliste auf deren Aktualität zu prüfen und ggf. auf den aktuellen Stand zu bringen. Wurde ein Gesellschafter „zu Unrecht“ aus der Liste entfernt (z.B. wegen der Einziehung seiner Anteile), so muss er ggf. auf die **Aufnahme** einer aktualisierten Gesellschafterliste klagen.

Beschlüsse können gleichwohl nur die in der aktuellen Liste aufgeführten Gesellschafter fassen. Ist der einzige Gesellschafter-Geschäftsführer verstorben, so können die bestehenden Gesellschafter mit dem Erben des verstorbenen Gesellschafters einen Beschluss fassen und einen neuen Geschäftsführer bestellen. Wegen § 16 Abs. 1 S. 2 GmbH wird der zunächst schwebend unwirksame Gesellschafterbeschluss mit Einreichen der neuen Gesellschafterliste wirksam.

Merke: 273

Es kommt hin und wieder vor, dass die zuletzt im Register eingestellte Gesellschafterliste nicht die materiell-rechtlich letzte Liste ist; der jeweilige Sachbearbeiter sollte daher bei Zweifel auch die vorherigen Listen prüfen und bei Fehlern das Registergericht auf das Einstellen in falscher zeitlicher Reihenfolge aufmerksam machen. Der Notar muss bei seiner Notarbescheinigung aber stets auf die formal zeitlich zuletzt eingestellte Liste anknüpfen, vgl. § 40 Abs. 2 a.E. GmbHG.

Natürliche Personen werden in der Liste mit 274

- Vor- und Nachnamen,
- Geburtsdatum und
- Wohnort

bezeichnet. Bei **Gesellschaften** ist der

- Firmenname, Sitz und
- Registergericht mit Registernummer

anzugeben.

Dies gilt künftig auch für **GbR,** die zwingend im Gesellschaftsregister eingetragen ein müssen, wenn sie Anteile an Gesellschaften halten wollen. Bei nicht eingetragenen Gesellschaften (z.B. Vor-GmbH) sind die **Gesellschafter** mit Vor- und Nachname, Geburtsdatum und Wohnsitz sowie der Name der Gesellschaft anzugeben, vgl. § 40 GmbHG. In der Liste sind zudem die Prozentsätze eines jeden Geschäftsanteils sowie die Summe sämtlicher Geschäftsanteile eines jeden Gesellschafters anzugeben. Bei mehreren Anteilen ist auch der Prozentsatz der Summe der Anteile anzugeben. Bei Teilungen oder Zusammenlegung von Anteilen, Geschäftsanteilsabtretungen oder Kapitalerhöhung ist die Veränderung in einer Veränderungsspalte offenzulegen. Belastungen eines Geschäftsanteils (z.B. Nießbrauch oder Testamentsvollstreckung[80]) sind nicht in die Gesellschafterliste aufzunehmen, auch nicht in einer separaten „Infospalte“. Auch aufschiebend bedingte Abtretungen können nicht in der Liste vermerkt werden, weil die Abtretung noch nicht eingetreten ist.

Die Gesellschafterliste muss lediglich in einfacher Schriftform elektronisch zum Registergericht eingereicht werden, vgl. § 12 Abs. 2 HGB. Eine Gesellschafterliste ist wie folgt aufzubauen: 275

80 Zum Testamentsvollstreckervermerk bei der GmbH vgl. BGH NZG 2015, 519.

▼

Muster 2.20: Liste der Gesellschafter

Mustermann GmbH

mit dem Sitz in 10000 Musterstadt (AG Musterstadt, **HRB 10000**)

Gesellschafter	**Geschäftsanteile**		
Daten des Gesellschafters	Nennbetrag und Anteil lfd. Nr.	einzeln *in % des Stammkapitals*	Summe *in % des Stammkapitals*
Herr Max Mustermann, 2) geboren am , wohnhaft in Deggendorf.	1 bis 12.500	1 EUR *0,004 %*	12.500 EUR *50 %4)*
Frau Monika Mustermann, geboren am , wohnhaft in Deggendorf.	12.501 bis 25.000	1 EUR *0,004 %*	12.500 EUR *50 %*
(bei Gesellschaften 3)) Firma mit dem Sitz in AG , HRB/ HRA)	 bis 5)	1 EUR *0,004 %*	EUR % *6)*
Stammkapital insgesamt			**25.000 EUR** *100,00 %*

Musterstadt, den

(*Unterschrift der Geschäftsführer in vertretungsberechtigter Zahl*)

Anmerkungen:

1. Die erste Gesellschafterliste erhält keine eigene UVZ-Nr, weil es sich hierbei um eine durch die Geschäftsführung eingereichte Liste handelt. Wegen Geschäftsanteilsabtretungen neu zu erstellende Listen sind dagegen mit einer UVZ-Nr. zu versehen.
2. Bei Privatpersonen ist Vor- und Nachname, Geburtsdatum und Wohnsitz anzugeben. Die Adresse darf wegen § 5a DONot nicht mehr angegeben sein. Auch die PLZ ist aus datenschutzrechtlichen Gründen wegzulassen.
3. Bei Gesellschaften ist die Firma mit Sitz sowie das zuständige Registergericht mit Registernummer anzugeben; bei nicht registrierten Gesellschaften (z.B. Vor-GmbH) sind der Name der Gesellschaft sowie sämtliche Gesellschafter mit Vor- und Nachnamen sowie Geburtsdatum und Wohnsitz aufzuführen.
4. Hält ein Gesellschafter mehrere Anteile, ist auch die Gesamtbeteiligung in % anzugeben, vgl. § 40 Abs. 1 S. 3 GmbHG.
5. Bei Veränderungen an den Listen sollte stets darauf geachtet werden, dass die Nummerierung der einzelnen Geschäftsanteile nachvollziehbar ist,[81] ein Tausch von Nummern bei Geschäftsanteilen ist unzulässig. Bei Anteilsteilungen sollte man ggf. auf Ziffern wie 1.1., 1.2. etc. umstellen. Bzgl. Einzelheiten vgl. die Verordnung über die Ausgestaltung der Gesellschafterliste.[82]
6. Belastungen (wie Nießbrauch, Pfandrechte, Testamentsvollstreckung oder Vor-/Nacherbenvermerk) können nicht in die Gesellschafterliste eingetragen werden.
7. Gesellschafterlisten sind stets von der Geschäftsführung in vertretungsberechtigter Zahl zu unterzeichnen, vgl. § 78 GmbHG. Stellvertretung ist unzulässig. Dies gilt nur dann nicht, wenn der Notar für das Einreichen einer neuen Gesellschafterliste zuständig ist, vgl. § 40 GmbHG.

▲

276 *Merke:*

Wird eine neue Gesellschafterliste zum Handelsregister eingereicht, sollte überprüft werden, ob diese Liste auch in die Listensammlung der Gesellschaft in zeitlich richtiger Rei-

81 Vgl. hierzu BGH NZG 2011, 516.

82 Verordnung über die Ausgestaltung der Gesellschafterliste vom 20.6.2018, BGBl I 2018, 870.

henfolge eingestellt worden ist. Das bloße Einreichen der Liste zum Registergericht reicht nicht aus, die Liste muss auch tatsächlich veröffentlicht werden.

Merke: 277

Das Registergericht hat bzgl. der Liste grundsätzlich nur ein formelles Prüfungsrecht, ob also die Liste den formalen Anforderungen des § 40 GmbH entspricht. Eine Prüfung, ob die in der Liste aufgeführten Gesellschafter tatsächlich die Gesellschafter der jeweiligen Gesellschaft sind, hat das Gericht nicht vorzunehmen, sofern kein Fall von Evidenz, d.h. offensichtlicher Unrichtigkeit, vorliegt.

Eine vom Notar einzureichende Liste ist mit einer Notarbescheinigung zu versehen. Die Bescheinigung erhält eine eigene UVZ-Nr. Eine solche Notarbescheinigung kann wie folgt aussehen: 278

▼

Muster 2.21: Notarbescheinigung Gesellschafterliste

Ich bescheinige, dass die geänderten Eintragungen der vorstehenden Gesellschafterliste den Veränderungen entsprechen, an denen ich zu meiner Urkunde vom ______, UVZ-Nr. ______, mitgewirkt habe, und dass die übrigen Eintragungen mit dem Inhalt der zuletzt im Handelsregister aufgenommenen Liste[83] vom ______ übereinstimmen.

Musterstadt, den ______

(*Unterschrift Notar mit Amtssiegel*)

▲

Nochmals: bei der Gründungsliste ist keine Notarbescheinigung beizufügen, weil diese nur von den Geschäftsführern zu unterzeichnen ist. Die Gründungsliste erhält damit auch keine eigene UVZ-Nr.

2. Formelle Voraussetzungen

Die Gründung einer GmbH ist zum Registergericht durch **sämtliche Geschäftsführer** anzumelden, vgl. §§ 78, 7 GmbHG. 279

Tipp!

Sollte ein Geschäftsführer zeitlich nicht verfügbar sein, so sollte dieser erst gar nicht bei der Gründung zum Geschäftsführer bestellt werden, sodass die Eintragung der GmbH nicht durch die fehlende Unterzeichnung der Anmeldung durch diesen weiteren Geschäftsführer verzögert wird. Dieser weitere Geschäftsführer kann im Anschluss an die Gründung jederzeit nachbestellt werden.

Neu bestellte Geschäftsführer müssen versichern, dass keine Umstände vorliegen, die ihrer Bestellung nach § 6 Abs. 2 S. 2 Nr. 2 und 3 sowie S. 3 entgegenstehen (dass diese also im bestimmten Umfang nicht vorbestraft sind), und dass sie über ihre unbeschränkte Auskunftspflicht gegenüber dem Gericht belehrt worden sind. Die Belehrung nach § 53 Abs. 2 BZRG (Bundeszentralregistergesetz) kann schriftlich vorgenommen werden; sie kann auch durch einen Notar oder einen im Ausland bestellten Notar, durch einen Vertreter eines vergleichbaren rechtsberatenden Berufs oder einen Konsularbeamten erfolgen. Bei ausländischen Geschäftsführern ist darauf zu achten, dass die Belehrung nach § 53 BZRG nur durch die in § 8 Abs. 2 GmbHG genannten Personen vorgenommen werden kann und z.B. nicht durch ausländische Rechtsanwälte. Dass ein Geschäftsführer keinen Wohnsitz oder Aufenthaltstitel in Deutschland hat, ist für die Bestellung ohne Belang. 280

83 Sollte die Gesellschaft durch Musterprotokoll gegründet worden sein (welche die Gesellschafterliste ersetzt), so ist bei der Notarbescheinigung anstelle der Liste auf das Musterprotokoll zu verweisen.

281 In der Anmeldung ist zudem die Versicherung abzugeben, dass die Einlagen bewirkt sind und dass der Gegenstand der Leistungen sich endgültig in der freien Verfügung der Geschäftsführer befindet. Die Einlagen dürfen nur durch die Gründungskosten vorbelastet sein.

> *Merke:*
>
> Diese Versicherungen müssen zum Zeitpunkt der Abgabe beim Notar und nicht zum Zeitpunkt des Zugangs der Erklärungen beim Registergericht richtig sein (str.).[84] Die Versicherungen sind höchstpersönlich, können also nicht vom Notar im Namen der Geschäftsführer oder sonstigen Vertretern abgegeben werden.

282 Die Anmeldung ist in elektronisch beglaubigter Form beim Registergericht einzureichen, vgl. § 12 Abs. 2 HGB i.V.m. § 8 Abs. 5 GmbH. Die Gründung einer GmbH ist der Körperschaftsteuerstelle zu melden, vgl. § 54 EStDV.

▼

Muster 2.22: Anmeldung einer GmbH

An das

Amtsgericht Musterstadt

– Registergericht –

HRB 10000

Mustermann GmbH mit dem Sitz in Musterstadt

Zur Eintragung in das Handelsregister wird angemeldet:

(1) Die Errichtung der Mustermann GmbH mit dem Sitz in Musterstadt und deren inländische Geschäftsanschrift in 94469 Deggendorf, Musterstr. 1. 1)

(2) Die Bestellung von
Herrn Max Mustermann,
geboren am ______,
wohnhaft in Deggendorf, und
Frau Monika Mustermann,
geboren am ______,
wohnhaft in Deggendorf,
zu Geschäftsführern.

(3) Die Vertretung der Gesellschaft ist im Gesellschaftsvertrag wie folgt geregelt:
Ist nur ein Geschäftsführer bestellt, so vertritt dieser die Gesellschaft allein. Sind mehrere Geschäftsführer bestellt, wird die Gesellschaft entweder durch zwei Geschäftsführer oder durch einen Geschäftsführer zusammen mit einem Prokuristen vertreten. 2)
Die bestellten Geschäftsführer vertreten die Gesellschaft jeweils stets einzeln und sind von den Beschränkungen des § 181 BGB jeweils befreit. 3)

(4) Jeder der neu bestellten Geschäftsführer erklärt: 4)
„Ich versichere hiermit, dass ich noch nie, weder im Inland noch im Ausland, verurteilt wurde wegen der folgenden oder vergleichbarer Taten:

- *Insolvenzverschleppung oder*
- *Insolvenzstraftaten (Bankrott, Verletzung der Buchführungspflicht, Gläu-bigerbegünstigung, Schuldnerbegünstigung gemäß §§ 283 bis 283d StGB), oder*
- *falscher Angaben nach § 82 GmbHG oder § 399 AktG, oder*
- *unrichtiger Darstellung nach § 400 AktG, § 331 HGB, § 346 UmwG oder § 17 PublG, oder*
- *Betrug (§ 263 StGB), Computerbetrug (§ 263a StGB), Subventionsbetrug (§ 264 StGB), Kapitalanlagebetrug (§ 264a StGB), Kreditbetrug (§ 265b StGB), Sportwettbetrug (§§ 265c, 265e StGB), Manipulation von berufssportlichen Wettbewerben (§§ 265d, 265e StGB), Untreue (§ 266 StGB) oder Vorenthalten und Veruntreuen von Arbeitsentgelt (§ 266a StGB).*

Mir ist nicht durch gerichtliches Urteil oder vollziehbare Entscheidung einer Verwaltungsbehörde die Ausübung eines Berufs, Berufszweiges, Gewerbes oder Gewerbezweiges un-

84 Vgl. ausführlich hierzu oben § 1 Rdn 13.

tersagt worden. Ich unterliege auch in keinem an-deren Mitgliedstaat der Europäischen Union und keinem anderen Vertrags-staat des Abkommens über den Europäischen Wirtschaftsraum einem vergleichbaren Verbot.
Der beglaubigende Notar hat mich darüber belehrt, dass ich gegenüber dem Registergericht unbeschränkt auskunftspflichtig bin und dass falsche Versicherungen strafbar sind."

(5) Die Geschäftsführung versichert, dass das Stammkapital in voller Höhe an die Gesellschaft bezahlt ist und endgültig zur freien Verfügung der Geschäftsführung steht, insgesamt somit 25.000 EUR. 5)
Der genannte Betrag ist nicht durch Schulden vorbelastet, ausgenommen den nach § ... der Satzung übernommenen Gründungsaufwand.

(*Mitarbeitervollmacht*).

Mitteilungen des Gerichts werden ausschließlich an den beglaubigenden Notar erbeten.

Musterstadt, den ...

(Max Mustermann) (Monika Mustermann)

Anmerkungen:
1) Die Geschäftsanschrift ist anzugeben, vgl. § 8 Abs. 4 Nr. 1 GmbHG.
2) = abstrakte Vertretungsmacht
3) = konkrete Vertretungsmacht
4) = Versicherung i.S.d. § 6 Abs. 2 GmbH und § 53 Abs. 2 BZRG
5) = Versicherung, dass das notwendiges Stammkapital einbezahlt worden und nicht durch Schulden vorbelastet ist.

▲

Der Anmeldung müssen beigefügt sein: 283

- der Gesellschaftsvertrag (= Satzung) und im Fall des § 2 Abs. 2 GmbHG die Vollmachten der Vertreter, welche den Gesellschaftsvertrag unterzeichnet haben, oder eine beglaubigte Abschrift dieser Urkunden,
- die **Legitimation** der Geschäftsführer (d.h. Gesellschafterbeschluss zur Bestellung der Geschäftsführung), sofern dieselben nicht im Gesellschaftsvertrag bestellt sind,
- die **Liste der Gesellschafter**, unterzeichnet von den Geschäftsführern in vertretungsberechtigter Zahl,
- im Fall einer **Sachgründung** die **Verträge**, die den Festsetzungen zugrunde liegen oder zu ihrer Ausführung geschlossen worden sind, sowie der Sachgründungsbericht,
- im Fall einer **Sachgründung** die **Unterlagen** darüber, dass der Wert der Sacheinlagen den Nennbetrag der dafür übernommenen Geschäftsanteile erreicht.

Merke:

Die Anmeldung ist erst dann zum Handelsregister einzureichen, wenn das Stammkapital (gegebenenfalls zur Hälfte, vgl. § 7 Abs. 2 GmbHG) auf das Konto der neu zu gründenden GmbH eingezahlt worden und dies dem Notar nachgewiesen ist.

Merke: 284

Nach Beurkundung des Gesellschaftsvertrages, aber vor Eintragung der GmbH im Handelsregister existiert die GmbH als sog. **Vor-GmbH**, die als Körperschaft bereits **rechtsfähig** ist. Infolgedessen kann eine Vor-GmbH auch bereits **Geschäfte** tätigen (wenn die Geschäftsführung von den Gesellschaftern ermächtigt wurde). Unterschreitet die Gesellschaft durch ihre Geschäftstätigkeit aber ihr **Stammkapital**, so ist die Differenz auszugleichen; der Vorgang ist dem **Registergericht** zudem offen zu legen.[85] Mit **Eintragung** wird die Vor-GmbH dann zur GmbH.

85 Vgl. zum Ganzen Koch, DNotZ 2022, 332, auch zur Problematik, auf welchen Zeitpunkt für die Frage der Richtigkeit der Versicherung abzustellen ist.

3. Prüfung durch das Registergericht

285 Weder Notar noch Registergericht prüfen, ob die Tätigkeit der GmbH **genehmigungsbedürftig** ist. Eine Ausnahme gilt lediglich für die Konzession nach §§ 32, 43 KWG. Im Übrigen prüft das Registergericht ohnehin nur die in § 9c Abs. 2 GmbHG aufgeführten Punkte; die Satzung wird, um die Eintragung nicht zu verzögern, nicht auf eine allgemeine Wirksamkeit geprüft. Erst bei einer etwaigen späteren Satzungsänderung kann das Gericht die komplette Satzung auf deren Wirksamkeit prüfen.

4. Gebühren

286 Für die **Gründung einer GmbH** oder einer UG fällt eine 2,0-Gebühr nach KV-Nr. 21100 GNotKG aus einem Wert von mindestens 30.000 EUR an, vgl. § 107 Abs. 1 GNotKG. Wird die Gründung nur den einzigen Gesellschafter vorgenommen, verringert sich die Gebühr auf 1,0 nach KV-Nr. 21200 GNotKG.

Wird der **Beschluss** über die **Bestellung des/der ersten Geschäftsführer/s** beurkundet (vgl. KV-Nr. 21100 GNotKG), fällt eine 2,0-Gebühr an, und zwar aus einem Geschäftswert von mindestens 30.000 EUR, vgl. § 108 Abs. 1 S. 2, 105 GNotKG. Irrelevant für die Gebührenhöhe ist, ob ein Geschäftsführer oder mehrere Geschäftsführer in dem Beschluss berufen werden, vgl. § 109 Abs. 2 Nr. 4 S. 1 lit. d) GNotKG.

Bei der **Einmann-Gründung** ist zudem § 94 Abs. 2 GNotKG zu beachten, d.h., ob die Gebühren bei einer getrennten Beurkundung der Gesellschaftsgründung günstiger wären (was bei einem Stammkapital von 25.000 EUR der Fall ist).

287 Die Erstellung der **Gesellschafterliste** ist Vollzugstätigkeit. Sie löst eine 0,5-Vollzugsgebühr nach KV-Nr. 22110 GNotKG aus, maximal i.H.v. 250 EUR, vgl. KV-Nr. 22113 GNotKG.

288 Entwirft der Notar darüber hinaus die Registeranmeldung und reicht diese mit XML-Strukturdaten beim Registergericht ein, fällt hierfür aus einem Geschäftswert von 30.000 EUR (vgl. § 105 Abs. 1 GNotKG) eine 0,5-Gebühr an, vgl. KV-Nr. 24102 GNotKG sowie eine XML-Gebühr von 0,2, max. 125 EUR. Die Anmeldung der Gesellschaft an sich und die Anmeldung des Geschäftsführers/der Geschäftsführer sind gegenstandsgleich (sog. notwendige Erklärungseinheit).

Zusammenfassend gilt:

	GmbH – ein Gesellschafter	GmbH – mehrere Gesellschafter
Gründungsakt:		
1. Gründung/Errichtung	1,0-Gebühr aus Stammkapital, mind. 30.000 EUR (KV-Nr. 21200 GNotKG, §§ 107 Abs. 1, 97 Abs. 1 GNotKG)	2,0-Gebühr aus Stammkapital, mind. 30.000 EUR (KV-Nr. 21100 GNotKG, §§ 107 Abs. 1, 97 Abs. 1 GNotKG)
2. Beschluss über Geschäftsführerbestellung	2,0-Gebühr aus 30.000 EUR (KV-Nr. 21100 GNotKG, §§ 108, 105 Abs. 4 Nr. 1 GNotKG)	2,0-Gebühr aus 30.000 EUR (KV-Nr. 21100 GNotKG, §§ 108, 105 Abs. 4 Nr. 1 GNotKG)
Wert des Beurkundungsverfahrens, § 35 GNotKG	Summe, mind. 60.000 EUR	Summe, mind. 60.000 EUR
	hieraus 2,0-Gebühr, außer wenn Einzelbewertung günstiger, vgl. § 94 Abs. 1 GNotKG = 375 EUR	hieraus 2,0-Gebühr = 384 EUR
3. Vollzug (= Erstellung der Gesellschafterliste)	0,5-Gebühr[86] aus Wert des Beurkundungsverfahrens = 96 EUR, höchstens 250 EUR (KV-Nr. 22110, 112 GNotKG)	0,5-Gebühr aus Wert des Beurkundungsverfahrens = 96 EUR, höchstens 250 EUR (KV-Nr. 22110, 112 GNotKG)
Registeranmeldung:		
1 Entwurf Anmeldung	0,5-Gebühr aus Stammkapital, mind. 30.000 EUR = 62,50 EUR (KV-Nr. 24102, 21201 i.V.m. §§ 119 Abs. 1, 105 Abs. 1 S. 1 Nr. 1 GNotKG)	0,5-Gebühr aus Stammkapital, mind. 30.000 EUR = 62,50 EUR (KV Nr. 24102, 21201 i.V.m. §§ 119 Abs. 1, 105 Abs. 1 S. 1 Nr. 1 GNotKG)
2 XML-Gebühr	0,2-Gebühr aus Wert des Verfahrens = 25,00 EUR, höchstens 125 EUR (KV-Nr. 22114, § 112 GNotKG)	0,2-Gebühr aus Wert des Verfahrens, = 25,00 EUR, höchstens 125 EUR (KV-Nr. 22114, § 112 GNotKG)
zzgl. je Auslagen und USt.		

Für die Eintragung der GmbH in das Handelsregister fällt eine Gebühr i.H.v. mindestens 150 EUR an, vgl. KV-Nr. 2100 HRegGebV. Bei Sacheinlagen erhöht sich die Gebühr auf 240 EUR, vgl. KV-Nr. 2101 HRegGebV.

IV. Anmeldung von Änderungen in der Geschäftsführung

Änderungen bei den Geschäftsführern (z.B. Änderung bei der Vertretungsmacht oder Wechsel in der Geschäftsführung) sind stets zum Handelsregister anzumelden, vgl. § 39 GmbHG. 289

Es sind folgende Voraussetzungen einzuhalten:

1. Materielle Voraussetzungen

Eine Gesellschaft kann selbstverständlich jederzeit mit **Gesellschafterbeschluss** mit einfacher Mehrheit – sofern in der Satzung nichts anderes bestimmt ist – einen **neuen oder weiteren Geschäftsführer** bestellen, vgl. § 46 Nr. 5 GmbHG. 290

86 Die 0,5-Gebühr ergibt sich daraus, dass die 2,0-Gebühr aus dem Gesellschafterbeschluss als höchster Satz des Beurkundungsverfahrens ausschlaggebend ist.

Problematischer ist die Abberufung eines Geschäftsführers. Geschäftsführer können im Wesentlichen aus drei verschiedenen Gründen abtreten:

1. wegen Todes,
2. wegen Abberufung durch Beschluss und
3. wegen Niederlegung durch den Geschäftsführer selbst.

291 **Verstirbt ein Geschäftsführer**, scheidet er kraft Todes als Geschäftsführer aus. Das Ausscheiden ist lediglich durch die verbliebenen und/oder neuen Geschäftsführer zum Register anzumelden. Der Anmeldung ist eine Sterbeurkunde beizufügen.

292 Ein Geschäftsführer kann seine Geschäftsführerstellung aber auch selbst mit oder ohne Frist niederlegen. Die **Niederlegung** darf nicht zur Unzeit erfolgen. Zudem darf es sich beim Geschäftsführer nicht auch um den einzigen Gesellschafter handeln. Das Niederlegungsschreiben ist den Gesellschaftern zu übermitteln (vgl. § 46 Nr. 5 GmbHG); Zugang bei einem Gesellschafter ist ausreichend.[87] Der Zugang der Erklärung ist dem Registergericht gegenüber nachzuweisen.[88] Das Ausscheiden ist durch die verbleibenden und/oder neu bestellten Geschäftsführer in vertretungsberechtigter Zahl zum Register anzumelden. Sofern der ausscheidende Gesellschafter sein Gesellschafteramt erst zum Zeitpunkt der Eintragung der Niederlegung im Register niedergelegt hat, kann dieser Geschäftsführer seine Amtsniederlegung noch selbst zum Register anmelden (sofern er Einzelvertretungsmacht besitzt).

293 Der häufigste Fall des **Geschäftsführerwechsels** ist der durch **Beschluss** der Gesellschafterversammlung. Die in der aktuellen Gesellschafterliste aufgeführten Gesellschafter müssen einen Beschluss fassen, vgl. § 16 GmbHG. Sollten die Gesellschafter, die in der Liste aufgeführt sind, nicht die aktuellen Gesellschafter sein, so muss die Liste für den Beschluss zuerst berichtigt werden.

> *Fall:*
>
> Die ABC-GmbH besteht aus den Gesellschaftern A, B und C, die auch alle drei einzelvertretungsberechtigte Geschäftsführer sind. C ist nun verstorben. Dessen Anteile sind im Wege des Erbrechts auf D übergegangen. D soll auch als neuer Geschäftsführer bestellt werden.
>
> Aufgrund des Todes von A ist die Gesellschafterliste nicht mehr aktuell. Die verbleibenden Geschäftsführer B und C haben eine neue Gesellschafterliste zum Handelsregister einzureichen, die D als neuen Gesellschafter anstelle von A ausweist. Sodann müssen B, C und D einen Gesellschafterbeschluss fassen, in dem D als neuer Geschäftsführer bestellt wird. Schließlich muss D seine neue Geschäftsführerstellung zum Handelsregister anmelden und die Versicherungen nach § 6 Abs. 2 GmbHG abgeben.

294

> *Fall:*
>
> Wie vorstehend, nur dass A der einzige Geschäftsführer der GmbH war.
>
> Die Problematik dieses Falles liegt darin, dass nach dem Tod des A kein Geschäftsführer mehr existiert, der die neue Gesellschafterliste zum Handelsregister einreichen könnte.
>
> Für diese Problematik werden zwei Lösungen vorgeschlagen:
>
> 1. Die Gesellschafter bitten das Gericht, einen Notgeschäftsführer zu berufen, der die einzige Aufgabe hat, die neue Gesellschafterliste zum Handelsregister einzureichen. Der Fall ist im Übrigen dann wie der erste Fall zu lösen.[89]
> 2. In der Praxis hat sich die Ansicht durchgesetzt, dass die neuen (materiell rechtlich berechtigten) Gesellschafter einen Gesellschafterbeschluss fassen können, auch wenn noch nicht alle neuen Gesellschafter in der Liste aufgeführt sind. Der mit dem Beschluss bestellt neue Geschäftsführer muss dann aber unverzüglich die neue Liste

87 Str., so aber BGH DStR 2002, 183.

88 Vgl. *Gustavus*, 12. Aufl. 2024, A 99.

89 Vgl. *Mayer*, MittBayNot 2014, 114, 124.

zum Handelsregister einreichen. Diese Lösung stützt sich auf den Gedanken des § 16 Abs. 1 S. 2 GmbHG.[90]

Der **Gesellschafterbeschluss** zur **Bestellung/Abberufung eines Geschäftsführers** muss folgendes enthalten: 295

- Vor- und Nachname des Geschäftsführers, Geburtsdatum, Wohnort;
- Vertretungsmacht, z.B. einzelvertretungsberechtigt oder nur zusammen mit einem anderen Geschäftsführer oder Prokuristen;
- Beginn bzw. Ende der Geschäftsführertätigkeit;
- merke: Endet die Geschäftsführertätigkeit erst mit Eintragung der Abberufung im Handelsregister, kann der abberufende Geschäftsführer seine Abberufung noch selbst zum Handelsregister unterzeichnen;
- der Beschluss ist mit einfacher Stimmenmehrheit zu fassen, sofern die Satzung nichts anderes vorschreibt.

2. Formelle Voraussetzungen

▼ 296

Muster 2.23: Anmeldung von Änderungen in der Geschäftsführung

An das

Amtsgericht Musterstadt

– Rogictorgoricht –

HRB 10000

Mustermann GmbH mit dem Sitz in Musterstadt

Zur Eintragung in das Handelsregister wird **angemeldet**:

(1) Max Ernst, geboren am ______, ist nicht mehr Geschäftsführer der Gesellschaft. Er ist am ______ verstorben. Sterbeurkunde ist dieser Anmeldung in beglaubigter Abschrift beigefügt.

(2) Zu weiteren Geschäftsführers sind bestellt:

- Herr Max Mustermann,
  geboren am ______,
  wohnhaft in Deggendorf,
- Frau Monika Muctormann,
  geboren am ______,
  wohnhaft in Deggendorf,

Die bestellten Geschäftsführer vertreten die Gesellschaft jeweils stets einzeln und sind von den Beschränkungen des § 181 BGB jeweils befreit.

(*Variante*): Die bestellten Geschäftsführer vertreten die Gesellschaft jeweils satzungsgemäß.

Jeder der neu bestellten Geschäftsführer erklärt:

Ich versichere hiermit, dass ich noch nie, weder im Inland noch im Ausland, verurteilt wurde wegen der folgenden oder vergleichbarer Taten: … [vgl. Muster 2.22]

(*Mitarbeitervollmacht*)

Mitteilungen des Gerichts werden ausschließlich an den beglaubigenden Notar erbeten.

Musterstadt, den ______

(*Max Mustermann*) (*Monika Mustermann*)

▲

90 Vgl. *Damm*, BWNotZ 2017, 2, 6.

Die Anmeldung ist von den Geschäftsführern in vertretungsberechtigter Zahl zu unterzeichnen, vgl. § 78 GmbHG. Der abberufene Geschäftsführer kann bei der Abmeldung noch mitwirken, wenn die Abberufung oder Niederlegung des Geschäftsführerpostens zum Zeitpunkt der Löschung aus dem Register erfolgen sollte. Die Dokumente über die Bestellung und Abberufung der Geschäftsführer sind in Urschrift oder beglaubigter Abschrift beizufügen, vgl. § 39 GmbHG.

3. Gebühren

297 Der Geschäftswert für die Anmeldung eines Geschäftsführers richtet sich nach § 105 Abs. 4 GNotKG und beträgt 30.000 EUR je Geschäftsführer. Mehrere Geschäftsführermeldungen sind gegenstandsverschieden, vgl. § 111 Nr. 3 GNotKG. Entwirft der Notar die Registeranmeldung selbst, entsteht eine 0,5-Gebühr, vgl. KV-Nr. 24102 GNotKG. Wird lediglich die Unterschrift beglaubigt, entsteht eine 0,2-Gebühr gemäß KV-Nr. 25100 GNotKG, höchstens 70 EUR.

298 Übermittelt der Notar die Registeranmeldung elektronisch mit **XML-Strukturdaten** an das Registergericht, entsteht, wenn der Notar den Entwurf selbst gefertigt hat, zusätzlich eine 0,2-Gebühr gemäß KV-Nr. 22114 GNotKG aus dem Geschäftswert der Anmeldung, höchstens 125 EUR. Übermittelt der Notar eine Anmeldung, für die er nicht den Entwurf erstellt hat, elektronisch mit XML-Strukturdaten an das Registergericht, entsteht anstatt einer 0,2-Gebühr eine 0,5-Gebühr gemäß KV-Nr. 22125 GNotKG. Zusätzlich zu dieser 0,5-Gebühr fällt eine Gebühr nach KV-Nr. 22124 GNotKG i.H.v. pauschal 20 EUR für die Übermittlung an das Registergericht an.

Hinzukommen die üblichen Auslagen und die Umsatzsteuer.

299 Bei jeder **Änderung** bei einem Geschäftsführer oder Löschung eines Geschäftsführers fallen Gebühren in entsprechender Höhe an.

Wird der Beschluss zur Änderung in der Geschäftsführung vom Notar entworfen oder sogar beurkundet, fällt eine 2,0-Gebühr nach KV-Nr. 21100 GNotKG an. Als Mindestwert ist hier ein Gegenstandwert von 30.000 EUR anzunehmen, vgl. § 108 GNotKG. Mehrere Abberufungen oder Neubestellungen von Geschäftsführern lösen die Gebühr nur einmal aus, vgl. § 109 Abs. 2 Nr. 4 S. 1 lit. d) GNotKG, sofern über die einzelnen Personen nicht einzeln abgestimmt worden ist.

V. Anmeldung von Satzungsänderungen (ohne Kapitalmaßnahmen)

1. Materielle Voraussetzungen

300 Soll die **Satzung** einer GmbH geändert werden, ist hierfür ein **Gesellschafterbeschluss** erforderlich. Der Beschluss bedarf anders als die Änderung des Gesellschaftsvertrages bei einer Personengesellschaft der notariellen Beurkundung, vgl. § 53 Abs. 2 S. 1 GmbHG. Stellvertretung ist zulässig und bedarf, anders als bei der Gründung, nicht der notariellen Form. Auch die nachträgliche Genehmigung eines vollmachtlosen Vertreters bei einer Ein-Personen-GmbH ist zulässig, vgl. § 180 S. 2 BGB.[91] Der satzungsändernde Beschluss kann in der Form der §§ 8 ff. BeurkG (**Beurkundung von Willenserklärungen**) oder in Form der §§ 36 ff. BeurkG (**Tatsachenbeurkundung**) beurkundet werden. Letzteres empfiehlt sich insbesondere bei einer vollständigen Satzungsneufassung. Die Satzung kann dann der Niederschrift als nichtbeurkundungspflichtige Anlage beigefügt werden. Sie muss dann nicht verlesen werden. Der Notar bleibt aber natürlich auch in diesem Fall verpflichtet, den Satzungsinhalt zu prüfen. Werden in einer Gesellschafterversammlung jedoch gleichzeitig rechtsgeschäftliche Erklärungen abgegeben, die beurkundet werden sollen (z.B. Übernahmeerklärung bei einer Kapitalerhöhung), sind stets die Vorschriften über die Beurkundung von Willenserklärungen einzuhalten.

91 So auch OLG München NZG 2010, 1427.

Der satzungsändernde Beschluss muss mit 3/4-**Mehrheit** der anwesenden Stimmen der Gesellschafter gefasst werden, sofern die Satzung kein strengeres Quorum vorschreibt, vgl. § 54 Abs. 2 S. 2 GmbHG. Die Gesellschafterversammlung muss zudem beschlussfähig sein. 301

Der Beschluss muss die zu ändernde Satzungsbestimmung benennen und den künftigen Satzungstext wiedergeben. Eine Synopse, d.h., eine Gegenüberstellung von altem Satzungstext und neuem Satzungstext ist nicht erforderlich.

> *Merke:*
>
> Die Namen der Gründer sowie die Angabe der übernommenen Geschäftsanteile kann nach Eintragung der GmbH aus der Satzung jederzeit wieder gelöscht werden, selbst wenn das Stammkapital noch nicht voll eingezahlt worden ist.[92]
>
> Die Angaben zu den Gründungskosten sind mind. zehn Jahre beizubehalten (streitig).[93]

> *Merke:* 302
>
> Die Einschränkung der beschränkten Prüfungsbefugnis des Registergerichts gemäß § 9c Abs. 2 GmbH gilt bei Satzungsänderungen nicht. Das Registergericht ist bei Satzungsänderungen daher berechtigt, die Satzung generell auf deren Rechtmäßigkeit zu prüfen.

2. Formelle Voraussetzungen

Die Satzungsänderung ist zum **Handelsregister** anzumelden. Bei einer Sitzverlegung wird die Anmeldung an das bisherige Registergericht geschickt. Dieses übersendet dann die Akten an das Registergericht des neuen Sitzes, welches die Gesellschaft dort neu einträgt. Erst nach Eintragung der Gesellschaft beim Registergericht des neuen Sitzes wird die Gesellschaft beim Registergericht des früheren Sitzes ausgetragen. Die Vollzugsmitteilung wird bereits durch das Gericht am neuen Sitz ausgestellt. Will man neben der Sitzverlegung weitere Vorgänge zum Register anmelden, wäre es ratsam, die weiteren Vorgänge bereits durch das neue Gericht eintragen zu lassen, zunächst also die Sitzverlegung vollziehen zu lassen. 303

Die Anmeldung einer Satzungsänderung ist durch die **Geschäftsführung** in vertretungsberechtigter Zahl zu unterzeichnen, vgl. § 78 GmbHG.

In der Anmeldung ist **ausdrücklich** anzugeben, ob solche Satzungsbestandteile geändert worden sind, die nach § 10 GmbHG im Register ausdrücklich verlautbart werden. Dies sind in der Praxis v.a. die Firma und der Sitz der Gesellschaft, der Gegenstand der Gesellschaft (mit inländischer Geschäftsanschrift) sowie das Stammkapital.

Der Anmeldung ist beizufügen: 304

- **Beschluss** über die Satzungsänderung in beglaubigter Abschrift;
- neue Satzung mit **Satzungsbescheinigung** des Notars (siehe nachfolgend):

▼

Muster 2.24: Satzungsänderung bei der GmbH

An das

Amtsgericht Musterstadt

– Registergericht –

HRB 10000

Mustermann GmbH mit dem Sitz in Musterstadt

Zur Eintragung in das Handelsregister wird **angemeldet:**

(1) Die Firma der Gesellschaft und dementsprechend § 1 Abs. 1 der Satzung ist geändert. Die neue Firma lautet:
Uhren Schmidt GmbH

92 Vgl. zum Ganzen *Mayer/Weiler*, Beck'sches Notarhandbuch, 8. Aufl. 2024, § 22 Rn 64.
93 Vgl. zum Ganzen *Mayer/Weiler*, Beck'sches Notarhandbuch, 8. Aufl. 2024, § 22 Rn 186.

(2) Der Sitz der Gesellschaft ist von Musterstadt nach Deggendorf verlegt. § 1 Abs. 2 der Satzung ist entsprechend geändert.
(3) Die inländische Geschäftsanschrift lautet künftig:
94469 Deggendorf, Musterstr. 1.
(4) Der Gegenstand des Unternehmens der Gesellschaft und dementsprechend § 2 der Satzung ist geändert.

(*Mitarbeitervollmacht*)

Mitteilungen des Gerichts werden ausschließlich an den beglaubigenden Notar erbeten.

Musterstadt, den

(*Unterschrift der Geschäftsführung in vertretungsberechtigter Zahl*)

▲

305 Eine Satzungsbescheinigung des Notars kann in etwa wie folgt aussehen:

▼

Muster 2.25: Satzungsbescheinigung

Bescheinigung

Hiermit bescheinige ich, dass die beigefügte Satzung der Firma

Uhren Schmidt GmbH (vorher: Mustermann GmbH)

mit dem Sitz in Deggendorf (vorher Musterstadt) den vollständigen Wortlaut der Satzung enthält und dass die geänderten Bestimmungen der Satzung mit dem Beschluss über die Satzungsänderung (meine UVZ-Nr. (…)/2024 vom (…)) und die unveränderten Bestimmungen mit dem zuletzt zum Handelsregister eingereichten vollständigen Wortlaut der Satzung übereinstimmen.

Deggendorf, den

(Notar und Siegel)

▲

Die Satzungsbescheinigung erhält eine **eigene UVZ-Nr.** Die Bescheinigung ist mit der Satzung zu verbinden. Auch bei einer **Satzungsneufassung** ist eine Satzungsbescheinigung beizufügen.[94]

a) Exkurs: Änderung der Satzung vor Eintragung der Gesellschaft

306 Sollte die Satzung vor Eintragung der Gesellschaft in das Register geändert werden müssen, z.B. weil das Registergericht die Firma der Gesellschaft bemängelt, sind folgende Besonderheiten zu beachten:

- Da die Gesellschaft noch nicht ins Register eingetragen ist, bedarf die Änderung des Gesellschaftsvertrages der **Zustimmung sämtlicher Gesellschafter**, es ist daher ein **Nachtrag zum Gründungsprotokoll** zu fertigen. Der Nachtrag ist wiederum notariell zu beurkunden.
- Es ist die nun aktuelle Satzung mit **Satzungsbescheinigung** einzureichen.
- Die Änderung ist zum **Handelsregister** anzumelden.[95]
- Bzgl. der **Gebühren** gelten die Bestimmungen bei Satzungsänderungen.

b) Exkurs: Satzungsänderung und sog. wirtschaftliche Neugründung

307 Es gibt Fälle, in denen eine faktisch und finanziell nicht mehr wirtschaftlich tätige GmbH wiederbelebt werden soll. In diesem Zusammenhang ist es sehr häufig, dass die Satzung **signifikant geändert** oder sogar komplett **neu** gefasst wird. Meist wird die Satzungsänderung

94 Vgl. hierzu *Mayer/Weiler*, Beck'sches Notarhandbuch, 8 Aufl. 2024, § 22 Rn 317 f. m.w.N.
95 A.A. *Gustavus*, 12. Aufl. 2024, A 93, sowie BayObLG MittBayNot 1978, 22.

auch mit einer **Anteilsabtretung** an einen Dritten einhergehen. Würde man bei solch einem Fall lediglich eine einfache Satzungsänderung anmelden, würde durch die Änderung der Anschein einer neuen GmbH samt neuem, eingezahlten Stammkapital erwecken, obgleich in Wirklichkeit lediglich ein leerer GmbH-Mantel verwendet worden ist. In solchen Fällen ist der Geschäftsherr verpflichtet, die alte GmbH als wirtschaftliche Neugründung neu zum Register anzumelden. Das Stammkapital ist auf das eingetragene Stammkapital durch Bareinzahlung aufzufüllen.

> *Merke:*
>
> Bei erheblichen Veränderungen an der Satzung, die mit einer Anteilsabtretung zeitlich zusammenfallen, sollte immer an den Fall der sog. **wirtschaftlichen Neugründung** gedacht werden.

▼ 308

Muster 2.26: Anmeldung einer Satzungsänderung mit wirtschaftlicher Neugründung

An das

Amtsgericht Musterstadt

– Registergericht –

HRB 10000

Mustermann GmbH mit dem Sitz in Musterstadt

Zur Eintragung in das Handelsregister wird **angemeldet**:

(1) Die Firma der Gesellschaft und dementsprechend § 1 Abs. 1 der Satzung ist geändert. Die neue Firma lautet:

(2) Der Gegenstand des Unternehmens der Gesellschaft und dementsprechend § 2 der Satzung ist geändert.

(3) Der Gesellschafter ___ hat seine Geschäftsanteile an der Gesellschaft erworben mit Urkunde des Notars ___ in Musterstadt vom ___, UR-Nr. ___.
Mit dem Gegenstand dieser Anmeldung ist die wirtschaftliche Neugründung einer GmbH („Mantelverwendung") verbunden. Dies wird hiermit gegenüber dem Registergericht offengelegt.

Zugleich versichert jeder der unterzeichneten Geschäftsführer, dass

(entweder [(Stammkapital ohnehin vorhanden]) der Wert des Gesellschaftsvermögens zum gegenwärtigen Zeitpunkt den Betrag des nominellen Stammkapitals der Gesellschaft i.H.v. ___ übersteigt, das Stammkapital also wertmäßig in voller Höhe vorhanden ist, und dass sich das Gesellschaftsvermögen mit mindestens dem Wert des Stammkapitals endgültig in der freien Verfügung der Geschäftsführung befindet;

(oder [Stammkapital wird neu eingezahlt]): das satzungsmäßige Stammkapital durch Überweisung auf ein Bankkonto der Gesellschaft vollständig eingezahlt worden ist, und sich der eingezahlte Betrag abzüglich der Gründungskosten endgültig zur freien Verfügung der Geschäftsführung befindet und dass das Vermögen der Gesellschaft nicht mit Verbindlichkeiten vorbelastet ist.

(*Mitarbeitervollmacht*)

Mitteilungen des Gerichts werden ausschließlich an den beglaubigenden Notar erbeten.

Musterstadt, ___

(*Max Mustermann*) (*Monika Mustermann*)

(*Unterschrift durch sämtliche Geschäftsführer, vgl. § 78 i.V.m. § 7 GmbH analog*)[96]

▲

96 Vgl. *Krafka*, Registerrecht, 12. Aufl. 2024, Rn 1109 ff.

3. Gebühren

309 Der Geschäftswert für die Anmeldung einer **Satzungsänderung** richtet sich nach § 105 Abs. 4 GNotKG und beträgt 30.000 EUR. Bei einer Satzungsänderung fällt die Gebühr nur einmal an, unabhängig davon, ob nur der Sitz oder die ganze Satzung geändert werden soll. Jede Satzungsänderung ist daher gegenstandsgleich, vgl. § 109 Abs. 2 Nr. 4 S. 1 lit. c GNotKG). Entwirft der Notar die Registeranmeldung selbst, entsteht eine 0,5-Gebühr, vgl. KV-Nr. 24102 GNotKG. Wird lediglich die Unterschrift beglaubigt, entsteht eine 0,2-Gebühr gemäß KV-Nr. 25100 GNotKG, höchstens 70 EUR.

310 Übermittelt der Notar die Registeranmeldung **elektronisch mit XML-Strukturdaten** an das Registergericht, entsteht, wenn der Notar den Entwurf selbst gefertigt hat, zusätzlich eine 0,2-Gebühr gemäß Nr. 22114 GNotKG aus dem Geschäftswert der Anmeldung, höchstens 125 EUR. Übermittelt der Notar eine Anmeldung, für die er nicht den Entwurf erstellt hat, elektronisch mit XML-Strukturdaten an das Registergericht, entsteht anstatt einer 0,2-Gebühr eine 0,5-Gebühr gemäß KV-Nr. 22125 GNotKG. Zusätzlich zu dieser 0,5-Gebühr fällt eine Gebühr nach KV-Nr. 22124 GNotKG i.H.v. pauschal 20 EUR für die Übermittlung an das Registergericht an.

Hinzu kommen die üblichen Auslagen und die Umsatzsteuer.

311 Der Beschluss über die Satzungsänderung bedarf der notariellen Beurkundung. Dieser löst nach KV-Nr. 21100 GNotKG eine 2.0-Gebühr aus, bei einem Mindestgeschäftswert von 30.000 EUR, vgl. § 108 GNotKG. Die Erstellung der Satzungsbescheinigung ist kostenfreies Nebengeschäft, insoweit fällt keine zusätzliche Vollzugsgebühr an.

VI. Anmeldung einer Kapitalerhöhung

312 Nach Gründung kann das Stammkapital erhöht und bis auf 25.000 EUR auch wieder herabgesetzt werden. Die Herabsetzung des Stammkapitals soll bei dieser Einführung keine Rolle spielen. Für die Erhöhung des Stammkapitals gilt Folgendes.

1. Materielle Voraussetzungen

313 Die **Erhöhung** setzt materiell-rechtlich folgende Schritte voraus:

1. **Gesellschafterbeschluss** über die Erhöhung des Stammkapitals mit Angabe über die **Art der Erhöhung**. Es gibt verschiedene Formen von Stammkapitalerhöhungen. Die weitaus gängigste ist die sog. Barkapitalerhöhung, wenn also das Stammkapital durch die Einzahlung von Bargeld erhöht wird. Auch denkbar, wenn auch deutlich seltener, ist die sog. Sachkapitalerhöhung, wenn also das Stammkapital durch die Einlage von Sachwerten (z.B. Grundstücke oder Maschinen) erhöht werden soll. In der Praxis wird die Sachkapitalerhöhung regelmäßig durch die Barkapitalerhöhung eines geringen Betrags zzgl. eines sog. Sachagios verdrängt. Einzelheiten sollen hier nicht weiter interessieren. Noch seltener ist die sog. Kapitalerhöhung durch Umwandlung von Rücklagen in der Bilanz.
   In dem Beschluss muss auch mitgeteilt werden, wer zur Zeichnung dieser neuen Einlagen zugelassen wird, welche Personen also berechtigt sind, Barzahlungen zu leisten um dafür die neuen Anteile zu bekommen. In aller Regel werden alle bisherigen Gesellschafter zeichnungsbefugt mit der bisherigen Beteiligungsquote sein. Es ist eine sog. Übernehmerliste beizufügen, die von den Geschäftsführern in vertretungsberechtigter Zahl zu unterzeichnen ist. Die Übernehmerliste erhält keine eigene UVZ-Nr.
   In dem Beschluss muss auch entschieden werden, ob die Stammkapitalerhöhung durch Ausgabe neuer Anteile (was die Regel ist) oder Erhöhung der schon bisherigen Anteile erfolgen soll. Letzteres ist nur möglich, wenn das bisherige Stammkapital voll einbezahlt ist.
   Der Erhöhungsbeschluss bedarf der notariellen Beurkundung. Bei der Kapitalerhöhung handelt es sich stets auch um eine Satzungsänderung, weil eben auch die Stammkapitalziffer verändert wird. Eine Satzungsbescheinigung ist daher ebenfalls erforderlich.

2. Die zur Zeichnung zugelassenen Personen müssen dann ihre **Zustimmung** zur Zeichnung **notariell beglaubigen** lassen. Diese Zeichnung erfolgt meist zusammen mit der Beurkundung des Kapitalerhöhungsbeschlusses, kann aber auch separat erfolgen.
3. Nach den Vorgängen Ziff. 1 und 2 müssen die Zeichner dann die **Gegenleistung** an die Gesellschaft erbringen, also z.B. im Fall der Barkapitalerhöhung das Geld auf das Konto der Gesellschaft einzahlen. Wie schon bei der Gründung der Gesellschaft muss der Einzahlungsbetrag für die Gesellschaft frei verfügbar sein. Das Geld darf nicht auf ein Konto, das im Saldo steht, eingezahlt werden. Bei einer Sachkapitalerhöhung muss der Gegenstand an die Gesellschaft übertragen werden, was z.B. bei der Einbringung von Immobilien einen notariellen Übertragungsvertrag erfordert.
4. Nach **Einzahlung** der Kapitalerhöhungsbeträge (oder Einbringung bei Sachkapitalerhöhung) müssen **sämtliche Geschäftsführer** (vgl. §78 GmbH) die Kapitalerhöhung zum Handelsregister anmelden (siehe nachfolgende Rdn 318). Die neue Satzung ist samt Satzungsbescheinigung einzureichen. Die Anmeldung kann wie bei der Gründung auch bereits zum Zeitpunkt der Beurkundung der Kapitalerhöhung unterzeichnet werden; der Notar hält die Anmeldung dann aber treuhänderisch solange zurück, bis ihm die Einzahlung des Kapitalerhöhungsbetrages nachgewiesen ist.
5. Nachdem das **Registergericht** die Kapitelerhöhung ins Register **eingetragen** hat, ist schließlich die Gesellschafterliste zu ändern. Die neue Gesellschafterliste muss die neuen Anteile mit den (gegebenenfalls neuen) Gesellschaftern enthalten. Die Liste ist durch den Notar samt Notarbescheinigung zu erstellen und zum Registergericht einzureichen. Die Kapitalerhöhung ist in einer Veränderungsspalte bei der Gesellschafterliste offenzulegen.
6. Kapitalmaßnahmen sind bei der GmbH der **Körperschaftsteuerstelle** zu melden, vgl. §54 EStDV.

2. Formale Voraussetzungen

▼ 314

Muster 2.27: Barkapitalerhöhung

An das

Amtsgericht Musterstadt

– Registergericht –

HRB 10000

Mustermann GmbH mit dem Sitz in Musterstadt

Zur Eintragung in das Handelsregister wird **angemeldet**:

Das Stammkapital der Gesellschaft wurde von 25.000 EUR um 100.000 EUR auf 125.000 EUR erhöht. §2 der Satzung ist entsprechend geändert.

Die Geschäftsführung versichert, dass die Einlagen auf das erhöhte Stammkapital in voller Höhe an die Gesellschaft bezahlt sind, endgültig zur freien Verfügung der Geschäftsführung stehen und nicht wieder an einen Einleger zurück gewährt sind.

Der genannte Betrag ist nicht durch Schulden vorbelastet.

(*Mitarbeitervollmacht*)

Mitteilungen des Gerichts werden ausschließlich an den beglaubigenden Notar erbeten.

Musterstadt, den

(*Max Mustermann*) (*Monika Mustermann*)

(*Unterschrift sämtlicher Geschäftsführer, vgl. § 78 GmbHG*)

▲

3. Gebühren

a) Gebühr für Beschluss

315 Der Geschäftswert des **Beschlusses über die Kapitalerhöhung** bestimmt sich nach der Höhe der Kapitalerhöhung, mind. aber 30.000 EUR, vgl. § 108 Abs. 1 S. 2, § 105 Abs. 1 GNotKG. Die Satzungsänderung (mit Satzungsbescheinigung) ist nicht gesondert zu bewerten, vgl. § 109 Abs. 2 Nr. 4 S. 1 lit. a) GNotKG. Es fällt nach KV-Nr. 21100 GNotKG eine 2,0-Gebühr an. Die Übernahmeerklärung, d.h. die Erklärung, dass die Gesellschafter die neuen Anteile übernehmen, löst eine 1,0-Gebühr nach § 97 Abs. 1 GNotKG aus der Höhe der Kapitalerhöhung aus. Gemäß § 94 Abs. 1 Hs. 2 GNotKG hat wegen der unterschiedlichen Gebührensätze eine Vergleichsberechnung stattzufinden. Die Erstellung der Übernehmerliste ist Vollzugstätigkeit (Vorbem. 2.2.1.1 Abs. 1 S. 2 Nr. 3 KV GNotKG), die eine 0,5-Gebühr aus der Summe der Gegenstandswerte von Kapitalerhöhung und Übernahmeerklärung, mind. aber aus 60.000 EUR, auslöst, max. aber 2 x 250 EUR (weil Übernehmer- sowie Notarliste), vgl. KV-Nr. 22110, 22113 GNotKG.

316 Für die nach Eintragung der Kapitalerhöhung zu erteilende Wirksamkeitsbescheinigung nach § 40 Abs. 2 GmbHG fällt eine Gebühr nach KV-Nr. 22200 Nr. 6 GNotKG wohl nicht an, weil der Notar bei einer Kapitalerhöhung ohnehin zur Vollzugsüberwachung verpflichtet ist und keine Betreuungstätigkeit im Auftrag der Beteiligten vornimmt, sondern lediglich seine Amtspflichten erfüllt.[97]

b) Gebühr für Anmeldung

317 Der Geschäftswert für die **Anmeldung einer Kapitalerhöhung** richtet sich nach § 105 Abs. 1 S. 1 Nr. 3 GNotKG und bestimmt sich nach dem Betrag der Kapitalerhöhung, mind. aber 30.000 EUR. Die Satzungsänderung ist gegenstandsgleich, vgl. § 109 GNotKG. Entwirft der Notar die Registeranmeldung selbst, entsteht eine 0,5-Gebühr, vgl. KV-Nr. 24102 GNotKG. Wird lediglich die Unterschrift beglaubigt, entsteht eine 0,2-Gebühr gemäß KV-Nr. 25100 GNotKG, höchstens 70 EUR.

318 Übermittelt der Notar die Registeranmeldung elektronisch mit XML-Strukturdaten an das Registergericht, entsteht, wenn der Notar den Entwurf selbst gefertigt hat, zusätzlich eine 0,2-Gebühr gemäß KV-Nr. 22114 GNotKG aus dem Geschäftswert der Anmeldung, höchstens 125 EUR. Übermittelt der Notar eine Anmeldung, für die er nicht den Entwurf erstellt hat, elektronisch mit XML-Strukturdaten an das Registergericht, entsteht anstatt einer 0,2-Gebühr eine 0,5-Gebühr gemäß KV-Nr. 22125 GNotKG. Zusätzlich zu dieser 0,5-Gebühr fällt eine Gebühr nach KV-Nr. 22124 GNotKG i.H.v. pauschal 20 EUR für die Übermittlung an das Registergericht an.

Hinzu kommen die üblichen Auslagen und die Umsatzsteuer.

VII. Exkurs: Geschäftsanteilsabtretung

1. Grundzüge

319 Möchte ein Gesellschafter seine Anteile abtreten, ist dieser Abtretungsvertrag **beurkundungsbedürftig**, vgl. § 15 GmbHG.

Hierfür ist zunächst zu prüfen, ob der Veräußerer überhaupt Inhaber der Anteile ist. Einen ersten Anhaltspunkt hierfür liefert die Gesellschafterliste, die gegebenenfalls vor der Abtretung noch an den aktuellen materiellen Stand anzupassen ist (z.B., weil der Gesellschafter verstorben ist und von seinen Erben beerbt wurde).

> *Merke:*
>
> Die Liste ist immer von den Geschäftsführern **aktuell** zu halten (z.B. bei Tod eines Gesellschafters oder Einziehung von Geschäftsanteilen). Nur wenn der Notar an der Über-

97 Vgl. statt vieler *Sikora*, MittBayNot 2013, 446, 450.

tragung der Geschäftsanteile mitgewirkt hat, ist dieser zur Erstellung der Notarliste (mit Notarbescheinigung) zuständig.

Zudem ist anhand der Satzung zu prüfen, ob die Geschäftsanteile **frei veräußerlich** sind oder ob z.B. die Gesellschaft oder die anderen Gesellschafter der Veräußerung **zustimmen** müssen (sog. **Vinkulierung**). Zudem könnten Vorkaufsrechte für die anderen Gesellschafter bestehen. 320

Merke:

Bei einer Geschäftsanteilsabtretung muss der Sachbearbeiter immer folgende Dokumente anfordern:

- Einsicht,
- Liste,
- Satzung.

Anhand der Satzung ist zu prüfen, ob es spezielle Bedingungen für eine Anteilsabtretungen gibt, die einzuhalten sind (z.B. Vinkulierung von Anteilen oder Vorkaufsrechte).

Geschäftsanteile werden in aller Regel nicht sofort bei Beurkundung übertragen, sondern **aufschiebend bedingt** mit Bestätigung des Veräußerers, dass bestimmte **Voraussetzungen** wie Kaufpreiszahlung oder Haftungsfreistellung eingetreten sind. 321

Sobald die Anteile dinglich übergegangen sind, hat der Notar eine neue Liste mit Notarbescheinigung zum Handelsregister einzureichen, vgl. § 40 GmbHG. Die Geschäftsanteilsabtretung ist in einer Veränderungsspalte bei der Gesellschafterliste offenzulegen.

Die Geschäftsanteilsabtretung ist der Körperschaftsteuerstelle zu melden, vgl. § 54 EStDV.

Ein Sonderfall liegt vor, wenn die Gesellschafter vor Eintragung der GmbH im Handelsregister ausgetauscht werden sollten. Hier können zwei Fälle voneinander unterschieden werden: 322

1. Die Anteilsabtretung erfolgt aufschiebend bedingt mit Eintragung der Gesellschaft → normale Anteilsabtretung;
2. die Anteilsabtretung erfolgt sofort; Nachtrag zur Gründung mit Zustimmung aller alten und neuen Gesellschafter erforderlich; neue Liste; neue Anmeldung mit neuer Versicherung, dass Stammkapital eingezahlt worden ist.

2. Gebühren

Geschäftsanteilsabtretungen stellen einen Austauschvertrag dar und sind nach § 97 Abs. 3 GNotKG nach den allgemeinen Vorschriften zu bewerten. Bei einem Kauf unter Fremden wird man im Regelfall vom Kaufpreis ausgehen können, vgl. § 47 GNotKG. 323

Für die Abtretung ist eine 2,0-Gebühr nach KV-Nr. 21100 GNotKG zu erheben. Für Veräußerungsverträge zwischen verbundenen Unternehmen sieht § 107 Abs. 2 GNotKG einen spezifischen Höchstwert von 10 Mio. EUR vor, wenn die Gesellschaft nicht überwiegend vermögensverwaltend tätig ist. Zustimmungsbeschlüsse zu einem bestimmten Rechtsgeschäft – zum Beispiel zu einer Anteilsabtretung oder zu einem Gewinnabführungsvertrag – haben denselben Geschäftswert wie das Rechtsgeschäft, dem zugestimmt wird, vgl. § 108 Abs. 2 GNotKG. Insoweit stellt die Norm eine Ausnahme zu § 98 Abs. 1 GNotKG dar. Zustimmungserklärungen der einzelnen Gesellschafter lösen dagegen meist keine zusätzliche Gebühr aus. 324

Für die Einreichung der neuen **Gesellschafterliste** fällt eine 0,5-Vollzugsgebühr nach KV-Nr. 22113 GNotKG an, max. jedoch 250 EUR je Liste. 325

Steht die Einreichung der Liste unter einer aufschiebenden Bedingung, deren Eintritt der Notar überwachen muss (z.B. Bestätigung der Kaufpreiszahlung), fällt zudem eine 0,5-Betreuungsgebühr nach KV-Nr. 22200 GNotKG an.

326 Übermittelt der Notar die Registeranmeldung elektronisch mit XML-Strukturdaten an das Registergericht, entsteht, zusätzlich eine 0,1 Gebühr gemäß KV-Nr. 22115 GNotKG aus dem Gegenstandswert der Anteilsabtretung, höchstens 125 EUR.

> *Merke:*
>
> Fallen Vollzugsgebühr und XML-Gebühr zusammen, verringert sich die XML-Gebühr auf eine 0,1-Gebühr, vgl. KV-Nr. 22115 GNotKG anstelle von KV-Nr. 22114 GNotKG.

Hinzu kommen die üblichen Auslagen und die Umsatzsteuer.

VIII. Anmeldung der Liquidation

327 § 60 GmbHG sieht verschiedene Gründe vor, bei deren Eintreten sich eine GmbH auflöst. Der in der Praxis mit weitem Abstand wichtigste Fall für die Auflösung einer GmbH ist der sog. **Auflösungsbeschluss**, wenn also die Gesellschafterversammlung freiwillig die Auflösung der GmbH beschließt.

328 Eine **Vor-GmbH** wird im Gegensatz zu einer bereits im Handelsregister eingetragenen GmbH bereits dadurch aufgelöst, dass die Absicht, die Gesellschaft ins Handelsregister eintragen zu lassen, aufgegeben wird. Die Liquidation der Vor-GmbH erfolgt dann grundsätzlich nach den für die GmbH geltenden Regeln der §§ 60 ff. GmbHG, soweit diese nicht unmittelbar auf die juristische Person abstellen und nicht die Eintragung im Handelsregister voraussetzen. Eine irgendwie geartete Anmeldung zum Handelsregister ist daher bei der Vor-GmbH weder erforderlich noch möglich.[98]

1. Anmeldung der Auflösung der GmbH

a) Materielle Voraussetzungen

329 Für die Auflösung einer GmbH ist ein Auflösungsbeschluss erforderlich. Dieser bedarf lediglich der einfachen **Schriftform**. Eine Beurkundung ist nicht nötig. Der Beschluss muss enthalten, dass die Gesellschaft aufgelöst ist und zu welchem Zeitpunkt die Auflösung eintreten soll. Der Beschluss muss mit $^{3}/_{4}$ der anwesenden Stimmen gefasst werden. Die Satzung kann eine andere Mehrheit vorsehen. Der Auflösungsbeschluss kann nur für die **Zukunft** getroffen werden; ein rückwirkender Beschluss ist nicht möglich. Ein Auflösungsbeschluss, der eine Auflösung zu einem bestimmten Zeitpunkt in der Zukunft vorsieht (meistens 31.12. eines Jahres), ist zulässig.

330 In dem Beschluss sind grundsätzlich die Liquidatoren der Gesellschaft zu benennen. Werden keine Liquidatoren benannt, sind die bisherigen Geschäftsführer die Liquidatoren (sog. **geborene Liquidatoren**). In dem Beschluss zur Auflösung können aber auch Dritte zum Liquidator bestellt werden (sog. **gekorene Liquidatoren**), vgl. § 66 GmbHG.

In dem Beschluss ist die **Vertretungsmacht** der Liquidatoren anzugeben. Anders als bei der Gründung können die Gesellschafter auch ohne besondere Satzungsbestimmung den Liquidatoren Einzelvertretungsmacht erteilen (vgl. § 66 GmbHG). Eine Befreiung von den Beschränkungen des § 181 BGB ist jedoch nur möglich, wenn die Satzung dies für Liquidatoren vorsieht. Andernfalls müsste die Satzung zunächst entsprechend angepasst werden. Selbst Geschäftsführer, die bislang von § 181 BGB befreit waren, verlieren als Liquidatoren diese Befreiung, wenn die Satzung für Liquidatoren eine solche Befreiung nicht vorsieht.[99]

98 Vgl. ausführlich zur Liquidation von speziellen Formen der GmbH *Passarge*, NZG 2010, 646.
99 Vgl. zum Ganzen instruktiv *Stuppi*, notar 2012, 6.

▼

Muster 2.28: Auflösungsbeschluss

Gesellschafterbeschluss

Die Unterzeichner als die sämtlichen Gesellschafter der

Mustermann GmbH

mit dem Sitz in ___, eingetragen im Handelsregister des Amtsgerichts ___ unter HRB ___, beschließen hiermit unter Verzicht auf die Einhaltung aller Vorschriften für die Einberufung und Abhaltung einer Gesellschafterversammlung sowie die Ankündigung der Beschlussgegenstände einstimmig, was folgt:

1. Die Gesellschaft ist zum Ablauf des ___ aufgelöst.
2. ___ ist nicht mehr Geschäftsführer. Ihm wird Entlastung erteilt.
3. Zum Liquidator wird bestellt:
   Herr Max Mustermann,
   geboren am ___,
   wohnhaft in Deggendorf.

Ist nur ein Liquidator bestellt, vertritt er die Gesellschaft allein. Sind mehrere Liquidatoren bestellt, wird die Gesellschaft durch die Liquidatoren gemeinschaftlich vertreten.

(Entweder): Der bestellte Liquidator vertritt gemäß der allgemeinen Vertretungsregelung.

(Oder): Der bestellte Liquidator vertritt die Gesellschaft stets einzeln und ist von den Beschränkungen des § 181 BGB befreit.

4. Die Bücher und Schriften der Gesellschaft werden nach Beendigung der Liquidation durch den Gesellschafter ___ verwahrt, der sich hiermit dazu bereit erklärt.

Weiteres wird heute nicht beschlossen.

___, den ___

(Gesellschafter mit entsprechender Mehrheit)

▲

b) Formelle Voraussetzungen

Der Auflösungsbeschluss ist anders als beim Verein oder der Genossenschaft bereits von den Liquidatoren in **vertretungsberechtigter Zahl zum Handelsregister** anzumelden, vgl. §§ 65, 67 Abs. 1 GmbHG. Dies gilt auch für die Anmeldung der ersten Liquidatoren und deren Vertretungsmacht.[100] Der Auflösungsbeschluss ist samt Beschluss über die Bestellung der ersten Liquidatoren in Urschrift oder beglaubigte Abschrift der Anmeldung beizufügen. 331

Der Auflösungsbeschluss ist durch die Liquidatoren in den **Gesellschaftsblättern bekanntzumachen**, vgl. § 65 Abs. 2 GmbHG. Hierbei ist stets zu prüfen, welche Veröffentlichungsblätter die jeweilige Satzung als Gesellschaftsblätter vorsieht. Sollte die Satzung kein Blatt nennen, hat die Bekanntmachung im Bundesanzeiger zu erfolgen. Die Gläubiger sind im Zuge der Bekanntmachung aufzufordern, sich bei der Gesellschaft zu melden. Die Veröffentlichung in den Gesellschaftsblättern ist dem Registergericht bei der späteren Anmeldung zur Löschung der GmbH nachzuweisen.

Die Liquidatoren haben wie neu zu bestellende Geschäftsführer auch die **Versicherung** nach § 6 Abs. 2 GmbH abzugeben, vgl. §§ 66 Abs. 4, 67 Abs. 3 GmbHG.

Die Anmeldung der Auflösung einer GmbH ist der **Körperschaftsteuerstelle** zu melden, vgl. § 54 EStDV.

100 Wohl h.M., vgl. statt vieler Baumbach/Hueck/*Haas*, GmbHG, 23. Aufl. 2022, § 65 Rn 7, § 67 Rn 4. Dies gilt wohl nur dann nicht, wenn mit dem Auflösungsbeschluss eine Satzungsänderung verbunden wäre. Einzelheiten sind hier sehr umstritten.

332 ▼

Muster 2.29: Bekanntmachung der Auflösung

Mustermann GmbH i.L.

10000 Musterstadt, Musterstraße 1

Bundesanzeiger Verlagsgesellschaft mbH

Postfach 100534

50445 Köln

Sehr geehrte Damen und Herren,

wir bitten Sie, in der nächsten Ausgabe des Bundesanzeigers folgenden Text zu veröffentlichen:

> *„Mustermann GmbH mit Sitz in 10000 Musterstadt, Amtsgericht Musterstadt, HRB 10000*
> *Die Gesellschaft ist aufgelöst. Die Gläubiger der Gesellschaft werden gebeten, sich zu melden.*
> *Der Liquidator."*

Wir bitten um Rechnungstellung an die oben bezeichnete Gesellschaft sowie um Zusendung von einem Belegexemplar an die Gesellschaft.

Mit freundlichen Grüßen

(*Max Mustermann als Liquidator*)

▲

333 ▼

Muster 2.30: Anmeldung der Liquidation

An das

Amtsgericht Deggendorf

– Registergericht –

HRB 10000

Mustermann GmbH mit dem Sitz in Deggendorf

Zur Eintragung in das Handelsregister wird **angemeldet**:
1. Die Gesellschaft ist zum Ablauf des ______ aufgelöst.
2. ______ ist nicht mehr Geschäftsführer.
3. Zum Liquidator wurde bestellt:
   Herr Max Mustermann,
   geboren am ______,
   wohnhaft Musterstadt.

Ist nur ein Liquidator bestellt, vertritt er die Gesellschaft allein. Sind mehrere Liquidatoren bestellt, wird die Gesellschaft durch die Liquidatoren gemeinschaftlich vertreten.

(Entweder): Der bestellte Liquidator vertritt gemäß der allgemeinen Vertretungsregelung.

(Oder): Der bestellte Liquidator vertritt die Gesellschaft stets einzeln und ist von den Beschränkungen des § 181 BGB befreit.

4. **Jeder** der Liquidatoren erklärt:

Ich versichere hiermit, dass ich noch nie, weder im Inland noch im Ausland, verurteilt wurde wegen der folgenden oder vergleichbarer Taten: (...) [vgl. Muster 2.22, Rdn 282]

Der beglaubigende Notar hat mich darüber belehrt, dass ich gegenüber dem Registergericht unbeschränkt auskunftspflichtig bin und dass falsche Versicherungen strafbar sind.

5. Die Bücher und Schriften der Gesellschaft werden nach Beendigung der Liquidation durch den Gesellschafter ______ verwahrt, der sich hiermit dazu bereit erklärt hat.

(*Mitarbeitervollmacht*)

Mitteilungen des Gerichts werden ausschließlich an den beglaubigenden Notar erbeten.

, den

(*Die Liquidatoren in vertretungsberechtigter Zahl*)

▲

2. Anmeldung der Löschung der GmbH

Nach Anmeldung der Auflösung muss die Gesellschaft mindestens ein **Sperrjahr** von einem Jahr einhalten, vgl. § 73 GmbHG. Die Bestätigung, dass die **Veröffentlichung** in den jeweiligen **Gesellschaftsblättern** erfolgt ist, ist dem Registergericht bei der Anmeldung der Löschung der Gesellschaft als Bestätigung vorzulegen. Die Liquidatoren haben in dieser Zeit des Sperrjahres die laufenden Geschäfte zu beendigen, die Verpflichtungen der aufgelösten Gesellschaft zu erfüllen, die Forderungen derselben einzuziehen und das Vermögen der Gesellschaft in Geld umzusetzen. 334

Zur Beendigung schwebender Geschäfte können die Liquidatoren auch neue Geschäfte eingehen, vgl. § 70 GmbHG. Die **endgültige Löschung** ist erst dann möglich, wenn sämtliche **Verbindlichkeiten** getilgt und die steuerliche Veranlagung abgeschlossen ist.[101] Die Löschung der GmbH ist von den Liquidatoren in vertretungsberechtigter Zahl zum Handelsregister anzumelden, vgl. § 74 GmbHG. Nach Beendigung der Liquidation sind die Bücher und Schriften der Gesellschaft für die Dauer von zehn Jahren einem der Gesellschafter oder einem Dritten in Verwahrung zu geben.

Bis zur endgültigen Löschung der Gesellschaft aus dem Register kann die Gesellschaft auch fortgesetzt werden. Hierfür sind ein sog. Fortsetzungsbeschluss mit $^3/_4$-Mehrheit sowie die Anmeldung der Fortsetzung zum Registergericht erforderlich. Der Fortsetzungsbeschluss bedarf ebenso wie der Auflösungsbeschluss lediglich der Schriftform.

▼

Muster 2.31: Anmeldung der Löschung einer GmbH

An das

Amtsgericht Musterstadt

– Registergericht –

HRB 10000

Mustermann GmbH mit dem Sitz in Musterstadt

Zur Eintragung in das Handelsregister wird **angemeldet**:

1. Die Liquidation der Gesellschaft ist beendet. Die Firma ist erloschen.
2. Beiliegend überreiche ich das Belegexemplar des Bekanntmachungsblatts der Gesellschaft, aus dem sich ergibt, dass die Auflösung der Gesellschaft und die Aufforderung an die Gläubiger, sich bei der Gesellschaft zu melden, bekannt gemacht worden ist.
   Nach Maßgabe des Gesellschaftsvertrages i.V.m. § 12 GmbHG haben die Bekanntmachungen der Gesellschaft im Bundesanzeiger zu erfolgen.
3. Die Bücher und Schriften der Gesellschaft habe ich, der Unterzeichnende in Verwahrung genommen.

Mitteilungen des Gerichts werden ausschließlich an den beglaubigenden Notar erbeten.

Musterstadt, den

(*Liquidatoren in vertretungsberechtigter Zahl*)

▲

101 In seltenen Fällen ist auch eine Sofortlöschung einer GmbH möglich, vgl. OLG Köln DNotZ 2005, 315. Vgl. auch OLG Düsseldorf RNotZ 2017, 183: Sofortlöschung bei Vermögenslosigkeit der Gesellschaft.

3. Gebühren

335 Der Geschäftswert für Anmeldung der Auflösung einer GmbH, für die Abmeldung der bisherigen Geschäftsführer sowie für die Anmeldung der Liquidatoren beträgt insgesamt 30.000 EUR. Bei den drei Anmeldungen handelt es sich um einen einheitlichen Anmeldegegenstand i.S.d. § 86 GNotKG.[102] Letzteres gilt nach Auffassung des BGH jedenfalls dann, wenn die bisherigen Geschäftsführer auch Liquidatoren sind (sog. geborene Liquidatoren). Die Anmeldung der Auflösung sei hier „wesensprägend" und umfasste damit auch die Abmeldung der bisherigen Geschäftsführer und deren Neubestellung als Liquidatoren. Wird dagegen ein Dritter zum Liquidator bestellt (sog. gekorener Liquidator), ergibt sich in Summe ein Gegenstandswert von 90.000 EUR (Anmeldung der Auflösung, Abmeldung bisheriger Geschäftsführer und Anmeldung Liquidator).[103]

336 Entwirft der Notar die Registeranmeldung selbst, entsteht eine 0,5-Gebühr gemäß KV-Nr. 24102 GNotKG. Wird lediglich die Unterschrift beglaubigt, entsteht eine 0,2-Gebühr gemäß KV-Nr. 25100 GNotKG, höchstens 70 EUR.

337 Übermittelt der Notar die Registeranmeldung elektronisch mit XML-Strukturdaten an das Registergericht, entsteht, wenn der Notar den Entwurf selbst gefertigt hat, zusätzlich eine 0,2-Gebühr gemäß KV-Nr. 22114 GNotKG aus dem Geschäftswert der Anmeldung, höchstens 125 EUR. Übermittelt der Notar eine Anmeldung, für die er nicht den Entwurf erstellt hat, elektronisch mit XML-Strukturdaten an das Registergericht, entsteht anstatt einer 0,2-Gebühr eine 0,5-Gebühr gemäß KV-Nr. 22125 GNotKG. Zusätzlich zu dieser 0,5-Gebühr fällt eine Gebühr nach KV-Nr. 22124 GNotKG i.H.v. pauschal 20 EUR für die Übermittlung an das Registergericht an.

Hinzukommen die üblichen Auslagen und die Umsatzsteuer.

338 Für die Anmeldung der Löschung der GmbH ist erneut ein Gegenstandswert von 30.000 EUR festzusetzen. Bezüglich Anmeldegebühr und XML-Strukturdaten gilt das vorstehend Gesagte entsprechend.

339 Entwirft der Notar den Auflösungsbeschluss selbst oder wird dieser sogar beurkundet, so fällt nach KV-Nr. 21100 GNotKG eine 2,0-Gebühr aus 30.000 EUR an, vgl. § 108 GNotKG. Auch hier sind der Auflösungsbeschluss und die Bestellung der neuen Liquidatoren nicht separat zu bewerten.

4. Exkurs: Sofortlöschung einer GmbH

340 In der Praxis kommt es immer wieder zur Anfrage von Mandanten, ob deren GmbH nicht auch sofort, daher ohne Einhaltung der Ein-Jahres-Frist des § 73 GmbHG, gelöscht werden könne (sog. **Blitzlöschung**). Das OLG Köln[104] hat 2004 entschieden, dass dies dann möglich sei, wenn die GmbH ihre Tätigkeit eingestellt habe und vermögenslos sei, weil es dann auch kein Vermögen mehr gebe, das verteilt werden könne. In neuerer Zeit haben sich einige OLG gegen die Möglichkeit einer sofortigen Löschung ausgesprochen, weil hierzu die gesetzliche Grundlage fehle.[105] Die Rechtsfrage ist daher als ungeklärt zu erachten. Nach dem Grundsatz des sichersten Weges ist in der Praxis anzuraten, von einer Sofortlöschung abzusehen.

341 Will man gleichwohl einen Antrag auf Sofortlöschung Gericht einreichen, sollte dieser Antrag folgende Versicherungen enthalten:

1. Vermögen der Gesellschaft ist nicht vorhanden,
2. Zahlungen auf Geschäftsanteile stehen nicht aus,

102 So nunmehr auch der BGH MittBayNot 2017, 181.

103 So *Tiedtke*, MittBayNot 2017, 183. Einzelheiten sind bislang stark umstritten, vgl. hierzu auch *Diehn*, Notarkostenberechnungen, 6. Aufl. 2020, Rn 1370.

104 OLG Köln DNotZ 2005, 314.

105 Vgl. zum Ganzen *Freier*, NZG 2020, 812 m.w.N.

3. Ansprüche und Forderungen von dritter Seite einschließlich der Steuerbehörden bestehen nicht,
4. gerichtlichen Rechtsstreitigkeiten sind nicht anhängig und
5. ein Fall der Zahlungsunfähigkeit oder Überschuldung liegt nicht vor.[106]

F. Unternehmergesellschaft (haftungsbeschränkt) (Musterprotokoll)

Für Kleinstunternehmen ist die Gründung einer normalen GmbH mit einem **Stammkapital** von 25.000 EUR und **Gründungskosten** um die 1.000 EUR zu teuer. Mit Gründung einer Unternehmergesellschaft (**haftungsbeschränkt**) (UG) kann man das Erfordernis der Einlage von Stammkapital minimieren, jedoch bleiben die Gründungskosten gleich hoch. Will man auch die Gründungskosten möglichst geringhalten, bleibt die Möglichkeit der Gründung einer UG (haftungsbeschränkt) mittels Musterprotokoll. 342

Es gibt vier Varianten des **Musterprotokolls**. Eine Variante regelt die Gründung mit einem Gesellschafter (der auch der alleinige Geschäftsführer ist), die zweite Variante regelt die Gründung mit bis zu drei Gesellschaftern und einem Geschäftsführer. Da die zweite Variante sich in der Praxis nicht durchsetzen konnte, weil das Musterprotokoll bei mehreren Gründern völlig unzureichend ist, soll diese Variante der Gründung vorliegend außer Betracht bleiben. Außer Betracht bleiben soll zudem, dass auch eine GmbH mit Stammkapital von 25.000 EUR mittels Musterprotokoll gegründet werden könnte. Auch dies kommt in der Praxis nicht vor. Die Gründung mittels dieser beiden kostenprivilegierten Musterprotokolle kann mittlerweile auch via Videokommunikation erfolgen. 343

Der Gesetzgeber hat überdies zwei weitere Musterprotokolle (ohne Begrenzung auf drei Gesellschafter und/oder einen Geschäftsführer) entwickelt, die aber ausschließlich bei Gründungen via Videokommunikation verwendet werden können und auch zu keiner Kostenprivilegierung führen.

Bei **Gründung mit Musterprotokoll** müssen mehrere Punkte verstanden werden:
1. Der vom Musterprotokoll vorgegebene Text darf nicht geändert werden; es dürfen lediglich die Lücken ausgefüllt und notarielle Hinweise hinzugefügt werden. Wird das Musterprotokoll inhaltlich verändert, entfällt das Kostenprivileg und es müssen die herkömmlichen Gründungsunterlagen eingereicht werden.
2. Das Musterprotokoll ist Satzung und Liste in einem.
3.. Eines Beschlusses für die Berufung des ersten Geschäftsführers bedarf es beim Musterprotokoll nicht.
4. Beim Musterprotokoll kann stets nur ein Geschäftsführer bestellt werden (mit Ausnahme bei Gründung via Videokommunikation). Soll ein weiterer Geschäftsführer bestellt werden, so ist dies erst nach Gründung der UG möglich.

I. Gründung

1. Materielle Voraussetzungen

Die materiellen Voraussetzungen für die Gründung einer UG (haftungsbeschränkt) mittels Musterprotokoll sind **identisch** mit den Voraussetzungen für die Gründung einer herkömmlichen UG (haftungsbeschränkt). Lediglich der **Gründungsvorgang** ist etwas vereinfacht. Wichtig zu wissen ist, dass bei der UG (haftungsbeschränkt) das Stammkapital stets sofort in voller Höhe eingezahlt werden muss. Zudem kann bei der Gründung nur ein Geschäftsführer bestellt werden, der immer von den Beschränkungen des § 181 BGB befreit ist. Will man die Befreiung nach § 181 BGB nicht, muss nach der Gründung die Vertretungsmacht des Geschäftsführers mit einer weiteren Anmeldung zum Registergericht eingeschränkt werden. 344

106 Vgl. zum Ganzen *Mayer/Weiler*, Beck'sches Notarhandbuch, 8. Aufl. 2024, § 22 Rn 596.

▼

Muster 2.32: Gründung einer Unternehmergesellschaft (haftungsbeschränkt)

(*Eingang notarielle Urkunde*)

Auf Ansuchen beurkunde ich folgende Erklärungen:

1. Der Erschienene errichtet hiermit nach § 2 Abs. 1a GmbHG eine Gesellschaft mit beschränkter Haftung unter der Firma Mustermann UG (haftungsbeschränkt) mit dem Sitz in 10000 Musterstadt.
2. Gegenstand des Unternehmens ist
3. Das Stammkapital der Gesellschaft beträgt 1.000 EUR (*siehe hierzu Anmerkung 1*) (i.W. eintausend EUR) und wird vollständig von Herrn Max Mustermann (Geschäftsanteil Nr. 1) übernommen. Die Einlage ist in Geld zu erbringen, und zwar sofort in voller Höhe (*siehe hierzu Anmerkung 2*).
4. Zum Geschäftsführer der Gesellschaft wird Herr Max Mustermann, geboren am 1.1.1980, wohnhaft in Musterstadt, bestellt. Der Geschäftsführer ist von den Beschränkungen des § 181 des Bürgerlichen Gesetzbuches befreit (*siehe hierzu Anmerkung 3*).
5. Die Gesellschaft trägt die mit der Gründung verbundenen Kosten bis zu einem Gesamtbetrag von 300 EUR, höchstens jedoch bis zum Betrag ihres Stammkapitals. Darüber hinausgehende Kosten trägt der Gesellschafter.
6. Von dieser Urkunde erhält eine Ausfertigung der Gesellschafter, beglaubigte Ablichtungen die Gesellschaft und das Registergericht (in elektronischer Form) sowie eine einfache Abschrift das Finanzamt – Körperschaftsteuerstelle –.
7. Der Erschienene wurde vom Notar insbesondere auf Folgendes hingewiesen:
   - Die Gesellschaft entsteht erst mit der Eintragung in das Handelsregister.
   - Der vor der Eintragung der Gesellschaft in das Handelsregister in ihrem Namen Handelnde haftet persönlich als Gesamtschuldner nach § 11 Abs. 2 GmbHG.
   - Die Gesellschafter haften auch bei Eintragung für einen bei Handelsregistereintragung auf das Stammkapital entstandenen Fehlbetrag (Unterbilanzhaftung).
   - Zur Tätigkeit der GmbH können behördliche Genehmigungen erforderlich sein.

Vorgelesen vom Notar,

von dem Erschienenen genehmigt und

eigenhändig unterschrieben, wie folgt:

Anmerkungen:

1) Betrag kann auch 1 EUR betragen; in der Praxis hat sich als Mindestwert 500 EUR oder 1.000 EUR bewährt.
2) Das Stammkapital muss bei einer Unternehmergesellschafts stets voll eingezahlt werden.
3) Der erste Geschäftsführer ist stets von § 181 BGB befreit.

▲

2. Formelle Voraussetzungen

345 Für die Gründung einer UG (haftungsbeschränkt) mit Musterprotokoll muss neben dem beurkundeten Musterprotokoll auch noch eine **Handelsregisteranmeldung** zum Registergericht eingereicht werden. Hier gelten die Allgemeinen Bestimmungen wie bei der Gründung einer GmbH.

346 Auch die Handelsregisteranmeldung ist bei der Gründung mittels Musterprotokoll kostenmäßig privilegiert. Der Anmeldung ist keine Liste und keine Satzung hinzuzufügen, weil diese durch das Musterprotokoll ersetzt werden.

3. Gebühren

347 Die Gründung einer UG (haftungsbeschränkt) mittels Musterprotokoll gemäß Anlage 1 zum GNotKG ist **kostenmäßig privilegiert**. Der Kostenvorteil besteht zum einen darin, dass beim Musterprotokoll keine Gebühr für den Beschluss zur Berufung des ersten Geschäfts-

führers anfällt. Überdies fällt keine Vollzugsgebühr für die Erstellung der ersten Gesellschafterliste an.

Zum anderen besteht der Kostenvorteil darin, dass als Geschäftswert das einzutragende Stammkapital ohne Beachtung des Mindestwertes von 30.000 EUR zugrunde zu legen ist, vgl. § 105 Abs. 6 GNotKG. Es gelten jedoch folgende Mindestgebühren: 348

- bei Mehr-Personen-Gründung KV-Nr. 21100 GNotKG mit 120 EUR;
- bei Ein-Personen-Gründung KV-Nr. 21200 GNotKG mit 60 EUR;
- bei der Registeranmeldung KV-Nr. 21201 Nr. 5, 24102 GNotKG mit 30 EUR;
- bei der Erzeugung der XML-Datei KV-Nr. 22114 bzw. 22125 GNotKG.

II. Änderung des Geschäftsführers oder Prokuristen

Sollen bei einer UG (haftungsbeschränkt) mit Musterprotokoll **Prokuristen** bestellt oder abberufen werden, so gelten die allgemeinen Vorschriften. Hier sind keine Besonderheiten zu beachten. Eine Kostenprivilegierung besteht nicht. 349

Bei der UG (haftungsbeschränkt) mit Musterprotokoll kann, wie bereits gesehen, bei Gründung immer **nur ein Geschäftsführer** bestellt werden, der immer auch von den **Beschränkungen** des § 181 BGB befreit ist.

Soll ein weiterer Geschäftsführer bestellt werden, so kann dies nur nach erfolgter Gründung mit einer neuen **Handelsregisteranmeldung** und **Gesellschafterbeschluss** geschehen. Es gelten die allgemeinen Anforderungen. Der weitere Geschäftsführer kann von den Beschränkungen des § 181 BGB nicht befreit werden, weil die Befreiung im Musterprotokoll nur für den ersten Geschäftsführer gilt und das Musterprotokoll keine Befreiungsmöglichkeit für weitere Geschäftsführer vorsieht. Mangels Regelung im Musterprotokoll kann der weitere Geschäftsführer stets auch nur gesamtvertretungsberechtigt sein. 350

Soll der weitere Geschäftsführer einzelvertretungsberechtigt und/oder von den Beschränkungen des § 181 BGB befreit sein, muss das Musterprotokoll durch eine herkömmliche Satzung ersetzt werden. Hierfür wäre eine **Satzungsänderung** (mit entsprechender Kostenfolge) erforderlich.

Wird beim Musterprotokoll ein weiterer Geschäftsführer bestellt, so hat dies auch Auswirkungen auf die Vertretungsmacht des ersten Geschäftsführers. Zum einen verliert der erste Geschäftsführer durch die Anmeldung eines weiteren Geschäftsführers seine Einzelvertretungsberechtigung, da das Musterprotokoll als allgemeine **Vertretungsregelung** die gesetzliche Bestimmung vorsieht. Gemäß § 35 Abs. 2 S. 1 GmbHG vertreten mehrere Geschäftsführer im Grundsatz immer nur **gemeinsam**. 351

Ob der erste Geschäftsführer durch die Anmeldung eines weiteren Geschäftsführers auch seine Befreiung von den Beschränkungen des § 181 BGB verliert, ist derzeit noch strittig. Nach Ansicht des OLG Nürnberg[107] ist dies zu bejahen und muss sogar zum Registergericht angemeldet werden. Die Anmeldung eines weiteren Geschäftsführers führt nach dieser Ansicht also dazu, dass die beiden Geschäftsführer dann lediglich gesamtvertretungsberechtigt sind; keiner der beiden ist von den Beschränkungen des § 181 BGB befreit.[108]

Die Anmeldung eines weiteren Geschäftsführers macht bei einer mittels Musterprotokoll gegründeten UG (haftungsbeschränkt) daher in aller Regel keinen Sinn.

Bzgl. der Kosten der Änderung eines Gesellschafters oder Prokuristen gelten die allgemeinen Vorschriften. Einen Kostenvorteil gibt es insoweit nicht.

107 OLG Nürnberg MittBayNot 2015, 502.
108 A.A. *Mayer/Weiler*, Beck'sches Notarhandbuch, 8. Aufl. 2024, § 22 Rn 195.

III. Satzungsänderungen bei der Unternehmergesellschaft (haftungsbeschränkt)

352 Soll bei einer mittels Musterprotokoll gegründeten UG das Musterprotokoll geändert werden, stellt sich die Frage, ob lediglich solche Änderungen erfolgen sollen, die bereits bei der Gründung mittels Musterprotokoll hätten bestimmt werden können (z.B. Firma, Sitz oder Gegenstand), oder ob Bestimmungen geregelt werden sollen, die nur mit einer herkömmlichen Satzung regelbar sind (z.B. Regelungen zur Einziehung oder Entschädigung bei Ausscheiden, Regelungen zur Vertretungsmacht des Geschäftsführers).

1. Bloße Änderung des Musterprotokolls

a) Registerrechtliche Voraussetzungen

353 Sollen lediglich Änderungen vorgenommen werden, die bereits bei der Gründung mittels Musterprotokoll hätten bestimmt werden können, liegt eine Musterprotokolländerung mit Kostenprivilegierung vor. Der Handelsregisteranmeldung ist der Beschluss in elektronischer Beglaubigung sowie das geänderte Musterprotokoll **mit Satzungsbescheinigung** beizufügen.

354 In diesen Zusammenhang ist eine Besonderheit zu beachten. Würde man bei der Änderung des Musterprotokolls lediglich die zu ändernde Tatsache ändern (z.B. den Sitz oder den Gegenstand), würde das Musterprotokoll sich irreführend lesen. Im Musterprotokoll heißt es unter Nr. 1 nämlich: „*(…) es wurde gegründet.*“ Die UG (haftungsbeschränkt) wurde aber gerade nicht mit dem geänderten Firmennamen oder am geänderten Sitz gegründet.

Das OLG München[109] hat in ständiger Rechtsprechung entschieden, dass diese Irreführung durch eine „Anpassung“ des Musterprotokolls beseitigt werden muss. Diese redaktionellen Anpassungen sind kostenfrei, vgl. § 105 Abs. 6 S. 2 GNotKG. Aus diesem Grund sollte man bei einer Änderung des Musterprotokolls mit Satzungsbescheinigung das Rubrum des Musterprotokolls („*Vor dem Notar …*“) weglassen und nur noch die Ziff. 1 bis 7 des Musterprotokolls als eigentliches Musterprotokoll verwendet werden. Zudem sind die Ziff. 1 bis 7 des Musterprotokolls wie folgt anzupassen:

> *Formulierungsbeispiele: Musterprotokolländerung*
>
> Die Nr. 1 ist bei jeder Musterprotokolländerung wie folgt zu fassen:
>
> *„Nr. 1 des Musterprotokolls wird wie folgt neu gefasst: ‚Die Gesellschaft mit beschränkter Haftung unter der Firma ______ hat ihren Sitz in ______‘“*
>
> Sollte sich der Gegenstand des Unternehmens ändern:
>
> *„Nr. 2 des Musterprotokolls wird wie folgt neu gefasst: Gegenstand des Unternehmens ist ______“.*
>
> Sollte sich das Stammkapital des Unternehmens ändern:
>
> *„Nr. 3 des Musterprotokolls wird wie folgt geändert: Das Stammkapital der Gesellschaft beträgt ______“*
>
> Der übrige Text der Nr. 3 entfällt bei einer Änderung des Stammkapitals. Voll eingezahlte Stammeinlagen müssen bereits nach den allgemeinen Regeln nach der Ersteintragung der Gesellschaft nicht in der Satzung aufgeführt bleiben. Bei der Änderung der Stammkapitalziffer bei einer UG mit Musterprotokoll ist dann auch eine **neue Gesellschafterliste** zum Handelsregister einzureichen. § 2 Abs. 1a S. 4 GmbHG bezieht sich nur auf die bei Gründung existierenden Gesellschafterverhältnisse, das Musterprotokoll ersetzt also nur bei der Gründung die Gesellschafterliste. Hierfür fällt dann auch eine Vollzugsgebühr an.

109 OLG München Entscheidung vom 3.11.2009, 31 Wx 131/09, GmbHR 2010.

Nr. 4, 6 und 7 des Musterprotokolls können bei einer Musterprotokolländerung regelmäßig ersatzlos gestrichen werden.

Die Änderung des Musterprotokolls muss zum Registergericht angemeldet werden. Hierbei gelten die allgemeinen Bestimmungen.

b) Kosten

Werden beim Musterprotokoll nur Bestimmungen geändert, die bereits bei der Gründung hätten so vereinbart werden können (z.B. Firma, Sitz, Gegenstand), ist auch die Änderung des Musterprotokolls (mit Anmeldung) kostenprivilegiert. 355

Für den satzungsändernden Beschluss fällt gemäß KV-Nr. 21100 GNotKG eine 2,0-Gebühr gemäß §§ 108 Abs. 1, 105 Abs. 6 Nr. 2 GNotKG in Höhe des Stammkapitals an, mindestens aber 120 EUR. Muss eine neue Gesellschafterliste zum Handelsregister eingereicht werden (z.B. wegen einer Kapitalerhöhung) fällt zudem eine Vollzugsgebühr an.

Für die Anmeldung fällt gemäß KV-Nr. 21201 Nr. 5, 24102 GNotKG eine 0,5-Gebühr gemäß 356
§ 105 Abs. 4 Nr. 1 i.H.v. 1 % des Stammkapitals, mindestens aber 30 EUR an. Zudem fallen Kosten für die Erzeugung der XML-Datei nach KV-Nr. 22114 GNotKG bzw. KV-Nr. 22125 GNotKG in Höhe einer 0,2-Gebühr.

2. Erstellung einer echten Satzung

Soll bei einer UG (haftungsbeschränkt) mit Musterprotokoll eine echte Satzung beschlossen 357
werden, gelten die allgemeinen Vorschriften für eine Satzungsänderung bei der GmbH (siehe Rdn 300 ff.). In diesem Fall gelten auch die allgemeinen Kostenbestimmungen. Das Kostenprivileg entfällt. Ob in diesem Fall dann auch zugleich eine Gesellschafterliste einzureichen ist (weil mit der Satzungsneufassung das Musterprotokoll wegfällt), ist strittig. Die Angabe der neuen Vertretungsregelungen darf überdies nicht vergessen werden. Die § 181 BGB-Befreiung des Gründungsgeschäftsführer ist ggf. zu bestätigen.

3. Exkurs: Umwandlung einer UG (haftungsbeschränkt) in eine GmbH

In der Praxis kommt es häufiger vor, dass die UG in eine „normale" GmbH „umgewandelt" 358
werden soll. Hierbei handelt es sich jedoch nicht um eine echte Umwandlung i.S.d. UmwG, sondern lediglich um eine **Satzungsänderung** (mit kompletter Satzungsneufassung und Firmenänderung in „GmbH" sowie Kapitalerhöhung auf mindestens 25.000 EUR). Weitere Besonderheiten bestehen nicht. Da der Geschäftsführer einer mit Musterprotokoll gegründeten UG nicht per se einzelvertretungsberechtigt ist, schadet es nicht, dem Geschäftsführer ggf. **Einzelvertretungsberechtigung** zu erteilen und seine Befreiung von der Beschränkung des § 181 BGB nochmals zu bestätigen.

Schwierigkeiten bereitet in der Praxis einzig die Frage, wie viel der Gesellschafter bei einer Kapitalerhöhung auf 25.000 EUR auf die neuen Kapitalanteile einzahlen muss.

Beispielsfall:

Die X-UG (haftungsbeschränkt) wurde mit Musterprotokoll mit einem Stammkapital von 1.000 EUR gegründet. Das Stammkapital soll nun von 1.000 EUR um 24.000 EUR auf 25.000 EUR erhöht werden. Wie viel muss der neue Gesellschafter auf die neuen Anteile mindestens einzahlen?

Antwort:

Die Lösung ergibt sich aus § 7 Abs. 2 S. 1 und S. 2 GmbHG, d.h. nach der Einzahlung muss insgesamt mindestens die Hälfte des Stammkapitals eingezahlt sein sowie auf jeden Anteil mindestens $^1/_4$. § 7 Abs. 2 S. 2 GmbHG wird zwar bei § 57 Abs. 2 GmbHG nicht erwähnt, nach ganz h.M. ist § 7 Abs. 2 S. 2 GmbHG aber analog anzuwenden.

Im vorliegenden Fall sind bereits 1.000 EUR eingezahlt, sodass insgesamt lediglich weitere 11.500 EUR bezahlt werden müssen, um auf die Hälfte des Stammkapitals zu kommen; bei jedem neuen Anteil (im vorliegenden Fall 24.000 Anteile) müssen zudem mindestens 1/4 eingezahlt sein.

4. Exkurs: Änderung des Musterprotokolls vor Eintragung der Gesellschaft

359 Sollte das Musterprotokoll vor Eintragung der Gesellschaft in das Handelsregister geändert werden müssen, z.B. weil das Registergericht die Firma der Gesellschaft bemängelt, sind folgende Besonderheiten zu beachten:

- Da die Gesellschaft noch nicht ins Register eingetragen ist, bedarf die Änderung des Gesellschaftsvertrages der **Zustimmung sämtlicher Gesellschafter**, es ist daher ein Nachtrag zum Gründungsprotokoll zu fertigen. Der Nachtrag ist notariell zu beurkunden.
- Es ist das nun **aktuelle Musterprotokoll** mit Satzungsbescheinigung einzureichen; anders als bei einer echten Satzungsänderung nach Eintragung bedarf es im vorliegenden Fall keiner redaktionellen Anpassung (siehe oben Rdn 353 ff.), weil die Gesellschaft ja noch nicht gegründet war, der Eingangswortlaut des Musterprotokolls also noch passt.
- Die Änderung ist zum **Handelsregister** anzumelden.
- Bzgl. der Kosten gelten die Bestimmungen bei privilegierten Satzungsänderungen siehe Rdn 355 f.

IV. Liquidation bei der Unternehmergesellschaft (haftungsbeschränkt)

360 Bei der Liquidation einer UG (haftungsbeschränkt) bestehen keine Besonderheiten. Selbst eine Kostenprivilegierung kommt nicht in Frage, weil es sich bei einer Liquidation nicht um eine bloße Änderung des Gesellschaftsvertrags handelt.

V. Exkurs: Geschäftsanteilsabtretung bei einer Unternehmergesellschaft (haftungsbeschränkt)

361 Eine mittels Musterprotokoll gründete UG (haftungsbeschränkt) hat eigentlich **keine Gesellschafterliste**. Das Musterprotokoll ersetzt gerade die Gesellschafterliste. Etwas anderes gilt nur, wenn nach Gründung die **Stammkapitalziffer** schon mal verändert wurde.

Möchte der Gesellschafter seine Anteile an eine oder mehrere Personen veräußern, so müssen der bzw. die neuen Gesellschafter aber in eine Gesellschafterliste eingetragen werden, um stets eine Aufstellung der aktuellen Gesellschafter nachweisen zu können. Da bei einer UG (haftungsbeschränkt), die mittels Musterprotokoll gegründet wurde, bislang keine Gesellschafterliste existiert, ist eine solche bei der ersten Geschäftsanteilsabtretung erstmalig zu erstellen und zum Handelsregister einzureichen. § 2 Abs. 1a S. 4 GmbHG gilt nur für den Gründungsakt.

Gleiches gilt, wenn aufgrund anderer Umstände (z.B. Tod) eine Änderung bei den Gesellschaften eintritt.

Bezüglich der Kosten gelten die allgemeinen Bestimmungen.

G. Aktiengesellschaft

I. Einführung

362 Die Aktiengesellschaft (AG) ist die Organisationsform für Großunternehmen. Sie ist wie die GmbH juristische Person, vgl. § 1 Abs. 1 AktG, und Formkaufmann, vgl. § 3 AktG. Im Falle der Insolvenz haftet wie bei der GmbH nur das **Gesellschaftsvermögen** (das sog. **Grundkapital**), vgl. § 1 Abs. 1 AktG. In der Praxis eines Notariats spielt die AG meist nur eine untergeordnete Rolle und soll daher im Folgenden auch nur in Grundzügen dargestellt werden.

Eine AG hat mindestens drei „Organe“. Die **Aktionäre** als die Gesellschafter der AG. Die Aktionäre wählen einen **Aufsichtsrat**, der stellvertretend für die Hauptversammlung (= Gesellschafterversammlung im GmbH-Recht) den **Vorstand** (= die Geschäftsführung im GmbH-Recht) überwacht, insb. Vorstände beruft und entlässt. Die täglichen Geschäfte werden vom Vorstand in eigener Verantwortung geführt.

Eine Ein-Mann-AG ist zulässig, vgl. § 2 AktG. Die Daten des alleinigen Aktionärs sind dem Gericht unverzüglich mitzuteilen, vgl. § 42 AktG. 363

Hauptvorteil der AG ist es, dass sich die Gesellschaft durch die Ausgabe von **Aktien** über die **Wertpapierbörse** finanzieren kann. Wesentlich für die AG ist die **Verselbstständigung** des Unternehmens gegenüber den Anteilseignern. Die Stellung des Vorstands bei einer AG ist gegenüber der Geschäftsführung einer GmbH deutlich ausgebaut. Die Anteilseigner einer AG können – wenn überhaupt – lediglich über den Aufsichtsrat auf den Vorstand einwirken.

Zudem ist die Übertragung von Beteiligungen einer AG leichter möglich. Bei **Inhaberaktien** erfolgt die Übertragung durch Übereignung, bei Namensaktien durch Indossament, vgl. § 68 Abs. 1 AktG, oder Abtretung des verbrieften Rechts gemäß §§ 398, 413 BGB. Die Übertragung von Aktien bedarf im Gegensatz zur Übertragung von Geschäftsanteilen bei der GmbH nicht der notariellen Beurkundung.

Die **Satzung** einer AG wird weitestgehend durch das Gesetz vorgegeben, vgl. § 23 Abs. 3, 4 364
AktG (sog. **Grundsatz der Satzungsstrenge**, d.h. was nicht ausdrücklich erlaubt ist, ist verboten), vgl. auch § 23 Abs. 5 AktG.

Es gibt verschiedene Formen von Aktien. Die jeweilige Form ist in der Satzung festzulegen, vgl. § 23 AktG:

1. Es gibt **Inhaber- und Namensaktien**: Bei der Inhaberaktie ist Aktionär derjenige, dem die jeweilige Aktie gehört. Bei Namensaktien lautet die jeweilige Aktie auf einen bestimmten Namen; die Namensaktionäre sind im Aktionärsbuch einzutragen, vgl. § 67 AktG. Im Zweifel liegen Namensaktien vor, vgl. § 10 Abs. 1 AktG.
2. Es gibt **Stück- und Nennbetragsaktien**, vgl. § 8 Abs. 1 AktG: Stückaktien haben im Gegensatz zu Nennbetragsaktien keinen Nennbetrag. Im Gegensatz zu Stückaktien, die alle einen gleichen Anteil einer Gesellschaft abbilden, lassen sich Nennbetragsaktien zu völlig unterschiedlichen Nennbeträgen (z.B. 10 oder 20 EUR) emittieren. Nennbetragsaktien müssen auf mind. 1 EUR und auf volle EUR lauten, vgl. § 8 Abs. 2 AktG. Eine Stückaktie muss quotal an einer AG zu mind. 1 EUR am Grundkapital beteiligt sein (z.B. bei einem Grundkapital von 50.000 EUR kann es max. 50.000 Stückaktien geben), vgl. § 8 Abs. 3 AktG.
3. **Stamm- oder Vorzugsaktien**: Bei Vorzugsaktien wird dem Inhaber i.d.R. kein Stimmrecht eingeräumt, vgl. § 12 AktG. Dafür erhält er das Recht auf eine „bevorzugte“ Extradividende. Max. 50 % des Grundkapitals dürfen Vorzugsaktien sein, vgl. § 139 Abs. 2 AktG.

Das Grundkapital ist in die jeweiligen Aktien zerlegt, vgl. § 1 Abs. 2 AktG. Das **Grundkapital** muss auf EUR lauten, vgl. § 6 AktG. Der Mindestbetrag des Grundkapitals bei der AG beträgt 50.000 EUR. Die ersten Aktionäre werden Gründer genannt, vgl. § 28 AktG. 365

Vorteile einer AG sind:

- AG kann sich durch Ausgabe von Aktien leichter Kapital beschaffen;
- Aktien sind leicht übertragbar;
- Einfluss der Aktionäre ist begrenzt;
- verschiedene Aktienarten wählbar;
- Ein-Mann-AG möglich.

Nachteile einer AG sind:

- Gründung teuer; ggf. erhöhte laufende Kosten für die Einberufung und Abhaltung von Hauptversammlungen;
- mind. dreiköpfiger Aufsichtsrat erforderlich;
- Satzung nicht individuell erstellbar;
- Vinkulierung von Aktien nur sehr eingeschränkt vereinbar;

- Einfluss der Aktionäre ist begrenzt;
- Beteiligung der Arbeitnehmer im Aufsichtsrat unter bestimmten Voraussetzungen verpflichtend.

II. Grundzüge der Anmeldung im AG-Recht

366 Der **Notar** ist bei der AG meist nur bei folgenden Tätigkeiten beteiligt:
- bei der **Gründung** einer AG,
- bei der Durchführung der **Hauptversammlung** bei börsennotierten Unternehmen,
- bei der Durchführung von **Kapitalmaßnahmen** sowie
- beim **Wechsel** in der Person des Vorstands und/oder des Aufsichtsrats.

367 Zuständig für Handelsregisteranmeldungen ist das **Amtsgericht** (vgl. § 23a Abs. 1 Nr. 2, Abs. 2 Nr. 3 GVG i.V.m. § 374 Nr. 1 FamFG, sog. sachliche Zuständigkeit). Der Richter ist innerhalb des Amtsgerichts funktional zuständig (vgl. § 17 Nr. 1 RPflG). Bzgl. der Aufsichtsratsliste ist z.B. jedoch der Rechtspfleger zuständig. Die örtliche Zuständigkeit ist eine ausschließliche und richtet sich nach dem Sitz der Gesellschaft (vgl. § 377 Abs. 1 FamFG).

Die vom örtlich unzuständigen Gericht vorgenommene Eintragung ist wirksam (vgl. § 2 Abs. 3 FamFG), die des sachlich unzuständigen Gerichts dagegen unwirksam. Ein Verstoß gegen die funktionale Zuständigkeit führt zur Unwirksamkeit der Eintragung (vgl. § 8 Abs. 4 RPflG).

Die Anmeldungen zum Handelsregister erfolgen in **elektronischer Form**.

Anmeldungen zum Handelsregister sind meist vom Vorstand in vertretungsberechtigter Zahl anzumelden, sofern das Gesetz bei bestimmten Vorgängen nicht die Unterschrift weiterer Personen, z.B. bei der Gründung einer AG der Gründer und der Mitglieder des Aufsichtsrats verlangt, vgl. § 36 Abs. 1 AktG. Die Anmeldung kann in Urschrift oder in beglaubigter Abschrift zum Registergericht eingereicht werden, vgl. § 12 HGB.

368 *Merke:*

Notare müssen nach § 54 EStDV an das in § 20 der Abgabenordnung bezeichneten Finanzamt eine beglaubigte Abschrift aller aufgrund gesetzlicher Vorschrift aufgenommenen oder beglaubigten Urkunden, die die Gründung, Kapitalerhöhung oder -herabsetzung, Umwandlung oder Auflösung von Kapitalgesellschaften oder die Verfügung über Anteile an Kapitalgesellschaften zum Gegenstand haben, übersenden. Die Abschrift ist binnen zwei Wochen, von der Aufnahme oder Beglaubigung der Urkunde abgerechnet, einzureichen. Sie soll mit der Steuernummer gekennzeichnet sein, mit der die Kapitalgesellschaft bei dem Finanzamt geführt wird. Die Absendung der Urkunde ist auf der zurückbehaltenen Urschrift der Urkunde beziehungsweise auf einer zurückbehaltenen Abschrift zu vermerken. Den Beteiligten dürfen die Urschrift, eine Ausfertigung oder beglaubigte Abschrift der Urkunde erst ausgehändigt werden, wenn die Abschrift der Urkunde an das Finanzamt abgesandt ist.

III. Gründung einer AG

1. Materielle Voraussetzungen der Gründung – Grundzüge

369 Der **Gründungsakt** bedarf der notariellen Beurkundung, vgl. § 30 Abs. 1 S. 2 AktG. Die Vollmacht für die Gründung einer AG bedarf entgegen § 167 BGB ebenfalls der notariellen Form, vgl. § 23 Abs. 1 S. 2 AktG. Dem Gründungsakt unterfallen:
1. die **Errichtung** der Gesellschaft,
2. die **Festlegung** der Satzung,
3. die **Übernahme der Aktien** durch die Gründer,
4. die **Bestellung** des 1. Aufsichtsrats.

370 Der erste Aufsichtsrat hat seinerseits in seiner **konstituierenden Sitzung** den ersten **Vorstand** zu berufen, vgl. § 30 Abs. 4 AktG.

Die **Gründer** haben einen **Gründungsbericht** vorzulegen, vgl. § 32 Abs. 1 AktG. Die Mitglieder des Vorstands und des Aufsichtsrats haben die Gründung zu prüfen, vgl. § 33 Abs. 1 AktG. In den Fällen des § 33 Abs. 2 AktG hat die Prüfung zudem durch einen zu bestellenden Gründungsprüfer stattzufinden (insb. bei Sachgründung oder wenn Personenidentität zwischen Gründern und Vorstand/Aufsichtsrat besteht). Der Gründungsbericht von Vorstand und Aufsichtsrats ist ebenso bei Gericht einzureichen wie der Gründungsbericht des Gründungsprüfers, vgl. § 34 Abs. 3 AktG. In manchen Fällen kann der Notar selbst die Gründungsprüfung übernehmen.

2. Formelle Voraussetzungen

Die Gründung der AG ist von den Gründern, den Mitgliedern des Aufsichtsrats sowie den 371
Mitgliedern des Vorstands zum Registergericht anzumelden, vgl. § 36 AktG. Der Inhalt der Anmeldung ist in § 37 AktG geregelt und der Anmeldung einer GmbH sehr ähnlich.

Der Gründungsaufwand ist nach § 26 AktG offenzulegen.

3. Muster: Anmeldung einer Gründung einer AG

▼ 372

Muster 2.33: Anmeldung einer Gründung einer AG

An das

Amtsgericht Musterstadt

– Registergericht –

HRB NEU

Mustermann AG mit dem Sitz in 10000 Musterstadt

I. Als Gründer, Mitglieder des Aufsichtsrats und Mitglieder des Vorstands überreichen wir in der Anlage:

1. beglaubigte Abschrift der Urkunde des Notars in Musterstadt vom , enthaltend
   - die Errichtung der Gesellschaft,
   - die Feststellung der Satzung,
   - die Übernahme der Aktien durch die Gründer,
   - die Bestellung der Mitglieder des 1. Aufsichtsrats.
2. Niederschrift über die konstituierende Sitzung des Aufsichtsrats, enthaltend die Bestellung des Vorstands.
3. Liste der Mitglieder des Aufsichtsrats
4. Gründungsbericht der Gründer
5. Prüfungsbericht der Mitglieder des Vorstands und des Aufsichtsrats.
6. Gründungsprüfungsbericht des Gründungsprüfers.
7. Bankbestätigung über die Einzahlung des Betrages von 50.000 EUR auf ein Konto der Gesellschaft einschließlich der Bestätigung, dass dieser Betrag endgültig zur freien Verfügung des Vorstands steht.
8. Einzelnachweis über die von dem eingezahlten Betrag gezahlten bzw. zu zahlenden Gebühren.

II. Zur Eintragung in das Handelsregister wird angemeldet:

1. Wir haben zu genannter Urkunde eine Aktiengesellschaft unter der genannten Firma mit dem Sitz in Musterstadt errichtet.
2. Die inländische Geschäftsanschrift lautet:
   10000 Musterstadt, Musterstraße 1.
3. Gründer der Gesellschaft sind gemäß der dieser Anmeldung in Anlage beigefügten Urkunde des Notars , Musterstadt:
   (1) Gründer 1
   (2) Gründer 2 .

4. Mitglieder des 1. Aufsichtsrates sind
   (1) Aufsichtsrat 1
   (2) Aufsichtsrat 2
   (3) Aufsichtsrat 3
5. Vorstand ist
   Herr Max Mustermann,
   geboren am ,
   wohnhaft in Musterstadt.
6. Das Grundkapital der Gesellschaft beträgt 50.000 EUR und ist eingeteilt in 50.000 Stückaktien. Die Aktien wurden ausgegeben. Der eingezahlte Betrag zu insgesamt 50.000 EUR steht, soweit er nicht bereits zur Bezahlung der bei der Gründung angefallenen Gebühren verwendet wurde, endgültig zur freien Verfügung des Vorstands.
   Es sind noch keine Gebühren gezahlt worden. Im Übrigen wird auf die beigefügte Zusammenstellung verwiesen.
   Damit sind die Voraussetzungen des § 36 Abs. 2 AktG erfüllt.
7. Ist nur ein Vorstandsmitglied bestellt, so vertritt es die Gesellschaft allein. Sind mehrere Vorstände bestellt, so wird die Gesellschaft durch zwei Mitglieder des Vorstands oder durch ein Mitglied des Vorstands in Gemeinschaft mit einem Prokuristen gesetzlich vertreten.
8. Die unterzeichneten Vorstandsmitglieder erklären:
   „Jeder von uns versichert hiermit, dass er noch nie, weder im Inland noch im Ausland, verurteilt wurde wegen der folgenden oder vergleichbarer Taten: (…) [s. Muster 2.22]
   Der beglaubigende Notar hat uns jeweils darüber belehrt, dass wir gegenüber dem Registergericht unbeschränkt auskunftspflichtig sind und dass falsche Versicherungen strafbar sind."

(*Mitarbeitervollmacht*)

Mitteilungen des Gerichts werden ausschließlich an den beglaubigenden Notar erbeten.

Musterstadt, den

(*Unterzeichnung sämtlicher Gründer, Vorstände und Aufsichtsräte*)

▲

4. Gebühren

373 Bei einer **Mehrpersonen-Gründung** fällt gemäß KV-Nr. 21100 GNotKG eine 2,0-Gebühr für die Gründung an. Geschäftswert ist hierbei der Betrag des Grundkapitals bzw. – soweit ein **Agio** für die Übernahme der Aktien vereinbart ist – der Übernahmebetrag der Aktien (vgl. § 107 Abs. 1 S. 1 GNotKG). Im Falle einer Ein-Personen-Gründung fällt gemäß KV-Nr. 21200 GNotKG für die Gründung nur eine 1,0-Gebühr an – Geschäftswert wie vorstehend. Soweit in der Gründungsurkunde auch die Bestellung des Aufsichtsrats enthalten ist, löst auch dies eine 2,0-Gebühr gemäß KV-Nr. 21100 GNotKG aus. Der Geschäftswert richtet sich hierbei gemäß §§ 108 Abs. 1 S. 1, 105 Abs. 4 Nr. 1 GNotKG (1 % des Stammkapitals, mindestens 30.000 EUR); die Bestellung mehrerer Aufsichtsräte gilt gemäß § 109 Abs. 2 Nr. 4 lit. d GNotKG als gegenstandsgleich, d.h., der Geschäftswert aus §§ 108 Abs. 1 S. 1, 105 Abs. 4 Nr. 1 GNotKG ist hierbei nur einfach zugrunde zu legen. Falls in der Gründungsurkunde auch noch die Bestellung des ersten Abschlussprüfers enthalten ist, so fällt hierfür gemäß KV-Nr. 21100 GNotKG ebenso eine 2,0-Gebühr aus dem Geschäftswert gemäß §§ 108 Abs. 1 S. 1, 105 Abs. 4 Nr. 1 GNotKG (wie vor) an. Bei einer Mehrpersonen-Gründung sind die Geschäftswerte für die Gründung, die Aufsichtsrat-Bestellung und ggf. die Bestellung des ersten Abschlussprüfers zusammen zu rechnen und auf dieser Grundlage nach KV-Nr. 21100 GNotKG die 2,0-Gebühr in Ansatz zu bringen; bei einer Ein-Personen-Gründung ist eine Vergleichsrechnung anzustellen.

374 Übernimmt der Notar auch die **Gründungsprüfung**, fällt eine 1,0-Gebühr nach KV-Nr. 25206 GNotKG aus der Summe der Einlagen (vgl. § 123 GNotKG) an, mindestens jedoch 1.000 EUR.

Entwirft der Notar den Gründungsbericht und/oder den Bericht des Vorstandes und des Aufsichtsrates fällt jeweils eine 1,0-Gebühr gemäß KV-Nr. 24101 GNotKG an. Als Gegenstandswert ist ein Wert von ca. 20–30 % der Einlage anzusetzen.

Fertigt der Notar auch die Aufsichtsratsliste, fällt eine 1,0-Gebühr gemäß KV-Nr. 24101 GNotKG an. Als Gegenstandwert erscheint ein Wert von 20–30 % aus einem fiktiven Anmeldewert von 30.000 EUR, also 6.000–9.000 EUR, als angemessen. 375

Entwirft der Notar schließlich den Entwurf für die Bestellung des ersten Vorstands, fällt gemäß KV-Nr. 24100 GNotKG eine 2,0-Gebühr an. Der Geschäftswert bestimmt sich nach § 108 Abs. 1 i.V.m. § 105 Abs. 4 Nr. 1 GNotKG und beträgt 30.000 EUR.

Entwirft der Notar darüber hinaus die Registeranmeldung und reicht diese mit **XML-Strukturdaten** beim Registergericht ein, fällt hierfür aus einem Geschäftswert der Summe der Einlagen, also mind. 50.000 EUR, vgl. § 105 Abs. 1 GNotKG, eine 0,5-Gebühr an, vgl. KV-Nr. 24102 GNotKG, sowie eine XML Gebühr von 0,2, max. i.H.v. 125 EUR. Die Anmeldung der Gesellschaft an sich und die Anmeldung der Vorstände sowie Übermittlung der Aufsichtsratsliste sind gegenstandsgleich (sog. **notwendige Erklärungseinheit**). 376

Hinzu kommen die üblichen Auslagen und Umsatzsteuer.

Für die Eintragung der AG in das Handelsregister fällt eine Gebühr i.H.v. mindestens 300 EUR an, vgl. KV 2102 HRegGebV.

IV. Wechsel im Vorstand

1. Materielle Voraussetzungen

Eine AG muss mindestens einen **Vorstand**, bei einem **Grundkapital** von mehr als 3 Mio. EUR mindestens zwei Vorstände haben (sofern die Satzung nichts anderes bestimmt, vgl. § 76 AktG). 377

Der Vorstand wird vom Aufsichtsrat auf höchstens fünf Jahre ernannt, vgl. § 84 AktG. Eine wiederholte Bestellung oder Verlängerung der **Amtszeit**, jeweils für höchstens fünf Jahre, ist zulässig. Sie bedarf eines erneuten Aufsichtsratsbeschlusses, der frühestens ein Jahr vor Ablauf der bisherigen Amtszeit gefasst werden kann. Werden mehrere Personen zu Vorstandsmitgliedern bestellt, so kann der Aufsichtsrat ein Mitglied zum Vorsitzenden des Vorstands ernennen.

Der Aufsichtsrat kann die **Bestellung** zum Vorstandsmitglied und die **Ernennung** zum Vorsitzenden des Vorstands widerrufen, wenn ein wichtiger Grund vorliegt, vgl. § 84 AktG.

Der Vorstand vertritt grundsätzlich **gemeinschaftlich**, vgl. § 78 Abs. 2 AktG. Die Satzung kann auch bestimmen, dass einzelne Vorstandsmitglieder allein oder in Gemeinschaft mit einem Prokuristen zur Vertretung der Gesellschaft befugt sind. Dasselbe kann der Aufsichtsrat bestimmen, wenn die Satzung ihn hierzu ermächtigt hat.

§ 181 BGB, also das Verbot des In-Sich-Geschäfts gilt auch im Aktienrecht. Wegen § 112 AktG kann der Vorstand vom Aufsichtsrat aber lediglich vom Verbot der Mehrfachvertretung befreit werden. Ein Vorstand einer AG kann sich nicht selbst zum Geschäftsführer einer Tochter-GmbH bestellen (siehe Rdn 270).

Die Vertretungsbefugnis des Vorstands kann nicht beschränkt werden, vgl. § 82 AktG.

2. Formelle Voraussetzungen

Jede Änderung des Vorstands oder der Vertretungsbefugnis eines Vorstandsmitglieds hat der Vorstand in **vertretungsberechtigter Zahl zur Eintragung in das Handelsregister** anzumelden, vgl. § 81 AktG. 378

Der Anmeldung sind die **Urkunden** über die Änderung in Urschrift oder öffentlich beglaubigter Abschrift beizufügen, also das Protokoll der Aufsichtsratssitzung. Das Protokoll ist vom Vorsitzenden des Aufsichtsrats zu unterzeichnen.

Die neuen Vorstandsmitglieder haben ähnlich wie GmbH-Geschäftsführer in der Anmeldung zu **versichern**, dass keine Umstände vorliegen, die ihrer Bestellung nach § 76 Abs. 3 S. 2 Nr. 2 und 3 sowie S. 3 AktG entgegenstehen, und dass sie über ihre unbeschränkte Auskunftspflicht gegenüber dem Gericht belehrt worden sind. Die **Belehrung** nach § 53 Abs. 2 BZRG kann schriftlich vorgenommen werden; sie kann auch durch einen Notar oder einen im Ausland bestellten Notar, durch einen Vertreter eines vergleichbaren rechtsberatenden Berufs oder einen Konsularbeamten erfolgen, vgl. § 37 Abs. 2 S. 2 i.V.m. § 81 AktG.

Die Eintragung im Handelsregister erfolgt rein deklaratorisch.

3. Muster

379 ▼

Muster 2.34: Anmeldung Vorstandswechsel

An das

Amtsgericht Musterstadt

– Registergericht –

HRB 10000

Mustermann AG mit dem Sitz in 10000 Musterstadt

Zur Eintragung in das Handelsregister wird **angemeldet**:

1. Aus dem Vorstand ist ausgeschieden:
   Herr Max Müller,
   geboren am ______,
   wohnhaft in 10000 Musterstadt.
2. Zum Vorstand ist neu bestellt:
   Frau Edith Meier,
   geboren am ______,
   wohnhaft in 10000 Musterstadt.
   Der bestellte Vorstand vertritt die Gesellschaft stets einzeln und sind vom Verbot der Mehrfachvertretung (§ 181, Alt. 2 BGB) befreit.
   (*Oder*): Der bestellte Vorstand vertritt die Gesellschaft satzungsgemäß.
3. Der neu bestellte Vorstand erklärt:
   Ich versichere hiermit, dass ich noch nie, weder im Inland noch im Ausland, verurteilt wurde wegen der folgenden oder vergleichbarer Taten:
   (…) [siehe Muster 2.22, Rdn 282]
   Der beglaubigende Notar hat mich darüber belehrt, dass ich gegenüber dem Registergericht unbeschränkt auskunftspflichtig bin und dass falsche Versicherungen strafbar sind.

(*Mitarbeitervollmacht*)

Mitteilungen des Gerichts werden ausschließlich an den beglaubigenden Notar erbeten.

Musterstadt, den ______

(*Vorstand in vertretungsberechtigter Zahl*)

▲

4. Gebühren

380 Der Geschäftswert für die **Anmeldung eines Vorstands** richtet sich nach § 105 Abs. 4 GNotKG und beträgt 1 % des Stammkapitals, mindestens 30.000 EUR je Vorstand. Mehrere Vorstandsanmeldungen sind gegenstandsverschieden, vgl. § 111 Nr. 3 GNotKG. Entwirft der Notar die Registeranmeldung selbst, entsteht eine 0,5-Gebühr, vgl. KV-Nr. 24102 GNotKG. Wird lediglich die Unterschrift beglaubigt, entsteht eine 0,2-Gebühr gemäß KV-Nr. 25100 GNotKG, höchstens 70 EUR.

Übermittelt der Notar die Registeranmeldung elektronisch mit **XML-Strukturdaten** an das Registergericht, entsteht, wenn der Notar den Entwurf selbst gefertigt hat, zusätzlich eine

0,2-Gebühr gemäß KV-Nr. 22114 GNotKG aus dem Geschäftswert der Anmeldung, höchstens 125 EUR. Übermittelt der Notar eine Anmeldung, für die er nicht den Entwurf erstellt hat, elektronisch mit XML-Strukturdaten an das Registergericht, entsteht anstatt einer 0,2-Gebühr eine 0,5-Gebühr gemäß KV-Nr. 22125 GNotKG. Zusätzlich zu dieser 0,5-Gebühr fällt eine Gebühr nach KV-Nr. 22124 GNotKG i.H.v. pauschal 20 EUR für die Übermittlung an das Registergericht an.

Hinzu kommen die üblichen Auslagen und die Umsatzsteuer.

Bei jeder Änderung bei einem Vorstand oder Löschung eines Vorstands fallen Gebühren in entsprechender Höhe an.

Wird der Beschluss des Aufsichtsrats zur Änderung des Vorstands vom Notar entworfen oder sogar beurkundet, fällt eine 2,0-Gebühr nach KV-Nr. 21100 GNotKG an. Als Mindestwert ist hier ein Gegenstandwert von 30.000 EUR anzunehmen, vgl. § 108 GNotKG. Mehrere Abberufungen oder Neubestellungen von Vorständen lösen die Gebühr nur einmal aus, vgl. § 111 Nr. 3 GNotKG, sofern über die einzelnen Personen nicht einzeln abgestimmt worden ist. 381

V. Wechsel im Aufsichtsrat

1. Formelle und materielle Voraussetzungen

Die Mitglieder des Aufsichtsrats werden von der **Hauptversammlung** mit einfacher Mehrheit (vgl. § 133 Abs. 1 AktG, sofern die Satzung nichts anderes vorsieht) für längstens vier Jahre (vgl. § 102 AktG) gewählt, sofern Mitglieder nicht nach anderen Vorschriften zwingend in den Aufsichtsrat zu senden sind, vgl. § 101 AktG. Das jeweilige Aufsichtsratsmitglied muss die **Wahl** angenommen haben. Auch können Aufsichtsratsmitglieder vor Beendigung ihrer regulären Amtszeit von der Hauptversammlung mit Dreiviertelmehrheit der Stimmen (sofern die Satzung nichts anders vorsieht) abberufen werden, vgl. § 103 Abs. 1 AktG. 382

Der Aufsichtsrat besteht aus mindestens **drei Mitgliedern**, vgl. § 95 S. 1 AktG. Die Höchstzahl der Aufsichtsratsmitglieder bestimmt sich nach der Höhe des Grundkapitals, vgl. § 95 S. 4 AktG. Aufsichtsratsmitglieder dürfen im Grundsatz nicht auch Vorstand oder Prokurist des jeweiligen Unternehmens sein, vgl. § 105 AktG.

Der Aufsichtsrat seinerseits wählt aus seinen Reihen den **Vorsitzenden** und dessen Stellvertreter, vgl. § 107 Abs. 1 S. 1 AktG.

Der Vorstand hat bei jeder **Änderung** in den Personen der Aufsichtsratsmitglieder unverzüglich eine Liste der Mitglieder des Aufsichtsrats, aus welcher Name, Vorname, ausgeübter Beruf und Wohnort der Mitglieder ersichtlich ist, zum Handelsregister einzureichen, vgl. § 106 AktG; das Gericht hat nach § 10 HGB einen Hinweis darauf bekannt zu machen, dass die Liste zum Handelsregister eingereicht worden ist. Die Liste oder das Einreichungsschreiben ist vom Vorstand in vertretungsberechtigter Zahl zu unterzeichnen. Die Unterschriften bedürfen keiner Beglaubigung. 383

Ändert sich die Person des Aufsichtsratsvorsitzenden und/oder dessen Stellvertreter, ist dies durch den Vorstand in vertretungsberechtigter Zahl zusätzlich und unverzüglich zum **Handelsregister** anzumelden, vgl. § 107 Abs. 1 AktG. Nach überwiegender Ansicht bedürfen die Unterschriften ebenfalls nicht der öffentlichen Beglaubigung, weil es sich bei der Meldung des Aufsichtsratsvorsitzenden und/oder dessen Stellvertreter nicht um eine Anmeldung einer echten Eintragung ins Handelsregister, sondern um eine bloße Mitteilung handelt.[110]

Die **Einreichung** der Aufsichtsratsliste sowie die Anmeldung des Vorsitzenden und stellv. Vorsitzenden des Aufsichtsrats sind rein deklaratorisch. Die Dokumente sind elektronisch zum Handelsregister einzureichen, vgl. § 12 Abs. 2 HGB.

110 Vgl. zum Ganzen *Krafka*, Registerrecht, 12. Aufl. 2024, Rn 1738.

2. Muster

384 ▼

Muster 2.35: Wechsel im Aufsichtsrat

An das

Amtsgericht Musterstadt

– Registergericht –

HRB 10000

Mustermann AG mit dem Sitz in 10000 Musterstadt

Zur Eintragung in das Handelsregister wird **angemeldet**:

1. Die Gesellschaft hat am ______ (*Datum*) eine Hauptversammlung abgehalten. In der Anlage reichen wir eine öffentlich beglaubigte Abschrift der diesbezüglichen Niederschrift samt ihrer Anlagen zum Handelsregister ein.[111]
2. In den Personen der Aufsichtsratsmitglieder hat sich eine Änderung ergeben. In der Anlage reichen wir eine Liste der Mitglieder des Aufsichtsrats zum Handelsregister ein.
3. Der Aufsichtsrat hat in seiner Sitzung vom ______ (*Datum*) Herrn/Frau ______ (*Name*) zu seinem Vorsitzenden und ______ (*Name*) zum Stellvertreter des Vorsitzenden gewählt.

[Mitarbeitervollmacht]

Mitteilungen des Gerichts werden ausschließlich an den einreichenden Notar erbeten.

Musterstadt, den ______

[Unterschrift Vorstand in vertretungsberechtigter Zahl, keine Beglaubigungen der Unterschriften erforderlich]

Anlage

Liste der Mitglieder des Aufsichtsrats der

Mustermann AG mit Sitz in 10000 Musterstadt:

(1) Herr Anton Schmidt, geboren am ______, Steuerberater,[112] wohnhaft in ______

(2) Frau Elke Hofer, geboren am ______, Unternehmensberaterin, wohnhaft in ______

(3) Frau Dr. Silke Haydn, geboren am ______, Ärztin, wohnhaft in ______

Musterstadt, den ______

(*Unterschrift des Vorstands in vertretungsberechtigter Zahl; keine Beglaubigung erforderlich*)[113]

▲

3. Gebühren

385 Für den Entwurf der **Liste der Mitglieder des Aufsichtsrats** entsteht gemäß KV-Nr. 24101 i.V.m. KV-Nr. 21200 GNotKG eine 1,0-Gebühr. Für den Entwurf der Anmeldung des Vorsitzenden und des Stellvertreters zum Handelsregister entsteht gemäß KV-Nr. 24102 GNotKG i.V.m. KV-Nr. 21201 Nr. 5 GNotKG eine 0,5-Gebühr. Für die – für die Liste und die Anmeldung nicht erforderliche – Beglaubigung der Unterschriften entsteht keine zusätzliche Gebühr. Für die Erzeugung der XML-Daten entsteht gemäß KV-Nr. 22114 GNotKG eine 0,2-Gebühr, höchstens 125 EUR.

111 Die Pflicht zur Einreichung des Hauptversammlungsprotokolls ergibt sich aus § 130 Abs. 5 AktG. Bei notariellen Niederschriften ist das Protokoll vom Notar, vgl. § 130 Abs. 4 S. 1 AktG, ansonsten vom Vorsitzenden des Aufsichtsrats zu unterzeichnen, vgl. § 130 Abs. 5 AktG.

112 Beruf ist ausnahmsweise anzugeben, vgl. § 106 AktG.

113 Die Liste muss dann nicht separat unterzeichnet sein, wenn das Anschreiben zum Registergericht vom Vorstand in vertretungsberechtigter Zahl unterzeichnet ist.

Der Geschäftswert der Liste der Mitglieder des Aufsichtsrats ist nicht unumstritten. Überwiegend wird vertreten, dass ein Teilwert i.H.v. 10–30 % aus dem fiktiven Geschäftswert einer Anmeldung angesetzt werden solle, i.d.R. also aus 30.000 EUR, mindestens aber 5.000 EUR. Gleiches gilt für die Meldung des Vorsitzenden und/oder dessen Stellvertreter. Aufsichtsratsliste, Meldung des Vorsitzenden sowie Meldung des stellv. Vorsitzenden stellen drei verschiedene Gegenstände dar. 386

H. Sonstige Anmeldungen

I. Anmeldung einer Zweigniederlassung

1. Allgemeines

Die Zweigniederlassung ist rechtlich gesehen ein **unselbstständiger Teil** des Gesamtunternehmens der Hauptniederlassung und hat **keine eigene Rechtspersönlichkeit** – auch dann nicht, wenn es sich um die Zweigniederlassung eines ausländischen Unternehmens handelt. Dennoch kann das Vorliegen einer Zweigniederlassung nur bejaht werden, wenn dem Gesamtbild nach eine in personeller und organisatorischer Hinsicht selbstständige Einheit vorliegt, die ohne weiteres als eigenständiges Unternehmen fortgeführt werden könnte. In das Handelsregister eintragbar sind auch inländische Zweigniederlassungen von ausländischen Unternehmen (§§ 13d bis 13 g HGB). Hingegen können ausländische Zweigniederlassungen von inländischen Unternehmen nicht im deutschen Handelsregister eingetragen werden.[114] Die Eintragung der Zweigniederlassung ist nur deklaratorisch. 387

2. Anmeldung

Die Anmeldung und Eintragung einer Zweigniederlassung erfolgt beim Gericht der **Hauptniederlassung**, vgl. § 13 HGB. Die Anmeldung wird durch den Geschäftsherrn der Hauptniederlassung (in vertretungsberechtigter Zahl) vorgenommen. Bei der Anmeldung kann auch eine Prokura nur auf eine Zweigniederlassung beschränkt werden, vgl. § 50 Abs. 3 HGB. 388

▼ 389

Muster 2.36: Anmeldung einer inländischen Zweigniederlassung

An das

Amtsgericht Deggendorf

– Registergericht –

HRB 10000

KSA GmbH mit dem Sitz in Deggendorf

Zur Eintragung in das Handelsregister wird **angemeldet**:

Die KSA GmbH hat in Passau eine Zweigniederlassung errichtet.

Die Geschäftsräume befinden sich in 94032 Passau, Bahnhofstraße 1782; dies ist auch die inländische Geschäftsanschrift i.S.v. § 10 Abs. 1 S. 1 GmbHG.

Die Zweigniederlassung führt die Firma: KSA GmbH, Zweigniederlassung Passau.

Ggf.: Herrn Mustermann Max, geboren am 17.4.1967, wurde Einzelprokura erteilt mit der Beschränkung, dass diese nur zur Vertretung der Zweigniederlassung in Passau befugt.

(*Mitarbeitervollmacht*)

Mitteilungen des Gerichts werden ausschließlich an den beglaubigenden Notar erbeten.

____, den

(*Geschäftsführer in vertretungsberechtigter Zahl*)

▲

114 Vgl. zum Ganzen *Krafka*, Registerrecht, 12. Aufl. 2024, Rn 289.

II. Beherrschungs- und Gewinnabführungsverträge

390 In manchen Fällen ist es gewünscht, dass ein Unternehmen die Leitung der Gesellschaft einem anderen Unternehmen unterstellt (sog. **Beherrschungsvertrag**) oder sich verpflichtet, seinen ganzen Gewinn an ein anderes Unternehmen abzuführen (sog. **Gewinnabführungsvertrag**). Solche Unternehmensverträge haben meist steuerliche Gründe. Die Unternehmensverträge sind in §§ 291 ff. AktG geregelt; diese Vorschriften finden aber auf Unternehmensverträge bei GmbHs analoge Anwendung.

Möchte ein Unternehmen einen solchen Beherrschungs- und Gewinnabführungsvertrag schließen, sind **drei verschiedene Arten von Dokumenten** vorzubereiten; das Unternehmen, das seinen Gewinn abführen muss bzw. beherrscht wird, wird „beherrschtes Unternehmen", das Unternehmen, das den Gewinn erhält bzw. herrscht, wird „herrschendes Unternehmen" genannt:

- Der Beherrschungs- und Gewinnabführungsvertrag an sich,
- die Zustimmungsbeschlüsse der Inhaber der beteiligten Unternehmen (der Unternehmensvertrag ist dem jeweiligen Beschluss beizufügen),
- Anmeldung des Unternehmensvertrags beim Registergericht des beherrschten Unternehmens.

1. Unternehmensvertrag

391 Der Beherrschungs- und Gewinnabführungsvertrag bedarf lediglich der einfachen Schriftform und ist von den Geschäftsführern/Vorständen der beteiligten Unternehmen in vertretungsberechtigter Anzahl zu unterzeichnen.

2. Zustimmungsbeschlüsse

392 Die Inhaber der beteiligten Unternehmen müssen dem Unternehmensvertrag zustimmen.

a) Zustimmungsbeschluss des beherrschten Unternehmens

393 Die Inhaber des beherrschten Unternehmens müssen dem Unternehmensvertrag **zustimmen**, vgl. § 293 Abs. 1 AktG (analog bei GmbH). Der Beschluss muss beim beherrschten Unternehmen notariell beurkundet werden, vgl. § 293 Abs. 1 AktG (analog i.V.m. § 53 Abs. 2 GmbHG bei GmbH). Ist das beherrschte Unternehmen eine AG, ist für den Beschluss eine ¾-**Mehrheit** erforderlich, sofern die Satzung keine strengere Quote verlangt. Strittig ist, welche Mehrheit man für die Zustimmung bei einer GmbH braucht. Nach e.A. sei ebenfalls eine ¾-Mehrheit erforderlich, nach a.A. Einstimmigkeit. Der Unternehmensvertrag ist dem Zustimmungsbeschluss als Anlage in einfacher Schriftform beizufügen.

b) Zustimmungsbeschluss des herrschenden Unternehmens

394 Auch die Inhaber des herrschenden Unternehmens müssen dem Unternehmensvertrag zustimmen, vgl. § 293 Abs. 2 AktG (analog bei der GmbH). Der **Beschluss** beim herrschenden Unternehmen bedarf aber lediglich bei der AG nach § 293 Abs. 2 AktG der notariellen Beurkundung, bei der GmbH ist für den Beschluss die einfache Schriftform ausreichend (vgl. Umkehrschluss aus § 53 Abs. 2 GmbHG). Auch diesem Beschluss ist der Unternehmensvertrag in einfacher Schriftform als Anlage beizufügen.

3. Anmeldung beim Registergericht

395 Der Beherrschungs- und Gewinnabführungsvertrag ist beim **Registergericht des beherrschten Unternehmens** anzumelden. Die Eintragung im Register des beherrschten Unternehmens ist konstitutiv. **Anmeldepflichtig** ist der Vorstand/die Geschäftsführerin vertretungsberechtigter Zahl. Eine Eintragung im Register des herrschenden Unternehmens ist nicht möglich.[115]

115 BGH v. 31.1.2023 – II ZB 10/22, NotBZ 2023, 214.

▼ 396

Muster 2.37: Anmeldung eines Beherrschungs- und Gewinnabführungsvertrages

An das

Amtsgericht Deggendorf

– Registergericht –

HRA 1000

Mustermann GmbH mit dem Sitz in Deggendorf

Zur Eintragung in das Handelsregister wird angemeldet:

1. Die Gesellschaft hat am 14.3.2021 mit der XTectur GmbH mit Sitz München (AG München, HRB 999) als herrschendem Unternehmen einen Beherrschungs- und Gewinnabführungsvertrag geschlossen.

2. Die Gesellschafterversammlung der Gesellschaft und die Gesellschafterversammlung der herrschenden Gesellschaft haben dem Abschluss dieses Vertrages jeweils durch Beschl. v. 15.3.2021 zugestimmt.

(*Mitarbeitervollmacht*)

Mitteilungen des Gerichts werden ausschließlich an den beglaubigenden Notar erbeten.

Musterstadt, den

(*Unterschrift der Geschäftsführer in vertretungsberechtigter Anzahl*)

▲

4. Aufhebung von Beherrschungs- und Gewinnverwendungsverträgen

Bei der Aufhebung als *actus contrarius* gelten die vorstehenden Prinzipien entsprechend. 397
Die Eintragung der Aufhebung im Register ist aber anders als bei der Begründung eines Unternehmensvertrages nur von deklaratorischer Wirkung, vgl. § 298 AktG (analog bei GmbH). Anzumelden ist in diesem Fall nicht die Aufhebung oder Kündigung des Vertrages, sondern die **Beendigung**; die Eintragung erfolgt also erst nach dem Wirksamwerden des Beendigungstatbestands. Gemäß § 296 Abs. 1 S. 1 AktG analog kann die Aufhebung mit einer abhängigen GmbH daher nur immer zum Ende des Geschäftsjahres oder des sonst vertraglich bestimmten Abrechnungszeitraums erfolgen.[116]

5. Kosten

Sollte der Unternehmensvertrag vom Notar entworfen worden sein (was in der Praxis selten 398
vorkommt), so fällt eine 2,0-Gebühr nach KV-Nr. 21100 GNotKG aus dem Geschäftswert des Unternehmensvertrags an. Für den Zustimmungsbeschluss der beherrschten Gesellschaft fällt ebenfalls eine 2,0-Gebühr nach KV-Nr. 21100 GNotKG aus dem Wert des Unternehmensvertrags (vgl. § 108 Abs. 2 GNotKG) an. Beide Gebühren sind gegenstandsverschieden und daher zu addieren. Sollte der Beschluss der herrschenden Gesellschaft beurkundungsbedürftig sein (so bei der AG), fällt auch für diesen Beschluss eine 2,0-Gebühr an.

Der Gegenstandswert eines Unternehmensvertrags richtet sich nach § 52 Abs. 3 GNotKG: Der Wert für einen Unternehmensvertrag von unbeschränkter Dauer ist der auf die ersten 20 Jahre entfallende Wert, der Wert eines Unternehmensvertrags von unbestimmter Dauer (aber z.B. kündbar) ist der auf die ersten zehn Jahre entfallende Wert. Für Unternehmensverträge gilt der Höchstwert aus § 107 GNotKG nicht, weil es sich nicht um Gesellschaftsverträge, Satzungen oder Pläne bzw. Verträge nach dem Umwandlungsgesetz handelt. Der Zustimmungsbeschluss unterliegt jedoch dem Höchstgeschäftswert aus § 108 Abs. 5 GNotKG von 5 Mio. EUR.

116 Vgl. hierzu BGH NZG 2015, 912.

Entwirft der Notar darüber hinaus die Registeranmeldung und reicht diese mit XML-Strukturdaten beim Registergericht ein, fällt hierfür aus einem Geschäftswert von 1 % des Stammkapitals, mindestens aber 30.000 EUR, eine 0,5-Gebühr an, vgl. KV-Nr. 24102 GNotKG, sowie eine XML-Gebühr von 0,2, max. 125 EUR.

§3 Prüfe Dein Wissen

Fragen und Antworten

I. Einführung

1. Frage 1

Um welche Gesellschaftsform handelt es sich bei der UG (haftungsbeschränkt) & Co. KG und zu welchem Register ist diese Gesellschaft anzumelden?

Antwort:

Bei der UG (haftungsbeschränkt) & Co. KG handelt es sich um eine Kommanditgesellschaft und daher um eine Personengesellschaft. Die Gesellschaft ist daher zum Handelsregister (dort zur Abteilung HRA) anzumelden. Anders als herkömmliche KGs weist die UG (haftungsbeschränkt) & Co. KG die Besonderheit auf, dass sie lediglich einen Komplementär hat, der seinerseits als Kapitalgesellschaft (eine Unternehmergesellschaft mit beschränkter Haftung) lediglich beschränkt haftet. Die beschränkte Haftung des Komplementärs ist mit der Bezeichnung „UG (haftungsbeschränkt) & Co.“ nach außen hin deutlich zu machen, vgl. § 19 Abs. 2 HGB.

2. Frage 2

Erklären Sie die Begriffe konstitutive und deklaratorische Anmeldung.

Antwort:

Bei der deklaratorischen Eintragung erfolgt die Eintragung lediglich zur Bekanntmachung. Der anzumeldende Sachverhalt ist bereits außerhalb des Registers entstanden (z.B. Erteilung von Prokura, Entstehen eines Muss-Kaufmanns). Im Gegensatz dazu erlangt bei einer konstitutiven Eintragung der Vorgang erst mit der Eintragung in das jeweilige Register selbst seine Wirksamkeit (z.B. Satzungsänderung einer GmbH, Eintragung eines Kann-Kaufmanns).

3. Frage 3

Was sind eintragungspflichtige und was sind lediglich eintragungsfähige Tatsachen?

Antwort:

Eintragungspflichtige Tatsachen sind solche, die zwingend im jeweiligen Register eingetragen sein müssen (z.B. Prokuraerteilung, Muss-Kaufmann, Ersteintragung einer GmbH oder AG). Im Gegensatz dazu handelt es sich bei lediglich eintragungsfähigen Tatsachen um Tatsachen, die in ein Register eingetragen werden können, aber nicht müssen (z.B. Haftungsausschluss nach § 25 Abs. 2 HGB, Einschränkung der Vertretungsmacht des Vorstands beim Verein, Kann-Kaufmann).

4. Frage 4

Was ist ein Prüfvermerk und wann ist ein solcher erforderlich?

Antwort:

Nach § 378 Abs. 3 FamFG sind Anmeldungen in Registersachen mit Ausnahme der Genossenschafts- und Partnerschaftsregistersachen vor ihrer Einreichung für das Registergericht von einem Notar auf Eintragungsfähigkeit zu prüfen. Die Prüfung wird durch einen sog. Prüfvermerk nachgewiesen. Wurde das Dokument beurkundet oder stammt der Entwurf vom Notar, ist ein Prüfvermerk entbehrlich. Einen solchen bedarf es nur bei reinen Unterschriftbeglaubigungen auf Fremdentwürfen.

5 **5. Frage**

Kann ein Verein seine Vereinsregisteranmeldung selbst bei Gericht einreichen?

Antwort:

Ja, nach § 378 Abs. 3 S. 2 FamFG sind nur Anmeldungen zum Handels- oder Gesellschaftsregister über den Notar bei Gericht einzureichen.

6 **6. Frage**

A wird durch Beschluss der Gesellschafterversammlung vom 3.3.2023 zum 31.3.2023 als Geschäftsführer abberufen. Kann A als einzelvertretungsberechtigter Geschäftsführer seine Abberufung noch selbst zum Handelsregister anmelden?

a) Anmeldung erfolgt am 30.3.2023.
b) Anmeldung erfolgt am 1.4.2023.

Antwort:

a) Ja, weil A zu diesem Zeitpunkt noch vertretungsberechtigt war. Es kommt bzgl. der Vertretungsberechtigung auf den Zeitpunkt der Abgabe der Erklärung zum Registergericht an.
b) Nein, weil A zu diesem Zeitpunkt nicht mehr vertretungsberechtigt war. In diesem Fall muss ein anderer Geschäftsführer das Ausscheiden anmelden. Die Problematik hätte man dadurch vermeiden können, dass das Ausscheiden des Geschäftsführers auf den Zeitpunkt der Eintragung des Ausscheidens durch das Registergericht bedingt ist. Eine solche zeitliche Bedingung ist zulässig, weil für das Gericht der genaue Zeitpunkt klar ersichtlich ist.

7 **7. Frage**

Skizzieren Sie die Grundzüge der Bewertung von Registeranmeldungen.

Antwort:

Für die Fertigung eines Entwurfs für eine Registeranmeldung fällt nach KV-Nr. 24102 GNotKG eine 0,5-Gebühr an, mindestens 30 EUR. Beglaubigt der Notar, der den Entwurf gefertigt hat, unter dem Entwurf eine oder mehrere Unterschriften, entstehen für die erstmalige Beglaubigung, die an ein und demselben Tag erfolgen, keine weiteren Gebühren (vgl. Vorbem. 2.4.1 Abs. 2 zu KV-Nr. 24100 GNotKG). Beglaubigt der Notar an anderen Tagen weitere Unterschriften unter dem eigenen Entwurf fallen für jeden Beglaubigungsvermerk nach KV-Nr. 25100 GNotKG eine 0,2-Gebühr an, mindestens 20 EUR, höchstens 70 EUR. Mit der Gebühr ist die Beglaubigung mehrerer Unterschriften abgegolten, wenn diese in einem einzigen Vermerk erfolgen.

Beglaubigt der Notar unter einem fremden Entwurf eine Unterschrift fällt nach KV-Nr. 25100 GNotKG eine 0,2-Gebühr an, mindestens 20 EUR, höchstens 70 EUR.

Übermittelt der Notar die Registeranmeldung elektronisch mit XML-Strukturdaten an das Registergericht, entsteht, wenn der Notar den Entwurf selbst gefertigt hat, zusätzlich eine 0,2-Gebühr gemäß KV-Nr. 22114 GNotKG aus dem Geschäftswert der Anmeldung, höchstens 125 EUR. Übermittelt der Notar eine Anmeldung, für die er nicht den Entwurf erstellt hat, elektronisch mit XML-Strukturdaten an das Registergericht, entsteht anstatt einer 0,2-Gebühr eine 0,5-Gebühr gemäß KV-Nr. 22125 GNotKG, maximal 250 EUR. Zusätzlich zu dieser 0,5-Gebühr fällt eine Gebühr nach KV-Nr. 22124 GNotKG i.H.v. pauschal 20 EUR für die Übermittlung an das Registergericht an.

Für das Erstellen von elektronischen Dokumenten fallen ggf. zusätzliche Gebühren an. Müssen Urkunden/Dokumente eingescannt werden, ist dies nach KV-Nr. 32002 GNotKG bei den ersten 50 Seiten mit 0,5 EUR, bei den weiteren Seiten mit 0,15 EUR abzurechnen. Für die Weitergabe von elektronischen Dateien fallen Gebühren i.H.v. 1,50 EUR pro Datei, maximal 5 EUR pro Arbeitsvorgang an, vgl. KV-Nr. 32002 GNotKG. Ein Arbeitsvorgang liegt vor, wenn mehrere Dateien als Anhang zu einer Mail oder mit einem strukturierten Datensatz versendet werden oder auf einen Datenträger abgespeichert und übergeben werden. Wird eine Mail gleichzeitig an mehrere Empfänger adressiert und übersandt, bleibt es bei einem Arbeitsgang. Das Versenden mehrerer Mails hingegen stellt mehrere Arbeitsgänge dar (vgl. Streifzug, Rn 531a). Bei der Übersendung an das Registergericht fällt die Dateigebühr aber nur dann an, wenn die Dokumentengebühr für den Scanvorgang nicht höher ist. Es ist in diesem Fall also eine Vergleichsberechnung anzustellen.

Der Gegenstand der jeweiligen Anmeldung richtet sich nach dem jeweiligen Anmeldevorgang. Zu den aufgezeigten Kosten kommen die üblichen Auslagen und die Umsatzsteuer.

Sollte bei der Unterschriftsbeglaubigung ein Vertretungsnachweis erforderlich werden (z.B. Bescheinigung, dass der unterzeichnende Geschäftsführer der Komplementärin auch tatsächlich deren Geschäftsführer ist, vgl. § 21 BNotO), fällt für jede Bescheinigung eine Gebühr nach KV-Nr. 25200 GNotKG i.H.v. 15 EUR für jedes Registerblatt, das eingesehen werden musste, an. Zudem fallen die Gebühren für den Abruf des jeweiligen Registerblatts an, vgl. KV-Nr. 32011 GNotKG. Eine Registerbescheinigung ist dann nicht erforderlich, wenn das für die Anmeldung zuständige Gericht den Nachweis durch Einblick in das eigene Register auch führen hätte können.

Für manche Anmeldevorgänge müssen dem Gericht Beschlüsse, ggf. auch beurkundet, eingereicht werden. Für die Erstellung und Beurkundung von Gesellschafterbeschlüssen fallen zusätzliche Gebühren an.

II. Vereinsrecht

8. Frage 8

Wie viele Mitglieder muss ein eingetragener Verein mindestens haben
a) bei Gründung?
b) im Übrigen?

Antwort:
a) Bei der Gründung mindestens sieben Mitglieder, vgl. § 56 BGB.
b) Im Übrigen mindestens drei Mitglieder, vgl. § 73 BGB.

9. Frage 9

A möchte einen Verein gründen. Er verlangt für die Gründungssitzung die Anwesenheit eines Notars. Zu Recht?

Antwort:

Nein, die Gründungsversammlung ist nicht beurkundungsbedürftig.

10. Frage 10

Die Gründungssatzung des FC S e.V. wurde weder von sieben Mitgliedern unterschrieben, noch enthält die Satzung die Anforderungen nach § 58 BGB. Wird das Gericht den Verein ins Vereinsregister eintragen?

Antwort:

Nein, zwar handelt es sich bei § 59 Abs. 3 BGB und § 58 BGB lediglich um „Soll"-Vorschriften. Nach § 60 BGB sind Anmeldungen, die diese Bestimmungen nicht einhalten, gleichwohl zurückzuweisen. Ist jedoch eine Eintragung erfolgt, ohne dass diese Bestimmungen beachtet wurden, ist eine Amtslöschung nicht statthaft.

11. Frage 11

Der Notar N soll eine Unterschrift unter eine Vereinsregisteranmeldung (Neugründung eines Vereins mit dem Namen „Förderverein Islamischer Staat München e.V.") beglaubigen. Der Entwurf wurde vom Verein selbst erstellt. Darf der Notar die Unterschrift beglaubigen?

Antwort:

Nein, der Notar muss seine Amtshandlung gemäß § 4 BeurkG ablehnen, wenn mit dieser unerlaubte oder unsittliche Zwecke verfolgt werden würden. Die Förderung einer terroristischen Vereinigung ist verboten. Aus diesem Grund muss der Notar seine Mitwirkung an der Gründung einer solchen Vereinigung ablehnen.

12 **12. Frage**

Nach dem Gründungsakt und noch vor Eintragung soll die Satzung nochmals geändert werden. Es sind bei der Hauptversammlung 100 der 120 Gründungsmitglieder anwesend. Wie viele müssen dieser Satzungsänderung zustimmen?

Antwort:

Alle Mitglieder, auch die nicht anwesenden Mitglieder des Vereins. Anders als bei der normalen Satzungsänderung, muss die Änderung der Gründungssatzung vor Eintragung des Vereins, also vor rechtlicher Existenz des Vereins, wiederum von allen Gründungsmitgliedern unterzeichnet werden.

Merke: Hierbei handelt es sich um einen allgemeinen Grundsatz, der auch bei anderen Gesellschaftsformen zum Tragen kommt.

13 **13. Frage**

In der Jahreshauptversammlung wird der komplette Vorstand neu gewählt. Der Vorstand besteht aus dem 1. und 2. Vorsitzenden, dem Kassier, zwei Schriftführern, vier weiteren Vorstandsmitgliedern und sechs Ausschussmitgliedern. Der Kassier und die zwei Schriftführer sollen ebenfalls nach außen hin vertretungsberechtigt sein, nicht jedoch die sechs Ausschussmitglieder.

Welche Personen sind zum Vereinsregister als Vorstände i.S.d. § 26 BGB anzumelden?

Antwort:

Anzumelden sind stets nur die Vorstände, die nach außen hin zeichnungsberechtigt sein sollen, also im vorliegenden Fall nicht die sechs Ausschussmitglieder.

14 **14. Frage**

Kann der Vorstand auch von den Beschränkungen des § 181 BGB befreit werden?

Antwort:

Ja, eine Vorschrift, die das verbieten würde, gibt es im Vereinsrecht nicht. Allerdings ist hierfür eine Ermächtigung in der Satzung erforderlich.

15 **15. Frage**

Kann die Vertretungsmacht des Vorstandes nach außen hin beschränkt werden?

Antwort:

Ja, die Beschränkung muss jedoch in der Satzung verankert sein, vgl. § 26 Abs. 1 S. 3 BGB. Eine Beschränkung im Innenverhältnis ist darüber hinaus ohnehin immer möglich.

16 **16. Frage**

Der Verein A e.V. ändert seine Satzung und schafft einen neuen Vorstandsposten („3. Vorstand"). Jeder Vorstand ist einzelvertretungsberechtigt. Zum 3. Vorstand wird B gewählt. Kann B sich sowie die Satzungsänderung beim Gericht anmelden?

Antwort:

Nein. Zwar ist immer der neu gewählte Vorstand anmeldeberechtigt. In diesem Fall erhält B seine Vertretungsmacht aber erst mit Wirksamkeit der Satzungsänderung, also mit Eintragung der Satzungsänderung.

17. Frage 17

Wer muss die Auflösung eines Vereins zum Vereinsregister anmelden?

Antwort:

Das ist umstritten. Nach dem klaren Wortlaut des § 74 BGB werden die Auflösung des Vereins und die ersten Liquidatoren noch vom alten Vorstand angemeldet. Nach anderer Ansicht sind für diese Anmeldung bereits die Liquidatoren zuständig.

18. Frage 18

Der Verein Tanzclub Bogenhausen e.V. will eine Änderung des Vorstands sowie eine Satzungsänderung zum Handelsregister anmelden. Der Entwurf der Anmeldung kommt vom Notar selbst. Wie hoch sind die Notar- und Gerichtskosten?

Antwort:

Der Geschäftswert für die notarielle Anmeldung sonstiger Registervorfälle bei Vereinen richtet sich nach § 36 GNotKG und beträgt regelmäßig 5.000 EUR (vgl. § 36 Abs. 3 GNotKG), bei wirtschaftlich bedeutenden Vereinen auch mehr (Höchstwert gemäß § 36 Abs. 2 GNotKG: 1 Mio. EUR). Alle Satzungsänderungen gelten gemäß § 109 Abs. 2 Nr. 4c) GNotKG als ein (zusammengefasster) Gegenstand; die zusätzliche Anmeldung des Ausscheidens eines Vorstandsmitgliedes und der Neuwahl eines Vorstandsmitgliedes würde je als weiterer Gegenstand gelten, so dass die Werte gemäß § 35 Abs. 1 GNotKG zu addieren wären (3 x 5.000 EUR = 15.000 EUR). Entwirft der Notar die Registeranmeldung, entsteht eine 0,5 Gebühr, mindestens jedoch 30 EUR, KV-Nr. 21201 Nr. 5 GNotKG i.V.m. KV-Nr. 24102 GNotKG i.V.m. § 92 Abs. 2 GNotKG, zzgl. Auslagen und USt. Wird lediglich die Unterschrift beglaubigt, entsteht eine 0,2-Gebühr gemäß KV-Nr. 25100 GNotKG, mindestens 20 EUR, höchstens 70 EUR zzgl. Auslagen und USt. Übermittelt der Notar die Registeranmeldung elektronisch mit XML-Strukturdaten an das Registergericht, entsteht zusätzlich eine 0,2-Gebühr gemäß Nr. 22114 aus dem Geschäftswert der Anmeldung.

Beim Gericht entsteht eine Gebühr gemäß KV-Nr. 13101 GNotKG i.H.v. 50 EUR (jeweils für alle späteren Anmeldungen, welche diesen Verein betreffend am selben Tag beim Registergericht eingegangen sind).

19. Frage 19

Bei Vereinsregisteranmeldungen ist meist das Versammlungsprotokoll vorzulegen. Welche Punkte sind in diesem Zusammenhang bei einer Anmeldung zu beachten?

Antwort:

Das Protokoll muss vom Protokollführer unterzeichnet sein (ggf. von weiteren Personen, wenn dies von der Satzung verlangt wird); das Protokoll muss den erforderlichen Sachverhalt klar wiedergeben (z.B. müssen gewählte Vorstände die Wahl angenommen haben). In der Praxis sollte auch die Einladung kontrolliert werden, ob die Ladungsfrist beachtet wurde.

20. Frage 20

In einem Protokoll steht Folgendes: „*A wurde mit einer Mehrheit von 51 % der anwesenden Mitglieder zum neuen ersten Vorsitzenden des Vereins gewählt (eine einfache Mehrheit war erforderlich). Der ausgeschiedene Vorstand B gratuliert A zu seiner Wahl. Als nächster Tagesordnungspunkt wurde (…) behandelt.*“ Was fehlt?

Antwort:

A hat die Wahl nicht ausdrücklich angenommen. A ist damit (noch) nicht zum neuen ersten Vorsitzenden gewählt worden. Nach strittiger, aber wohl richtiger Ansicht soll die Anmeldung des neuen Vorsitzenden durch den neuen Vorsitzenden selbst jedoch eine konkludente Annahme der Wahl darstellen und den Protokollmangel damit heilen.

21 **21. Frage**

A ist Mitglied beim FC Bayern Fanclub 1955 Bad Abbach e.V. Am 15.4. ist Jahreshauptversammlung. Leider kann er an dieser nicht teilnehmen, weil er im Urlaub ist. Kann A seinem Freund F Vollmacht erteilten, damit dieser sein Stimmrecht in der Versammlung wahrnimmt? Würde sich die Antwort ändern, wenn F selbst Vereinsmitglied wäre?

Antwort:

Mitgliedschaftsrechte in Vereinen sind nicht vererblich und übertragbar und können auch nicht durch Dritte ausgeübt werden. Stimmrechtsvollmachten sind daher unzulässig, selbst wenn der Bevollmächtigte selbst Mitglied des Vereins wäre, vgl. § 38 BGB. Die Satzung kann jedoch etwas anderes bestimmen. § 38 BGB ist also dispositiv, kann also durch Satzung abgeändert werden, vgl. § 40 BGB.

22 **22. Frage**

Der Verein SV H hält seine jährliche Mitgliederversammlung ab. Es sind nicht alle Mitglieder erschienen. Der erste Vorstand stellt unter dem Tagesordnungspunkt „Sonstiges" seinen Vorschlag zur Änderung der Satzung vor. Diese Satzungsänderung wurde von den erschienenen Mitgliedern einstimmig angenommen. Kann die Anmeldung der Satzungsänderung vorgenommen werden?

Antwort:

Nein, da der satzungsändernde Beschluss unwirksam ist. Zwar wurde in der Versammlung die erforderliche Mehrheit erreicht (vgl. § 33 BGB), jedoch war die Versammlung nicht beschlussfähig. Für die Beschlussfähigkeit bedarf es einer wirksamen Ladung sämtlicher Mitglieder. Hierfür müssen die Tagesordnungspunkte so genau bezeichnet sein, dass sich die Mitglieder auf die Beschlussgegenstände einstellen können. Der unwirksame Beschluss könnte dadurch geheilt werden, dass alle nicht erschienenen Mitglieder nachträglich schriftlich zustimmen (vgl. § 32 Abs. 2 BGB).

23 **23. Frage**

Welche Beendigungsgründe für den Verein gibt es?

Antwort:

Auflösung durch Beschluss oder Zeitablauf/Bedingung, Amtslöschung, Entziehung der Rechtsfähigkeit durch das Gericht, Insolvenz oder Ablehnung des Insolvenzverfahrens mangels Masse, Verbot.

III. Genossenschaftsrecht

24 **24. Frage**

Was unterscheidet eine Genossenschaft von einem Verein oder einer GmbH?

Antwort:

Eine Genossenschaft verfolgt anders als ein nicht-wirtschaftlicher Verein einen wirtschaftlichen Zweck. Eine Genossenschaft ist daher auch Formkaufmann, vgl. § 17 GenG i.V.m. § 6 Abs. 2 HGB. Eine Genossenschaft hat im Gegensatz zu einer GmbH jedoch die Absicht, primär die eigenen Mitglieder zu fördern und für diese Tätigkeiten zu erbringen. Handelsgesellschaften wie eine GmbH haben dagegen das Ziel, Geschäfte mit Dritten zu machen, um den eigenen Gewinn zu maximieren.

25 **25. Frage**

Die Genossenschaft XY e.G. hat drei Vorstände. Wer muss

a) die Genossenschaft anmelden?
b) einen etwaigen Vorstandswechsel anmelden?
c) eine etwaige Auflösung der Genossenschaft anmelden?

d) eine Löschung der Genossenschaft anmelden?
e) die Aufsichtsräte anmelden?

Antwort:

a) Alle Vorstände, vgl. § 157 GenG.
b) Die Vorstände in vertretungsberechtigter Zahl, vgl. § 157 GenG.
c) Die Vorstände in vertretungsberechtigter Zahl, vgl. § 157 GenG (nach a.A. bereits die Liquidatoren in vertretungsberechtigter Zahl).
d) Die Liquidatoren in vertretungsberechtigter Zahl, vgl. §§ 84, 157 GenG.
e) Keiner, die Aufsichtsräte werden nicht zum Register angemeldet.

26. Frage 26

Welche Gebühren fallen bei der Erstanmeldung einer e.G. an?

Antwort:

Der Geschäftswert für die Anmeldung einer Genossenschaft richtet sich nach § 105 Abs. 2, 3 Nr. 3 GNotKG und beträgt 60.000 EUR. Entwirft der Notar die Registeranmeldung, entsteht eine 0,5-Gebühr, KV-Nr. 21201 Nr. 5 GNotKG i.V.m. KV-Nr. 24102 GNotKG i.V.m. § 92 Abs. 2 GNotKG, zzgl. Auslagen und USt. Wird lediglich die Unterschrift unter einem von den Beteiligten selbst gefertigten Entwurf beglaubigt, entsteht eine 0,2-Gebühr gemäß KV-Nr. 25100 GNotKG, mindestens 20 EUR, höchstens 70 EUR zzgl. Auslagen und USt. Übermittelt der Notar die Registeranmeldung elektronisch mit XML-Strukturdaten an das Registergericht, entsteht zusätzlich eine 0,2-Gebühr gemäß KV-Nr. 22114 GNotKG aus dem Geschäftswert der Anmeldung.

Beim Gericht entsteht eine Gebühr für die erste Eintragung der Genossenschaft gemäß Nr. 3100 HRegGebV i.H.v. 210 EUR.

27. Frage 27

Bei der Zuckerrüben Niederbayern e.G. läuft es derzeit nicht so gut. Aus diesem Grunde möchten die Mitglieder A zum Vorstand berufen, der zwar kein Genossenschaftsmitglied ist, dafür aber als Unternehmensberater sehr gute Erfahrung mit der Führung eines Unternehmens hat. Kann A Vorstand der e.G. sein? Könnte er Aufsichtsrat sein? Wie wäre die Antwort, wenn es sich um einen Verein handelte?

Antwort:

Im Genossenschaftsrecht gilt das Prinzip der Selbstorganschaft, d.h., Vorstände und Aufsichtsräte müssen Mitglieder der Genossenschaft sein, vgl. § 9 Abs. 2 GenG. Eine vergleichbare Vorschrift gibt es im Vereinsrecht nicht.

28. Frage 28

Bei der Zuckerrüben Südbayern e.G. ist A Vorstand. Er möchte sich nun zugleich auch als Aufsichtsrat berufen lassen. Ist das möglich?

Antwort:

Nein, Vorstände und Aufsichtsräte dürfen nicht personenidentisch sein, vgl. § 37 GenG.

29. Frage 29

A und B sind als Vorstände bei der Raiffeisenbank in R. bestellt; in der Berufungsversammlung wurde Gesamtvertretung angeordnet, in das Genossenschaftsregister aber Einzelvertretungsmacht aufgenommen. Kann A allein handeln?

Antwort:

A kann nur zusammen mit B handeln (sog. Gesamtvertretung). Ist der Vertragspartner jedoch gutgläubig, kann sich dieser auf die Eintragung nach § 29 GenG berufen.

30 **30. Frage**

Welche zusätzliche formale Voraussetzung muss dem Gericht bei einer Satzungsänderung bei einer Genossenschaft im Gegensatz zu einer Satzungsänderung bei einem Verein vorgelegt werden?

Antwort:

Bei der Genossenschaft muss zusätzlich eine Übereinstimmungserklärung nach § 16 Abs. 5 GenG vorgelegt werden.

IV. Kaufmann und Prokura

31 **31. Frage**

Handelt es sich bei der jeweiligen Eintragung im Handelsregister um eine deklaratorische oder um eine konstitutive Eintragung?

a) Eintragung Prokura
b) Eintragung Muss/Ist-Kaufmann
c) Eintragung Kann-Kaufmann
d) Eintragung Freiberufler
e) Eintragung einer GbR

Antworten:

a) Deklaratorisch.
b) Deklaratorisch.
c) Konstitutiv.
d) Keine Eintragung möglich.
e) Deklaratorisch, was die Rechtsfähigkeit der Gesellschaft betrifft, konstitutiv, was die Fähigkeit der Gesellschaft betrifft, Grundstücke zu erwerben und in das Handelsregister eingetragen zu werden.

32 **32. Frage**

Bei wem handelt es sich um einen Ist-Kaufmann, Kann-Kaufman, Nicht-Kaufmann, einen Freiberufler, einer Privatperson oder um einen Formkaufmann?

a) Großer Maurerbetrieb.
b) Kleiner Kfz-Betrieb ohne Angestellte und wenig Umsatz.
c) Lehrer, der zwei Wohnhäuser privat verwaltet.
d) Rechtsanwalts-GmbH.
e) Steuerberater PartG.
f) Architekt mit sieben angestellten Architekten.
g) Rechtsanwalts-KG.
h) eG.

Antworten:

a) Muss/Ist-Kaufmann.
b) Kann-Kaufmann.
c) Privatperson, reine private Vermögensverwaltung.
d) Formkaufmann, vgl. § 6 Abs. 2 HGB.
e) Freiberufler i.F.d. Partnerschaftsgesellschaft.
f) Freiberufler.
g) Kaufmann i.S.d. § 161 Abs. 2, 107 Abs. 1 S. 2, 6 Abs. 1 HGB
h) Formkaufmann, vgl. § 6 Abs. 2 HGB.

33. Frage 33

A betreibt ein Baugewerbe unter der Firma A Bau e.K. Er möchte von B ein Gewerbegrundstück erwerben. Wie wird A in das Grundbuch eingetragen?

Antwort:

A kann sich ins Grundbuch nur unter seinem bürgerlichen Namen eintragen lassen. Der e.K. hat keine eigenständige Rechtspersönlichkeit.

34. Frage 34

Wie können Eheleute, die in Gütergemeinschaft verheiratet sind, gemeinsam ein Unternehmen betreiben?

Antwort:

Die Eheleute können das Unternehmen als OHG betreiben, wenn beide Eheleute die Gesellschaftsanteile als Vorbehaltsgut halten (Regelfall). Sie können das Unternehmen aber auch gemeinsam als Eheleute betreiben („Maurerbetrieb Eheleute Kraus"). Das Unternehmen gehört familienrechtlich zum Gesamtgut, gesellschaftsrechtliche Rechtsträger sind aber die Eheleute selbst und nicht die Gütergemeinschaft.

35. Frage 35

Sind folgende Firmen zulässig?

a) „Mirapodo GmbH".
b) „Advocat e.K.", für ein Unternehmen, das Büromöbel verkauft.
c) „HR & P GmbH & Co. KG.", für ein Modeunternehmen, die Buchstaben aber bloß aneinandergereiht sind, ohne eine darüberhinausgehende Bedeutung zu haben.
d) „Frisöre Leipzig OHG".
e) „Hans Werner Autohandel e.K.", wenn ein Herr Hans Werner nie Gesellschafter oder Geschäftsführer des Unternehmens war.
f) „Gruppe Ernst Autoteilehandel GmbH", wenn die GmbH die einzige betriebene Gesellschaft ist.

Antworten:

a) Ja, Phantasienamen sind unter § 18 HGB grundsätzlich zulässig, sofern diese zur Kennzeichnung eines Unternehmens ausreichen, Unterscheidungskraft besitzen und nicht irreführend sind.

b) Problematisch, weil irreführend, weil „Advocat" auf eine Rechtsanwaltstätigkeit hindeutet, tatsächlich aber Büromöbel verkauft werden. Zudem führt die bloße Bezeichnung „Advocat" wohl nicht zu einer Unterscheidbarkeit, weil hier lediglich ein allgemeiner Berufsstand (der Rechtsanwälte) angegeben ist.

c) Wohl ja, bloße Aneinanderreihung von Buchstabenfolgen zulässig, sofern diese zur Kennzeichnung eines Unternehmens ausreichen, Unterscheidungskraft besitzen und nicht irreführend sind.

d) Problematisch, weil „Frisöre" lediglich einen allgemeinen Berufsstand angibt und daher für die Unterscheidbarkeit des Unternehmens nicht ausreichend ist; hieran ändert der bloße Zusatz der Örtlichkeit nichts.[1]

e) Problematisch wegen Irreführungsverbot. Zwar darf ein Unternehmen einen fiktiven oder fremden Namen in seiner Firma führen,[2] jedoch darf diese Namensführung nicht zu einer Irreführung des Rechtsverkehrs führen. Bei vorliegendem Sachverhalt wäre daher zu prüfen, ob die Kunden getäuscht würden. Dies wäre nicht der Fall, wenn es Herrn Hans Werner in Wirklichkeit gar nicht gibt oder der Rechtsverkehr in dessen Existenz kein Vertrauen setzt.

1 A.A. (zu einem ähnlichen Fall) KG DNotZ 2008, 392, mit zu Recht krit. Anm. *Kanzleiter*.
2 So auch OLG München FGPrax 2013, 35.

f) Verstoß gegen das Irreführungsverbot, weil die Allgemeinheit bei der Verwendung des Wortes „Gruppe“ davon ausgeht, dass es sich um eine Holdinggesellschaft mit mehreren Tochterunternehmen handelt.[3]

36 **36. Frage**

A möchte eine Apotheke betreiben und diese als e.K. im Handelsregister anmelden. Muss A dem Registergericht hierfür die Erlaubnis nach § 1 Abs. 2 ApoG nachweisen?

Antwort:

Nein, nach § 7 HGB sind öffentlich-rechtliche Erlaubnisvorschriften bei der Registeranmeldung nicht mehr zu prüfen (mit Ausnahmen von speziellen Erlaubnissen wie z.B. § 43 KWG).

37 **37. Frage**

A möchte als „Bauunternehmen Müller e.K.“ sich im Handelsregister eintragen lassen. Der Notar fertigt den Entwurf und holt die Auskunft über die Zulässigkeit der Firma bei der IHK ein. Welche Gebühren entstehen?

Antwort:

Der Geschäftswert für die Erstanmeldung eines eingetragenen Kaufmanns beträgt gemäß § 105 Abs. 2, 3 Nr. 1 GNotKG 30.000 EUR.

Entwirft der Notar die Registeranmeldung selbst, entsteht eine 0,5-Gebühr gemäß KV-Nr. 24102 GNotKG. Übermittelt der Notar die Registeranmeldung elektronisch mit XML-Strukturdaten an das Registergericht, entsteht zusätzlich eine 0,2-Gebühr gemäß KV-Nr. 22114 GNotKG aus dem Geschäftswert der Anmeldung, höchstens 125 EUR.

Zudem fällt eine 0,3-Vollzugsgebühr, höchstens 50 EUR (vgl. KV-Nr. 22112 GNotKG), für auftragsgemäße Einholung eines Gutachtens zur firmenrechtlichen Unbedenklichkeit bei der IHK an. In diesem Fall verringert sich aber die XML-Gebühr von 0,2 auf 0,1 (vgl. KV-Nr. 22115 GNotKG). Hinzu kommen die üblichen Auslagen und die Umsatzsteuer.

38 **38. Frage**

Wer kann Prokura erteilen?

a) GmbH
b) eG
c) Verein
d) OHG
e) Freiberufler
f) Partnerschaftsgesellschaft
g) Freiberufler-OHG i.S.d. § 107 Abs. 1 S. 2 HGB

Antworten:

a) Ja, weil Formkaufmann, vgl. § 6 Abs. 2 HGB i.V.m. § 13 Abs. 3 GmbHG.
b) Ja, weil Formkaufmann, vgl. § 6 Abs. 2 HGB i.V.m. § 42 Abs. 1 GenG.
c) Nein, weil kein Gewerbe betrieben wird.
d) Ja, weil Personenhandelsgesellschaft i.S.d. § 6 Abs. 1 HGB.
e) Nein, weil keine gewerbliche Tätigkeit.
f) Nein, weil keine gewerbliche Tätigkeit.
g) Ja, weil Personenhandelsgesellschaft i.S.d. § 6 Abs. 1 HGB.

39 **39. Frage**

A wurde am 1.1.2017 Prokura erteilt. Irrtümlicherweise wurde diese Prokura nie ins Handelsregister eingetragen. Am 1.7.2017 wurde A die Prokura wieder entzogen. Auch der Entzug der Prokura wurde nicht ins Handelsregister eingetragen. Wurde die Prokura je wirksam erteilt? Falls ja, wurde die Prokura wirksam entzogen? Muss der Entzug einer Prokura in das

3 So auch OLG Jena NZG 2013, 1270.

Handelsregister eingetragen werden, wenn die Erteilung nie ins Handelsregister eingetragen wurde?[4] Welche Konsequenzen hat die Nichteintragung des Entzugs der Prokura?

Antwort:

Die Prokura wurde materiell-rechtlich wirksam erteilt. Die Eintragung der Prokura ins Handelsregister ist zwar verpflichtend, hat aber lediglich deklaratorische Bedeutung. Gleiches gilt für den Entzug der Prokura. Auch diese ist ohne Eintragung im Handelsregister materiell-rechtlich wirksam. Der Entzug muss jedoch ebenfalls im Handelsregister eingetragen werden, auch wenn die Erteilung selbst nie ins Handelsregister eingetragen worden ist. Wird die Abberufung nicht in das Handelsregister eingetragen, kann sich ein Dritter nach § 15 Abs. 1 HGB auf die Nichteintragung berufen. Der nicht ausgetragene Prokurist gilt damit dem Dritten gegenüber als noch bestellt (auch wenn schon die Ersteintragung der Prokura ins Handelsregister nicht erfolgt ist). Der Dritte kann sich nur dann nicht auf die Nichteintragung berufen, wenn ihm die Abberufung des Prokuristen positiv bekannt war.

40. Frage 40

Welche Geschäfte darf ein Prokurist tätigen?
a) Geschäfte mit sich selbst?
b) Einzeln das Unternehmen vertreten?
c) Grundstücke für das Unternehmen kaufen und für die Finanzierung eine Finanzierungsgrundschuld abschließen?
d) Anteile von Gesellschaftern abtreten?
e) Anteile der Gesellschaft abtreten?
f) Anmeldung einer Adressänderung bei einer GmbH vor einem Notar unterzeichnen?
g) Anmeldung einer Satzungsänderung bei einer GmbH vor einem Notar unterzeichnen?
h) Jahresabschluss der Gesellschaft unterzeichnen?
i) Grundstücke verkaufen oder belasten?
j) Zusammen mit einem Geschäftsführer die Anmeldung einer Satzungsänderung bei einer GmbH vor einem Notar unterzeichnen, wenn unechte Gesamtvertretung angeordnet ist?
k) Bei unechter Gesamtvertretung mit einem Geschäftsführer die eigene Prokura zum Handelsregister anmelden?

Antworten:
a) Ja, wenn der Prokurist von den Beschränkungen des § 181 BGB befreit ist.
b) Ja, wenn dem Prokuristen Einzelvertretungsmacht erteilt wurde.
c) Ein Prokurist kann ohne besondere Erlaubnis stets Grundstücke für das Unternehmen erwerben und entsprechende Finanzierungsgrundschulden abschließen.
d) Nein, weil die Anteile einem Dritten zustehen, für den der Prokurist keine Vertretungsmacht hat.
e) Ja, weil die Anteile der Gesellschaft gehören. Dies gilt aber nur dann, wenn die Veräußerung von Gesellschaftsbeteiligungen zum laufenden Geschäft gehört.
f) Nein, weil es sich bei einer solchen Anmeldung einer Adressänderung um kein laufendes Geschäft im Sinne des § 49 HGB handle.[5]
g) Nein, weil es sich bei einer solchen Anmeldung um ein sog. Grundlagengeschäft handelt. Bei manchen Satzungsänderungen, z.B. bei Kapitalerhöhungen, müssen sogar sämtliche Geschäftsführer die Anmeldung unterzeichnen, vgl. § 78 GmbH.
h) Nein, weil der Jahresabschluss nach § 245 HGB zwingend vom Geschäftsherrn selbst zu unterzeichnen ist, bei GmbHs also von den Geschäftsführern.
i) Ja, wenn dem Prokuristen ausdrücklich hierfür die Erlaubnis erteilt wurde, vgl. § 49 Abs. 2 HGB.
j) Ja, weil bei unechter Gesamtvertretung sich die Vertretungsmacht nach dem stärksten Vertreter, hier also nach dem Geschäftsführer, richtet. Geschäftsführer dürfen aber gera-

4 Angelehnt an OLG Köln JuS 2016, 78.
5 Str., so aber KG FGPrax 2016, 213.

de Handelsregisteranmeldungen unterzeichnen. Dies gilt nur dann nicht, wenn § 78 GmbH einschlägig wäre, es sich bei der Satzungsänderung also um eine Kapitalerhöhung handelte. In diesem Fall müssen sämtliche Geschäftsführer unterzeichnen.

k) Nach h.M. nicht möglich, weil der Prokurist seine eigene Vertretungsmacht nicht anmelden könne (teilweise strittig in der Literatur, weil sich aus dem Beschluss der Gesellschafter die Prokurastellung ergeben würde).

41 **41. Frage**

Der Bauunternehmer B verkauft Eigentumswohnungen. Normalerweise ist er bei den Beurkundungen immer selbst anwesend. Bei den nächsten drei Verkäufen ist er jedoch im Urlaub und möchte sich durch seinen erfahrenen Mitarbeiter M vertreten lassen. Die drei zu verkaufenden Wohnungen haben einen Gesamtwert von ca. 1 Mio. EUR. B möchte M Vollmacht erteilen, ist aber erschrocken, wie hoch die Entwurfskosten für die Vollmacht sind. Wie hoch sind die Entwurfskosten für eine solche Vollmacht und gäbe es günstigere Alternativen?

Antwort:

Für eine Verkaufsvollmacht fällt eine 1,0-Gebühr an, vgl. KV-Nr. 21200 GNotKG. Der Gegenstandswert bemisst sich nach der Hälfte des vertretenen Geschäfts, im vorliegenden Fall also 500.000 EUR, vgl. §§ 98 Abs. 1, 47 GNotKG. Günstiger wäre die Erteilung von Prokura. Diese löste nur eine 0,5-Gebühr aus 30.000 EUR aus, vgl. § 105 Abs. 4 GNotKG i.V.m. KV-Nr. 21201 GNotKG bzw. KV-Nr. 24102 GNotKG.

42 **42. Frage**

Was bedeutet der Begriff der Selbstorganschaft? Nennen Sie Rechtssubjekte, die dem Grundsatz der Selbstorganschaft unterliegen.

Antwort:

Selbstorganschaft bedeutet, dass das jeweilige Rechtssubjekt nur durch die eigenen Mitglieder/Gesellschafter geführt werden darf. Fremde Dritte, die nicht Mitglieder/Gesellschafter sind, dürfen die Geschäftsführung nicht übernehmen. Der Grundsatz der Selbstorganschaft gilt im Genossenschaftsrecht, beim e.K., bei den Personengesellschaften, nicht aber bei der GmbH oder AktG.

V. Personengesellschaften

43 **43. Frage**

Kann eine Gesellschaft bürgerlichen Rechts (GbR) ins Handelsregister eingetragen werden? Hängt die Rechtsfähigkeit der GbR von der Eintragung in einem Register ab? In welchen Fällen muss eine GbR in ein Register eingetragen werden?

Antwort:

Nein, eine Eintragung im Handelsregister ist nicht möglich. Eine GbR kann jedoch ins Handelsregister eintragen lassen und wandelt sich dann in eine Offene Handelsgesellschaft, sofern sie gewerblich (§ 107 Abs. 1 S. 1 HGB) oder freiberuflich (§ 107 Abs. 1 S. 2 HGB) tätig ist. Eine GbR kann seit dem 1.1.2024 im Gesellschaftsregister eingetragen werden. Für die Rechtsfähigkeit der GbR spielt dies aber keine Rolle. Die Eintragung im Gesellschaftsregister ist jedoch erforderlich, wenn die GbR Grundstücke oder Gesellschaftsanteile erwerben oder veräußern möchte (vgl. § 707a Abs. 1 S. 2 BGB, § 47 Abs. 2 GBO) oder sich der Bestand der Gesellschafter der bereits existierenden Alt-GbR ändert.

44 **44. Frage**

Welche besondere Erklärung muss bei der Anmeldung zur Eintragung im Gesellschaftsregister abgegeben werden? Muss diese Erklärung höchstpersönlich abgegeben werden.

Antwort:

Die Gesellschafter müssen versichern, nicht bereits in einem anderen Register eingetragen zu sein. Die Erklärung ist nicht höchstpersönlicher Natur.

45. Frage 45

Welche Schritte müssen vorgenommen werden, wenn sich der Gesellschafterbestand einer GbR ändert, die
a) Grundbesitz hat oder
b) ihrerseits Gesellschafterin einer Personengesellschaft oder
c) ihrerseits Gesellschafterin einer GmbH ist?

Antwort:

Die GbR muss zunächst generell in das Gesellschaftsregister eingetragen werden.
a) Berichtigung des Grundbuchs, dass nunmehr nur noch die eGbR eingetragen ist. Hierfür ist die Bewilligung der bisherigen Gesellschafter der GbR sowie die Zustimmung der eGbR erforderlich (vgl. § 22 Abs. 2 GBO i.V.m. Art. 229 § 21 Abs. 2 S. 2 EGBGB).
b) Änderungsanmeldung durch die bisherigen Gesellschafter der GbR samt Zustimmung der neuen eGbR (vgl. Art. 89 Abs. 1 EGHGB) mit Versicherung, dass alte GbR und neue eGbR identisch sind.
c) Berichtigung der Liste mit Versicherung der bisherigen Gesellschafter der GbR samt Zustimmung der neuen eGbR, dass alte GbR und neue eGbR identisch sind (vgl. § 12 Abs. 2 EGGmbHG); abzugeben ist die Versicherung gegenüber der Person, die die Liste einreichen muss (entweder Notar oder Geschäftsführer).

46. Frage 46

Wie hoch ist der Gegenstandswert für Berichtigung einer Gesellschafterliste nach berichtigender Eintragung einer GbR bzw. der berichtigenden Anmeldung zum Handelsregister?

Antwort:

Die Fertigung einer Liste außerhalb einer Vollzugstätigkeit löst eine Entwurfsgebühr aus. Als Geschäftswert ist ein Teilwert von ca. 10 % des Stammkapitals der GmbH anzusetzen. Ist eine GbR Kommanditistin oder persönlich haftende Gesellschafterin einer OHG bzw. KG und wird deren Bezeichnung im Handelsregister berichtigt, so beträgt der Geschäftswert 5.000 EUR, vgl. § 105 Abs. 5 GNotKG.

47. Frage 47

Wie hoch ist der jeweilige Geschäftswert nach GNotKG?
a) Gründung einer OHG mit drei Gesellschaftern.
b) A ist als Gesellschafter aus der OHG ausgeschieden, C ist als neuer Gesellschafter in die Gesellschaft eingetreten.
c) Wie b, nur dass C Sonderrechtsnachfolger von A sein soll.
d) A ist als Gesellschafter aus der OHG ausgeschieden, C und D sind als neue Gesellschafter in die Gesellschaft eingetreten.
e) Bei der OHG wird X und Y Einzelprokura erteilt. Zudem wird der Sitz verlegt.
f) Anmeldung der Liquidation der OHG, bei der der bisherige Gesellschafter G zum Liquidator bestellt wird.
g) Anmeldung einer bloßen Adressänderung bei der OHG.

Antworten:
a) 1 x 45.000 EUR + 1 x 15.000 EUR = 60.000 EUR, vgl. § 105 Abs. 3 Nr. 2 GNotKG.
b) 1 x 30.000 EUR, vgl. § 105 Abs. 4 Nr. 3 GNotKG.
c) Wie b), kein Unterschied bei der OHG (anders als bei der KG).
d) 1 x 30.000 EUR + 1 x 15.000 EUR = 45.000 EUR, vgl. § 105 Abs. 4 Nr. 3 GNotKG.
e) 3 x 30.000 EUR = 90.000 EUR, vgl. § 105 Abs. 2 i.V.m. Abs. 4 Nr. 3 GNotKG.
f) 30.000 EUR, vgl. § 105 Abs. 4 Nr. 3 GNotKG.

g) 5.000 EUR, vgl. § 105 Abs. 5 GNotKG. Es sei jedoch angemerkt, dass Sitz und Geschäftsanschrift bei Personengesellschaften stets identisch sein müssen.

48 **48. Frage**

Wie hoch ist der jeweilige Gegenstandswert nach GNotKG?

a) Gründung einer KG mit einem Komplementär und drei Kommanditisten mit je 1.000 EUR Einlage.
b) Gründung einer KG mit einer GmbH als einziger Komplementär (Stammeinlage. 100.000 EUR) und vier Kommanditisten mit je 300.000 EUR Einlage.
c) Anmeldung der Liquidation der KG, bei der der bisherige Gesellschafter G zum Liquidator bestellt wird.
d) A tritt als weiterer Komplementär in die KG ein; zudem wird B Prokura erteilt; die Firma der Gesellschaft wird geändert.
e) B ist als Kommanditist mit einer Kommanditeinlage von 5.000 EUR aus der Gesellschaft ausgeschieden, C ist als neuer Kommanditist mit einer Einlage von 10.000 EUR in die Gesellschaft eingetreten.
f) B ist als Kommanditist mit einer Kommanditeinlage von 5.000 EUR aus der Gesellschaft ausgeschieden, C ist als neuer Kommanditist für B in die Gesellschaft eingetreten (sog. Sonderrechtsnachfolge).
g) B ist als Kommanditist mit einer Kommanditeinlage von 6.000 EUR aus der Gesellschaft ausgeschieden, A, C, D sind für B als neue Kommanditisten mit Kommanditanteilen von je 2.000 EUR in die Gesellschaft eingetreten (sog. Sonderrechtsnachfolge).

Antworten:

a) 3 x1.000 EUR + 1 x 30.000 EUR = 33.000 EUR, vgl. § 105 Abs. 1 Nr. 5 GNotKG.
b) 4 x 300.000 EUR + 1 x 30.000 EUR = 1,23 Mio. EUR, max. aber 1,0 Mio., vgl. §§ 105 Abs. 1 Nr. 5, 106 GNotKG; auf das Stammkapital des Komplementärs kommt es nicht an.
c) 30.000 EUR, vgl. § 105 Abs. 4 Nr. 3 GNotKG.
d) Mind. 3 x 30.000 EUR, vgl. § 105 Abs. 4 Nr. 3 GNotKG. Der Ein- oder Austritt von Komplementären wird wie bei der OHG bewertet.
e) 15.000 EUR, mind. aber 2 x 30.000 EUR = 60.000 EUR, vgl. § 105 Abs. 1 Nr. 6 S. 1 GNotKG. Der Ein- oder Austritt von Kommanditisten ist damit teurer als der von Komplementären.
f) 5.000 EUR, mind. aber 30.000 EUR, vgl. § 105 Abs. 1 Nr. 6 S. 2 GNotKG.
g) 6.000 EUR, mind. aber 3 x 30.000 EUR, vgl. § 105 Abs. 1 Nr. 6 S. 2 GNotKG. Das Ausscheiden des B ist wegen der Sonderrechtsnachfolge nicht gesondert zu bewerten.

49 **49. Frage**

Was ist der Unterschied zwischen Hafteinlage (Haftsumme) und Pflichteinlage bei der KG?

Antwort:

Bei der Hafteinlage (Haftsumme) handelt es sich um den Betrag, mit dem ein Kommanditist Dritten gegenüber haftet; dieser Betrag wird in das Handelsregister eingetragen. Bei der Pflichteinlage handelt es sich um den Betrag, den man aufgrund des Gesellschaftsvertrages in die KG einlegen muss, die Außenhaftung wird dadurch nicht erhöht.

50 **50. Frage**

Bereiten Sie den Entwurf für folgende Geschäftsvorfälle vor. Berechnen Sie zudem den Gegenstandswert nach GNotKG: Mustermann KG mit Sitz in 10000 Musterstadt und Geschäftsanschrift: Musterstraße 1 (AG Musterstadt, HRA 1000).

a) A erhöht seine Kommanditanteile von 1.000 EUR auf 5.000 EUR.
b) B wird vom Komplementär zum Kommanditisten mit einer Einlage von 20.000 EUR.
c) C wird vom Kommanditisten mit einer Einlage von 5.000 EUR zum Komplementär.
d) Die Geschäftsadresse wird geändert in Stadtplatz 1.

Antwort:

Ein Entwurf kann lauten:

An das

Amtsgericht Musterstadt

– Registergericht –

HRA 1000

Mustermann KG mit dem Sitz in 10000 Musterstadt

Zur Eintragung in das Handelsregister wird **angemeldet**:

1. Die Hafteinlage des Kommanditisten A wurde auf um 4.000 EUR von 1.000 EUR auf 5.000 EUR erhöht.
2. Der bisherige persönlich haftende Gesellschafter B ist fortan Kommanditist. Seine in das Handelsregister einzutragende Hafteinlage beträgt 20.000 EUR.
3. Der bisherige Kommanditist C ist fortan persönlich haftender Gesellschafter. Er vertritt die Gesellschaft gemäß der allgemeinen Vertretungsregelung.
4. Die inländische Geschäftsanschrift lautet künftig:
   10000 Musterstadt, Stadtplatz 1.

(*Mitarbeitervollmacht*)

Mitteilungen des Gerichts werden ausschließlich an den beglaubigenden Notar erbeten.

Musterstadt, den

(*Unterschrift sämtliche Komplementäre und Kommanditisten*)

Die vorstehenden Geschäftsvorfälle sind wie folgt zu bewerten:

Gegenstandwert:

a) 4.000 EUR, mind. 30.000 EUR, vgl. § 105 Abs. 1 Nr. 7 GNotKG
b) 20.000 EUR, mind. 30.000 EUR, vgl. § 105 Abs. 1 Nr. 6 S. 2 GNotKG
c) 5.000 EUR, mind. 30.000 EUR, vgl. § 105 Abs. 1 Nr. 6 S. 2 GNotKG
d) 5.000 EUR, vgl. § 105 Abs. 5 GNotKG

Insgesamt: 95.000 EUR.

51. Frage 51

A möchte seine OHG-Anteile an den C abtreten. Muss der weitere Komplementär B der Abtretung zustimmen?

Antwort:

Ja, sowohl der Abtretung an sich muss zustimmt werden, weil es sich bei Anteilsabtretungen bei Personenhandelsgesellschaften eigentlich um Abänderungen von bestehenden Gesellschaftsverträgen handelt, bei denen jeder beteiligte Gesellschafter seine Zustimmung erteilen muss (vgl. § 711 BGB, sofern dies vertraglich nicht anders geregelt ist). Zudem muss B auch die Handelsregisteranmeldung unterzeichnen, vgl. § 106 Abs. 7 HGB.

52. Frage 52

Was versteht man unter Sonderrechtsnachfolge? Was versteht man unter Singularsukzession?

Antwort:

a) Sonderrechtsnachfolge: Bei einer KG können Kommanditisten unabhängig voneinander aus der Gesellschaft ein- oder austreten. Dies führt jedoch zu einer Verdoppelung der Haftsummen gegenüber Dritten. Ist demgegenüber ein Kommanditist Sonderrechtsnachfolger des ausgeschiedenen Kommanditisten, bleibt es bei einer Haftsumme. Diese Sonderrechtsnachfolge muss bei der Handelsregisteranmeldung verlautbart werden; zudem müssen sämtliche Gesellschafter versichern, dass der ausgeschiedene Kommanditist keine Entschädigung von der Gesellschaft erhalten hat. Ob die Übertragung erst aufschiebend bedingt wirksam werden soll mit Eintragung im Handelsregister ist nach wie vor umstritten (vgl. § 176 Abs. 2 HGB).

b) Singularsukzession: KG-Anteile sind frei vererblich, vgl. § 177 HGB. Nach allgemeinem Erbrecht würde bei mehreren Erben die Erbengemeinschaft dem verstorbenen Gesellschafter nachfolgen. Im Gesellschaftsrecht gehen die Anteile aber direkt auf die einzelnen Erben über, weil eine Erbengemeinschaft mit dem gesellschaftsrechtlichen Konstrukt einer Personengesellschaft unvereinbar sei, nunmehr kodifiziert in § 711 Abs. 2 BGB.

53 **53. Frage**

A ist Kommanditist einer KG, die private Vermögensverwaltung betreibt. A möchte seine Anteile an seinen minderjährigen Sohn S übertragen. Muss ein Ergänzungspfleger bestellt werden? Ist die Übertragung genehmigungsbedürftig?

Antwort:

a) Ein Ergänzungspfleger muss nicht bestellt werden, weil die Übertragung von voll eingezahlten KG-Anteilen lediglich rechtlich vorteilhaft (vgl. § 107 BGB) ist (strittig).

b) Einer Genehmigung durch das Familiengericht bedarf es nicht, da die KG kein Erwerbsgeschäft i.S.d. § 1852 BGB betreibt. Vertritt der Minderjährige sich ab dem 7. Lebensjahr selbst, ist ohnehin keine Genehmigung erforderlich.

54 **54. Frage**

Nennen Sie die wesentlichsten Unterschiede zwischen einer Personenhandelsgesellschaft und einer Partnerschaftsgesellschaft.

Antwort:

- Die Partnerschaftsgesellschaft übt kein Gewerbe aus; sie kann daher auch keine Prokura erteilen.
- Die Partnerschaftsgesellschaft wird nicht im Handelsregister, sondern im Partnerschaftsregister eingetragen.
- Die Anteile an einer Partnerschaftsgesellschaft sind nicht vererblich, vgl. § 9 Abs. 4 PartGG; sie können auch nicht auf Personen übertragen werden, die nicht die jeweilige Berufszulassung haben.
- Gesellschafter einer Partnerschaftsgesellschaft können ausschließlich natürliche Personen sein, vgl. § 1 Abs. 1 PartGG.

55 **55. Frage**

Welche Namen für eine Partnerschaft sind zulässig?

a) Max und Huber Partnerschaftsgesellschaft
b) Max Rechtsanwälte und Steuerberater PartGmbB
c) Meier & Partner Steuerberater
d) Müller und Huber Rechtsanwälte Partnerschaft
e) Meister & Partner Steuerberater, wenn Herr Meister aus der Kanzlei ausgeschieden ist?
f) Excelsius Partnerschaft

Antworten:

a) Zulässig, weil der Beruf nicht mehr angegeben sein muss, vgl. § 2 Abs. 1 PartGG.
b) Zulässig.
c) Zulässig.
d) Zulässig.
e) Zulässig, wenn der ausgeschiedene Partner zustimmt, vgl. § 24 HGB.
f) Zulässig, weil neuerdings auch Phantasienamen erlaubt sind, vgl. § 2 Abs. 1 PartGG.

56. Frage 56

Wer haftet
a) bei der OHG?
b) bei der KG?
c) bei der PartG?
d) bei der PartGmbB?

Antworten:
a) Jeder Gesellschafter persönlich, vgl. § 126 HGB.
b) Jeder Komplementär persönlich, vgl. § 126 HGB i.V.m. § 161 Abs. 2 HGB, Kommanditisten jedoch nur mit ihrer Einlage, vgl. §§ 172 ff. HGB.
c) Grundsätzlich jeder Gesellschafter, vgl. § 8 Abs. 1 PartGG, für berufliche Fehler aber nur der tätige Gesellschafter.
d) Bei Schäden wegen fehlerhafter Berufsausübung nur die Gesellschaft, vgl. § 8 Abs. 4 PartGG, für sonstige Schäden aber nach wie vor jeder Gesellschafter.

57. Frage 57

Können Freiberufler eine OHG oder KG gründen? Kann ein Freiberufler eine GmbH gründen?

Antworten:
Ja, vgl. § 107 Abs. 1 S. 2 HGB und § 1 GmbHG.

VI. GmbH

58. Frage 58

Die A-GmbH wird mit einem Stammkapital von 25.000 EUR mit 25.000 Anteilen gegründet. A und B übernehmen jeweils die Hälfte der Anteile. Wie viel muss mindestens auf As Anteile eingezahlt werden?

Antwort:

Auf die Anteile von A muss mind. 1/4, also 3.125 EUR, eingezahlt werden. Insgesamt (also mit den Einzahlungen auf die Anteile von B) muss aber mind. das halbe Stammkapital, also 12.500 EUR, eingezahlt worden sein.

59. Frage 59

A möchte eine Ein-Mann-GmbH gründen. Er hat an dem Tag aber keine Zeit und erteilt B eine einfach schriftliche Vollmacht.
1) Kann überhaupt eine Ein-Mann-GmbH gegründet werden?
2) Kann sich A von B bei der Gründung vertreten lassen?
3) Angenommen A und B gründen zusammen eine GmbH. B vertritt wiederum mit einfachschriftlicher Vollmacht den A. Kann A die Gründung nachträglich genehmigen?
4) Die Ein Mann GmbH ist nun gegründet. Es soll die Satzung geändert werden. A hat beim Tag der Beurkundung keine Zeit und schickt wiederum A, ihn zu vertreten. Kann A den Gesellschafterbeschluss nachträglich genehmigen?

Antworten:
1) Ein-Mann-GmbHs sind möglich, vgl. § 1 GmbHG.
2) Ja, A kann sich von B vertreten lassen, die Vollmacht bedarf jedoch der notariellen Form, vgl. § 2 Abs. 2 GmbHG. Eine spätere Nachgenehmigung oder Vollmachtbestätigung bei einer Ein-Mann-GmbH ist nicht möglich. Eine ohne notarielle Vollmacht vorgenommene Gründung einer Ein-Mann-GmbH ist daher unwirksam.
3) Ja, eine nachträgliche Genehmigung ist bei der Mehr-Personen-Gründung anders als bei der Ein-Mann-Gründung möglich.
4) Ja, auch bei Ein-Mann-Gesellschafterversammlungen sind nachträgliche Genehmigungen möglich. § 2 GmbH gilt nur für den Gründungsvorgang. Das Gesetz verlangt bei Gesellschafterversammlungen keine notarielle Vollmacht (auch nicht bei Satzungsänderun-

gen). In der Praxis wird der Notar aber aus Nachweisgründen meist auf eine notarielle Bestätigung bestehen.

60 **60. Frage**

A beurkundet beim Notar eine Holding GmbH. Beim gleichen Termin gründet die Holding GmbH eine Tochter GmbH. In der Gesellschafterliste der Tochter GmbH ist die Holding GmbH als Vor-GmbH als alleinige Gesellschafterin aufgeführt (mit Bezeichnung AG Passau „HRB Neu"). Wird das Registergericht die Liste der Tochter GmbH akzeptieren?

Antwort:

Nein. Die Gesellschafter sind in der Liste möglichst genau zu bezeichnen. Bei Privatpersonen sind Geburtsdatum und Wohnsitz anzugeben; bei Unternehmen, die im Handelsregister registriert sind, sind Firma und Sitz sowie zuständiges Registergericht mit Registernummer zu nennen, vgl. § 40 GmbHG. Bei nicht im Handelsregister aufgeführten Unternehmen – wie hier die Holding GmbH als Vor-GmbH – sind sämtliche Gesellschafter mit Geburtsdatum und Wohnsitz zu nennen (hier also A direkt).

61 **61. Frage**

Nennen Sie die wesentlichen Unterschiede einer GmbH und einer UG (haftungsbeschränkt).

Antwort:

	GmbH	**UG**
Firma	„GmbH"	„UG (haftungsbeschränkt)"
Stammkapital	Mind. 25.000 EUR.	Mind. 1 EUR, dann aber Verpflichtung zur Bildung einer jährlichen Rücklage.
Einlage	Bar- oder Sacheinlage	Nur Bareinlage, d.h. auch keine „Gründung" durch Umwandlung möglich.
Bareinlage	Muss nur zur Hälfte eingezahlt werden.	Muss voll eingezahlt werden, vgl. § 5a GmbHG.
Gebühren Notar	Gegenstandswert mind. 30.000 EUR, vgl. § 105 Abs. 1 S. 2 GNotKG.	Gegenstandwert mind. 30.000 EUR, vgl. § 105 Abs. 1 S. 2 GNotKG (wenn nicht Musterprotokoll).

62 **62. Frage**

Welche Gebühren entstehen bei der Gründung einer GmbH?

Antwort:

Für die Gründung einer GmbH oder einer UG (haftungsbeschränkt) fällt eine 2,0-Gebühr nach KV-Nr. 21100 GNotKG aus einem Wert von mindestens 30.000 EUR an, vgl. § 107 Abs. 1 GNotKG. Wird die Gründung nur den einzigen Gesellschafter vorgenommen, verringert sich die Gebühr auf 1,0 nach KV-Nr. 21200 GNotKG.

Wird der Beschluss über die Bestellung des/der ersten Geschäftsführer/s beurkundet (vgl. KV-Nr. 21100 GNotKG), fällt eine 2,0-Gebühr an, und zwar aus einem Geschäftswert von mindestens 30.000 EUR, vgl. § 108 Abs. 1 S. 2, 105 GNotKG. Irrelevant für die Gebührenhöhe ist, ob ein Geschäftsführer oder mehrere Geschäftsführer in dem Beschluss berufen werden, vgl. § 109 Abs. 2 Nr. 4 S. 1 lit. d) GNotKG.

Bei der Einmann-Gründung ist zudem § 94 Abs. 2 GNotKG zu beachten, d.h. ob die Gebühren bei einer getrennten Beurkundung der Gesellschaftsgründung günstiger wären (was bei einem Stammkapital von 25.000 EUR der Fall ist).

Die Erstellung der Gesellschafterliste ist Vollzugstätigkeit. Sie löst eine 0,5-Vollzugsgebühr nach KV-Nr. 22110 GNotKG aus, maximal i.H.v. 250 EUR, vgl. KV-Nr. 22113 GNotKG.

Entwirft der Notar darüber hinaus die Registeranmeldung und reicht diese mit XML-Strukturdaten beim Registergericht ein, fällt hierfür aus einem Geschäftswert von 30.000 EUR (vgl. § 105 Abs. 1 GNotKG) eine 0,5-Gebühr an, vgl. KV-Nr. 24102 GNotKG, sowie eine XML-Gebühr von 0,2, max. 125 EUR. Die Anmeldung der Gesellschaft an sich und die Anmeldung des Geschäftsführers/der Geschäftsführer sind gegenstandsgleich (sog. notwendige Erklärungseinheit).

63. Frage 63

Welche Dokumente müssen zum Gericht eingereicht werden?

a) bei Gründung einer GmbH,
b) bei einer Satzungsänderung,
c) bei einer Barkapitalerhöhung.

Antworten:

a) Gründungsakt mit Satzung: beurkundungspflichtig, vgl. § 2 Abs. 1 GmbHG; Gesellschafterbeschluss bzgl. Bestellung der ersten Geschäftsführung: einfache Schriftform; Handelsregisteranmeldung: Beglaubigung der Unterschriften sämtlicher Geschäftsführer, vgl. § 78 GmbHG; erste Gesellschafterliste/Gründungsliste: einfache Schriftform, unterzeichnet von den Geschäftsführern in vertretungsberechtigter Zahl.
b) Beschluss über die Satzungsänderung: beurkundungspflichtig, vgl. § 53 Abs. 1 S. 1 GmbHG; Satzung mit notarieller Satzungsbescheinigung; Handelsregisteranmeldung: Beglaubigung der Unterschriften der Geschäftsführer in vertretungsberechtigter Zahl.
c) Beschluss über die Kapitalerhöhung: beurkundungspflichtig, vgl. § 53 Abs. 1 S. 1 GmbHG; Zulassung von Personen zur Übernahme der neuen Anteile: einfache Schriftform; Übernahmeerklärung der Gesellschafter bzgl. der neuen Anteile: Erklärung mit notarieller Beglaubigung, vgl. § 55 GmbHG; Übernehmerliste: einfache Schriftform, unterzeichnet von den Geschäftsführern in vertretungsberechtigter Zahl; ggf. Einbringungsvertrag: Form nach jeweiligen Gesetz; Satzung mit notarieller Satzungsbescheinigung; Handelsregisteranmeldung: Beglaubigung der Unterschriften aller Geschäftsführer, vgl. § 78 GmbHG; notarielle Gesellschafterliste nach Eintragung der Kapitelerhöhung ins Handelsregister.

64. Frage 64

Welche Dokumente erhalten eine eigene UVZ-Nr.?

a) Liste der Gesellschafter bei Gründung.
b) Satzungsbescheinigung nach Satzungsänderung.
c) Neue Liste bei Anteilsabtretung.
d) Übernehmerliste bei Kapitalerhöhung.

Antworten:

a) Nein.
b) Ja.
c) Ja.
d) Nein.

65. Frage 65

Richtig oder falsch?

a) Die Abtretung von Geschäftsanteilen einer GmbH ist beurkundungsbedürftig.
b) Beschränkungen von Abtretungen von Geschäftsanteilen einer GmbH können nicht durch Satzung vereinbart werden.
c) Die Anteilsabtretung kann nicht unter einer Bedingung stehen.
d) Wenn die Anteilsabtretung unter einer Bedingung steht, ist die Gesellschafterliste nach Eintritt der Bedingung durch die Geschäftsführung zum Handelsregister einzureichen.
e) Der Notar hat im Rahmen einer Geschäftsanteilsabtretung zwei Listen zum Handelsregister eingereicht. Der Notar erhält dafür die Vollzugsgebühr trotzdem nur einmal; die Vollzugsgebühr ist auf 2 x 250 EUR begrenzt.

Antworten:

a) Richtig, vgl. § 15 GmbHG.
b) Falsch, sog. Vinkulierungsklauseln sind sogar Standard in GmbH-Satzungen, vgl. § 15 Abs. 5 GmbHG.
c) Falsch, Anteilsabtretungen stehen sogar meist unter der Bedingung der Kaufpreiszahlung.
d) Falsch, nach Bedingungseintritt hat der Notar eine notarielle Gesellschafterliste einzureichen, vgl. § 40 GmbHG.
e) Richtig, die Vollzugsgebühr nach KV-Nr. 22110 GNotKG kann immer nur einmal anfallen; die Begrenzung der KV-Nr. 22113 GNotKG erhöht sich bei „jeder" Tätigkeit.

66 **66. Frage**

Wann hat der Notar eine Notarbescheinigung i.S.d. § 40 GmbHG beizufügen?

a) Bei der Gründung einer GmbH?
b) Bei einer Teilung von Geschäftsanteilen, die sofort wirksam wird, sowie einer Geschäftsanteilsabtretung, die zwei Wochen später wirksam wird, alles aber in einer Urkunde beurkundet wurde?
c) Bei der Einziehung von Geschäftsanteilen, die die Gesellschafter ohne Notar vorgenommen haben?
d) Beim Tod eines Gesellschafters? Der Notar reicht die Liste zum Registergericht ein.

Antworten:

a) Nein, weil die Gründungsliste von den Geschäftsführern in vertretungsberechtigter Zahl unterzeichnet wird.
b) Es sind zwei Notarlisten mit zwei Notarbescheinigungen zu erstellen: die erste nach Wirksamwerden der Teilung, die zweite nach Wirksamwerden der Anteilsabtretung.
c) Nein, weil der Notar an der Einziehung nicht mitgewirkt hat.
d) Nein, weil der Notar am Übertragungsvorgang (Erbfall) nicht mitgewirkt hat. Die Liste wird in diesem Fall von den Geschäftsführern erstellt und nur vom Notar elektronisch eingereicht.

67 **67. Frage**

a) Kann ein Nießbrauch an einem Geschäftsanteil in der GmbH-Liste eingetragen werden? Wie ist es bei einer Personengesellschaft?
b) Kann die Testamentsvollstreckung bzgl. eines GmbH-Anteils in der GmbH-Liste vermerkt werden? Wie ist es bei einer Personengesellschaft?

Antworten:

a) Bei einer GmbH können Belastungen nicht in die Gesellschafterliste mit aufgenommen werden. Bei Personengesellschaften kann ein Nießbrauch an einem Gesellschaftsanteil ebenfalls nicht verlautbart werden.
b) Bei einer GmbH können Belastungen nicht in die Gesellschafterliste mit aufgenommen werden, hierzu zählt auch der Testamentsvollstreckervermerk. Bei Personengesellschaften muss dagegen sogar verlautbart werden, wenn Testamentsvollstreckung an dem Gesellschaftsanteil besteht.

68 **68. Frage**

Wie hoch ist die XML-Gebühr bei einem Geschäftsanteilsabtretungsvertrag?

Antwort:

Es fällt lediglich eine 0,1-Gebühr nach Nr. 22115 GNotKG an (anstelle einer 0,2-Gebühr nach Nr. 22114 GNotKG), weil für die Erstellung der neuen Gesellschafterliste bereits eine 0,5-Gebühr zu erheben ist.

69. Frage 69

Welche Schritte sind für die Liquidation/Löschung einer GmbH erforderlich?

Antwort:

a) Gesellschafterbeschluss, einfach-schriftlich, mit $^{3}/_{4}$-Mehrheit der abgegebenen Stimmen.
b) Anmeldung der Liquidation durch die Liquidatoren in vertretungsberechtigter Zahl.
c) Nach Sperrjahr, Bekanntmachung und Ende der Liquidation Anmeldung der Löschung der GmbH durch die Liquidatoren in vertretungsberechtigter Zahl.
d) Von einer sog. Blitzlöschung ist in der Praxis abzusehen, weil hierzu die gesetzliche Grundlage fehlt.

70. Frage 70

Es soll ein Liquidationsbeschluss für eine GmbH gefasst werden. Zum Liquidator soll

a) der bisherige Geschäftsführer
b) der Rechtsanwalt R

bestellt werden. Wie hoch ist der Gegenstandswert nach GNotKG für die Anmeldung der Auflösung samt Abmeldung des bisherigen Geschäftsführers und Anmeldung des künftigen Liquidators der GmbH?

Antwort:

a) 30.000 EUR, weil bei den sog. geborenen Liquidatoren, die also schon bislang Geschäftsführer waren, eine sog. Anmeldeeinheit vorliegt.
b) 90.000 EUR, weil bei den sog. gekorenen Liquidatoren, drei verschiedene Anmeldegegenstände vorliegen (strittig).

71. Frage 71

Welche Dokumente sind bei der Gründung einer UG (haftungsbeschränkt) mit Musterprotokoll zum Handelsregister einzureichen?

Antwort:

a) Anmeldung der Gründung: notarielle Beglaubigung der Unterschriften sämtlicher Geschäftsführer;
b) Musterprotokoll (keine Satzung, keine Liste): notarielle Beurkundung, vgl. § 2 Abs. 1 GmbHG.

72. Frage 72

Berechnen Sie die Gründungskosten für die Gründung folgender UG (haftungsbeschränkt) mittels Musterprotokoll: Stammkapital 5.000 EUR, zwei Gesellschafter, ein Geschäftsführer. Ist jede Gründung via Musterprotokoll kostenprivilegiert?

Antwort:

a) Musterprotokoll: 2,0-Gebühr aus 5.000 EUR, mind. 120 EUR.
b) Handelsregisteranmeldung: 0,5-Gebühr aus 50 EUR, mind. 30 EUR, sowie 0,2-XML-Gebühr.
c) Die Kostenprivilegierung besteht nur bei den Musterprotokollen gemäß Anlage 1, nicht bei den Musterprotokollen gemäß Anlage 2, die ausschließlich für die Gründung via Videokommunikation gelten.

73. Frage 73

Was ist bei der Satzungsänderung bei einer mittels Musterprotokoll gegründeten UG (haftungsbeschränkt) besonders zu berücksichtigen?

Antwort:

Bei der Änderung des Musterprotokolls ist der unveränderte Bestand des Musterprotokolls an die Satzungsänderung redaktionell anzupassen.

74 **74. Frage**

Eine UG (haftungsbeschränkt), gegründet mit Musterprotokoll, soll liquidiert werden. Besteht eine Kostenprivilegierung?

Antwort:

Nein, § 105 Abs. 6 GNotKG privilegiert nur die Gründung sowie die Änderung des Gesellschaftsvertrages, nicht aber die Liquidation.

75 **75. Frage**

Die X-UG (haftungsbeschränkt) wurde mit einem Stammkapital von 12.000 EUR gegründet. Nun soll das Stammkapital auf 25.000 EUR erhöht werden. Wie viel muss der Gesellschafter auf die neuen Anteile insgesamt einzahlen?

Antwort:

Nach § 7 Abs. 2 S. 1 und S. 2 (analog) GmbHG müsste der Gesellschafter eigentlich nur noch 500 EUR einzahlen, um auf die Gesamteinzahlungsverpflichtung von 50 % zu kommen. Da er auf jeden neuen Anteil aber auch mindestens $^{1}/_{4}$ einzahlen muss, muss er mindestens weitere 3.250 EUR einzahlen (auf jeden neuen Anteil mindestens 25 Cent bei 13.000 neuen Anteilen).

76 **76. Frage**

A ist Gesellschafter der Atlas Generatoren UG (haftungsbeschränkt), die mittels Musterprotokoll gegründet wurde. Er möchte 50 % seiner Anteile an den B veräußern. Sind Besonderheiten zu berücksichtigen, die sich aus der Gründung mittels Musterprotoll ergeben?

Antwort:

Nein, weder inhaltlich noch kostenmäßig. Einzig zu beachten ist, dass nach der Anteilsabtretung, wie bei sonstigen Fällen der Anteilsabtretung auch, eine neue Liste zum Handelsregister einzureichen ist. Da die UG mittels Musterprotokoll gegründet worden ist, ist dies dann ggf. die erste Liste.

VII. Aktiengesellschaft

77 **77. Frage**

Was versteht man unter
- a) Nennbetragsaktien? Welches ist die Alternative zu Nennbetragsaktien?
- b) Vorzugsaktien? Welches ist die Alternative zu Vorzugsaktien? Wie viel Prozent des Grundkapitals dürfen Vorzugsaktien sein?

Antworten:
- a) Nennbetragsaktien haben einen Nennbetrag (z.B. 5 EUR oder 10 EUR). Stückaktien haben dagegen keinen Nennbetrag, vgl. § 8 AktG.
- b) Vorzugsaktien weisen bestimmte Vorzüge (z.B. vorrangiger Dividendenbezug) gegenüber Stammaktien auf, vgl. § 12 AktG. Dafür haben Vorzugsaktien kein Stimmrecht. Höchstens 50 % des Grundkapitals dürfen Vorzugsaktien sein, vgl. § 139 Abs. 2 AktG.

78 **78. Frage**

Welche Dokumente müssen einer Bargründung einer AG dem Registergericht vorgelegt werden? Sind diese Dokumente zu beurkunden?

Antworten:

Vgl. § 37 Abs. 4 AktG
- a) Gründungsakt der AG mit Satzung und Übernahme der Aktien durch die Gründer: beurkundungspflichtig, vgl. § 23 Abs. 1 AktG.
- b) Berufung des ersten Aufsichtsrats: beurkundungspflichtig, vgl. § 30 AktG.
- c) Liste der Aufsichtsratsmitglieder (mit Nennung des Vorsitzenden und dessen Stellvertreter): einfache Schriftform, unterzeichnet vom Vorstand in vertretungsberechtigter Zahl.

d) Konstituierende Aufsichtsratssitzung mit Bestellung des ersten Vorstands: einfache Schriftform, unterzeichnet vom Aufsichtsratsvorsitzenden.
e) Gründungsbericht der Gründer: einfache Schriftform.
f) Gründungsprüfung durch den Vorstand und den Aufsichtsrat: einfache Schriftform.
g) Ggf. Gründungsprüfungsbericht durch den Gründungsprüfer: einfache Schriftform.
h) Handelsregisteranmeldung: beglaubigungsbedürftig, vgl. § 12 HGB i.V.m. § 36 AktG; Unterschriften sämtlicher Gründer, sämtlicher Aufsichtsratsmitglieder und sämtlicher Vorstände.
i) Berechnungen zum Gründungsaufwand, vgl. § 26 AktG: einfache Schriftform.

79. Frage 79

Welche Gebühren löst die Bargründung einer Aktiengesellschaft aus?

Antwort:

Bei einer Mehrpersonen-Gründung fällt gemäß KV-Nr. 21100 GNotKG eine 2,0-Gebühr für die Gründung an. Geschäftswert ist hierbei der Betrag des Grundkapitals bzw. – soweit ein Agio für die Übernahme der Aktien vereinbart ist – der Übernahmebetrag der Aktien (vgl. § 107 Abs. 1 S. 1 GNotKG). Im Falle einer Einpersonen-Gründung fällt gemäß KV-Nr. 21200 GNotKG für die Gründung nur eine 1,0-Gebühr an – Geschäftswert wie vorstehend. Soweit in der Gründungsurkunde auch die Bestellung des Aufsichtsrats enthalten ist, löst auch dies eine 2,0-Gebühr gemäß KV-Nr. 21100 GNotKG aus. Der Geschäftswert richtet sich hierbei gemäß §§ 108 Abs. 1 S. 1, 105 Abs. 4 Nr. 1 GNotKG (1 % des Stammkapitals, mindestens 30.000 EUR); die Bestellung mehrerer Aufsichträte gilt gemäß § 109 Abs. 2 Nr. 4 lit. d GNotKG als gegenstandsgleich, d.h. der Geschäftswert aus §§ 108 Abs. 1 S. 1, 105 Abs. 4 Nr. 1 GNotKG ist hierbei nur einfach zugrunde zu legen. Falls in der Gründungsurkunde auch noch die Bestellung des ersten Abschlussprüfers enthalten ist, so fällt hierfür gemäß KV-Nr. 21100 GNotKG ebenso eine 2,0-Gebühr aus dem Geschäftswert gemäß §§ 108 Abs. 1 S. 1, 105 Abs. 4 Nr. 1 GNotKG (wie vor) an. Bei einer Mehrpersonen-Gründung sind die Geschäftswerte für die Gründung, die Aufsichtsrat-Bestellung und ggf. die Bestellung des ersten Abschlussprüfers zusammen zu rechen und auf dieser Grundlage nach KV-Nr. 21100 GNotKG die 2,0-Gebühr in Ansatz zu bringen; bei einer Einpersonen-Gründung ist eine Vergleichsrechnung anzustellen.

Übernimmt der Notar auch die Gründungsprüfung, fällt eine 1,0-Gebühr nach KV-Nr. 25206 GNotKG aus der Summe der Einlagen (vgl. § 123 GNotKG) an, mindestens jedoch 1.000 EUR.

Entwirft der Notar den Gründungsbericht und/oder den Bericht des Vorstandes und des Aufsichtsrates fällt jeweils eine 1,0-Gebühr gemäß KV-Nr. 24101 GNotKG an. Als Gegenstandswert ist ein Wert von ca. 20–30 % der Einlage anzusetzen.

Fertigt der Notar auch die Aufsichtsratsliste, fällt eine 1,0-Gebühr gemäß KV-Nr. 24101 GNotKG an. Als Gegenstandwert erscheint ein Wert von 20–30 % aus einem fiktiven Anmeldewert von 30.000 EUR, also 6.000–9.000 EUR, als angemessen.

Entwirft der Notar schließlich den Entwurf für die Bestellung des ersten Vorstands, fällt gemäß KV-Nr. 24100 GNotKG eine 2,0-Gebühr an. Der Geschäftswert bestimmt sich nach § 108 Abs. 1 i.V.m. § 105 Abs. 4 Nr. 1 GNotKG und beträgt 30.000 EUR.

Entwirft der Notar darüber hinaus die Registeranmeldung und reicht diese mit XML-Strukturdaten beim Registergericht ein, fällt hierfür aus einem Geschäftswert der Summe der Einlagen, also mind. 50.000 EUR, vgl. § 105 Abs. 1 GNotKG, eine 0,5-Gebühr an, vgl. KV-Nr. 24102 GNotKG, sowie eine XML-Gebühr von 0,2, max. i.H.v. 125 EUR. Die Anmeldung der Gesellschaft an sich und die Anmeldung der Vorstände sowie Übermittlung der Aufsichtsratsliste sind gegenstandsgleich (sog. notwendige Erklärungseinheit).

Hinzukommen die üblichen Auslagen und Umsatzsteuer.

Für die Eintragung der AG in das Handelsregister fällt eine Gebühr i.H.v. mindestens 300 EUR an, vgl. KV 2102 HRegGebV.

80 **80. Frage**

Kann dem Vorstand einer Aktiengesellschaft
a) Einzelvertretungsbefugnis erteilt werden?
b) Befreiung von § 181 BGB erteilt werden?

Antworten:

a) Es kann Einzelvertretungsbefugnis erteilt werden, wenn in der Satzung so vorgesehen oder der Aufsichtsrat in der Satzung zu einer Befreiung ermächtigt wurde, vgl. § 78 Abs. 3 AktG.
b) Einem Vorstand kann wegen § 112 AktG nur Befreiung vom Verbot der Mehrfachvertretung erteilt werden.

81 **81. Frage**

Wer muss folgende Dokumente unterzeichnen?
a) die Aufsichtsratsliste
b) die Anmeldung des Aufsichtsratsvorsitzenden und/oder dessen Stellvertreter
c) Protokoll einer Hauptversammlung.

Antworten:

a) Der Vorstand in vertretungsberechtigter Zahl.
b) Der Vorstand in vertretungsberechtigter Zahl.
c) Der Aufsichtsratsvorsitzende, sofern nicht der Notar das Protokoll verfasst hat/verfassen musste, vgl. § 130 Abs. 4, 5 AktG.

VIII. Sonstige Anmeldungen

82 **82. Frage**

Stellt eine Zweigniederlassung eine eigene Rechtspersönlichkeit dar? Ändert sich an der Antwort etwas, wenn die Zweigniederlassung eine eigene „Firma" hat?

Antwort:

Eine Zweigniederlassung hat keine eigene Rechtspersönlichkeit, sondern ist der Hauptniederlassung zugeordnet. Tritt die Zweigniederlassung mit eigener Firma auf, kann die Prokura auf diese Zweigniederlassung beschränkt werden, vgl. § 50 Abs. 3 HGB.

83 **83. Frage**

Die A-GmbH als herrschende Gesellschaft schließt mit der B-GmbH als beherrschte Gesellschaft einen Beherrschungs- und Gewinnabführungsvertrag ab. Die B-GmbH hatte die letzten Jahre entweder einen Gewinn i.H.v. 700.000 EUR oder einen Verlust von 700.000 EUR. Der Vertrag läuft auf unbestimmte Zeit, ist aber kündbar. Der Notar soll nur den Zustimmungsbeschluss bei der B-GmbH beurkunden.
a) Welche Dokumente müssen dem Gericht zur Anmeldung vorgelegt werden?
b) Welchen Gegenstandswert hat der Zustimmungsbeschluss bei der B-GmbH?

Antworten:

a) Bei dem Gericht der beherrschten Gesellschaft muss eine Anmeldung des Unternehmensvertrags eingereicht werden, unterzeichnet von den Geschäftsführern in vertretungsberechtigter Zahl. Zudem müssen die Zustimmungsbeschlüsse bei der A- und B-GmbH vorgelegt werden. Nur der Zustimmungsbeschluss der B-GmbH bedarf der notariellen Beurkundung.
b) Der Gegenstandswert eines Zustimmungsbeschlusses für einen Unternehmensvertrag richtet sich nach dem Wert des Unternehmensvertrags, vgl. § 108 Abs. 2 GNotKG. Der Gegenstandswert eines Unternehmensvertrags richtet sich nach § 52 Abs. 3 GNotKG; aufgrund der Kündbarkeit ist der 10fache Jahreswert anzunehmen, im vorliegenden Fall also 10 x 700.000 EUR = 7.000.000 EUR. Gewinne und Verluste sind bei der Berechnung des Gegenstandswerts nicht zu verrechnen! Der Gegenstandswert ist nach § 108 Abs. 5 GNotKG auf max. 5,0 Mio. begrenzt.

Stichwortverzeichnis

fette Zahlen = Paragrafen, magere Zahlen = Randnummern, Muster = M

Änderungen **2** M 211
- Geschäftsführung/Prokurist **2** 349 ff.
- GmbH **2** 262, 289 ff., M 296, 306 ff., M 308
- Kaufmann, eingetragener **2** M 128
- Musterprotokoll **2** 353 ff.
- Musterprotokoll vor Eintragung **2** 359
- OHG **2** 190 ff., M 192
- PartG (mbB) **2** 249 ff.
- UG **2** 349 ff., 353 ff., 359

AG
- Aktien **2** 363 f.
- Aktien, Formen **2** 364
- Aktionäre **2** 362
- Aufsichtsrat **2** 362, 370
- Gebühren **2** 373 ff., 380 f., 385
- Gesellschaftsvermögen **2** 362
- Gründer **2** 370
- Gründung **2** 369, 369 ff., M 372
- Gründung, Voraussetzungen **2** 369, 371
- Gründungsbericht **2** 370
- Grundkapital **2** 365
- Nachteile **2** 365
- Notar **2** 366
- Registeranmeldung **2** 366 ff.
- Vorstand **2** 362
- Vorstandswechsel **2** 377 ff., M 379
- Vorteile **2** 365
- Wechsel im Aufsichtsrat **2** 382 ff., M 384

Auflösung/Erlöschen **2** 42 ff., 46
- Beendigung, Liquidation **2** 48 ff., M 49
- Gebühren **2** 51
- Genossenschaft **2** 97 ff.
- GmbH **2** 329 ff., M 330
- Kaufmann, eingetragener **2** M 129
- Liquidatoren **2** 43 ff.
- Mehrheit **2** 42
- Verein **2** 41 ff., M 47, M 49, 53 ff.

Auflösungsbeschluss
- Schriftform **2** 329
- Stimmen **2** 329

Aufsichtsratswechsel
- Änderung **2** 383
- Handelsregister, Anmeldung **2** 383
- Voraussetzungen **2** 382

Beherrschungs- und Gewinnabführungsverträge **2** 390
- Anmeldung beim Registergericht **2** 395
- Aufhebung **2** 397
- Kosten **2** 398
- Unternehmensvertrag **2** 391
- Zustimmungsbeschlüsse **2** 392

Beherrschungsvertrag **2** 390
- Zustimmung **2** 393

Bestellung Geschäftsführung **2** 73 ff., 268 ff.

eGbR
- Entwurfsgebühr **2** 181
- Erwerbsfall **2** 175
- Geschäftswert **2** 180
- Grundbuch **2** 175
- Grundbuchänderung **2** 175
- Grundbucheintragung **2** 175
- Liquidation **2** 174
- OHG-Vorschriften **2** 166
- Transparenzregister **2** 164
- Umwandlung OHG **2** 184
- Veräußerungsfall **2** 175

Einheits-GmbH & Co. KG **2** 215

Erlöschen der Firma **2** 196

Erstanmeldung
- Kaufmann, eingetragener **2** 114 ff., M 124; **3** 31 ff.
- KG **2** 208 ff., M 210
- OHG **2** 187 ff., M 189
- Partnerschaftsgesellschaft **2** 239 ff., M 246

GbR **2** 159 ff.
- Entstehen **2** 159
- Erwerb **2** 178
- Erwerb von Geschäftsanteilen **2** 179
- Gesellschaftsregister **2** 161
- Gesellschaftsvertrag **2** 159
- gewerbliche Tätigkeit **2** 161
- Grundbuch **2** 177 f.
- Grundbuchberichtigung **2** 162
- Grundbucheintrag **2** 178
- Grundbucheintragung **2** 177
- Haftung **2** 153
- Rechtsfähigkeit **2** 150, 159 f.
- Registeranmeldung **2** 160
- Statuswechsel **2** 172
- UmwG **2** 163
- Veräußerung **2** 177

Gebühren **1** 18 ff.; **2** 252
- Abtretung Anteile **2** 323 ff.

– AG **2** 373 ff., 380 f., 385
– Auflösung/Erlöschen **2** 51
– Beendigung, Liquidation **2** 104
– Entwurf **1** 18
– Erstellen von elektronischen Dokumenten **1** 21
– fremder Entwurf **1** 19
– Genossenschaft **2** 81, 89, 104
– GmbH **2** 286 ff., C 288, 309 ff., 315 ff., 335 ff.
– Kaufmann, eingetragener **2** 134 ff.
– KG **2** 219 ff.
– OHG **2** 197 ff.
– Partnerschaftsgesellschaft **2** 248
– Prokura **2** 146
– Registergericht **2** 89
– Satzungsänderungen **2** 40, 95
– UG **2** 347 f., 355 f.
– Vereinsgründung **2** 26 ff.
– XML-Daten **1** 20
Geldwäscheprüfung **1** 15
Generalversammlung **2** 85
Genossenschaft **2** 68 ff., M 78; **3** 24 ff.
– Abgrenzung zum Verein **2** 56 f.
– Anmeldung **2** 64 ff., 67, M 78
– Auflösung **2** 96 ff., 106 ff.
– Beendigung Liquidation **2** 103
– Begriff **2** 55
– Beschluss Generalversammlung **2** 85, 91
– Bestellung Vorstand/Aufsichtsrat **2** 73 ff.
– Gebühren **2** 81, 104
– Geldwäscheprüfung **2** 66
– Geschäftsvorfälle, sonstige **2** 105
– Gründungsakt **2** 69 ff.
– Grundzüge **2** 54 ff.
– Liquidation **2** 97
– Liquidation, Anmeldung **2** 103
– Liquidation, Voraussetzungen **2** 97, 101
– Prüfung Gericht **2** 79 f.
– Satzung **2** 69 ff.
– Satzungsänderung **2** 90 ff., M 92
– Satzungsbestimmungen **2** 72
– Sitz **2** 71
– Unterlagen, notwendige **2** 77, 85
– Vor-/Nachteile **2** 63
– Voraussetzungen, formelle **2** 77 ff.
– Voraussetzungen, materielle **2** 68 ff.
– Vorstand **2** 67
– Vorstandswechsel **2** 82 ff.
– Vorstandswechsel, Anmeldung **2** 86
– Vorstandswechsel, Gebühren **2** 89
– Zuständigkeit **2** 65
– Zweck **2** 62, 71
Geschäftsanteilabtretung
– Vinkulierung **2** 320
Geschäftsanteilsabtretung **2** 319
– Abtretungsvertrag **2** 319
– Beurkundung **2** 319
Geschäftsvorfälle, sonstige **2** 52, 105
Gesellschafterliste
– Angaben **2** 274
– Aufnahme **2** 272
– Beschluss **2** 272
– Gesellschafterbeschluss **2** 272
– GmbH **2** 271
– juristische Personen **2** 274
– natürliche Personen **2** 274
Gesellschaftsanteil
– Nießbrauch **2** 231
– Testamentsvollstreckung **2** 231
Gesellschaftsregister
– Anmeldung **2** 167
– Anmeldung von Änderungen **2** 171
– Anmeldung, Voraussetzungen **2** 167
– Datenschutz **2** 169
– Eintragungsfähigkeit **2** 168
– GbR **2** 158
– Geldwäsche **2** 169
Gesellschaftsvertrag
– Form **2** 155
– Inhalt **2** 155
– Personengesellschaften **2** 155
Gewerbe
– Voraussetzungen **2** 110
Gewinnabführungsvertrag **2** 390
GmbH **2** 253 ff.
– Abberufung Geschäftsführer **2** 295
– Abtretung Anteile **2** 319 ff.
– Änderungen **2** 262, 289 ff., M 296
– Anmeldung **2** 260 ff., 261, M 282 f.
– Anmeldung, Form **2** 261
– Auflösung GmbH **2** 329 ff., M 330
– Auflösungsbeschluss **2** 327
– Aufsichtsrat **2** 258
– Bestellung Geschäftsführer **2** 295
– Bestellung Geschäftsführung **2** 268 ff.
– Blitzlöschung **2** 340
– Firma **2** 266
– Formbedürftigkeit **2** 255
– Gebühren **2** 286 ff., 309 ff., 315 ff., 335 ff.
– Gegenstand **2** 266
– Geschäftsanteile **2** 265
– Geschäftsführer **2** 270, 290
– Geschäftsführerwechsel **2** 291 ff.

- Geschäftsführung 2 256 f., 268 ff., 349 ff.
- Gesellschafterbeschluss 2 295
- Gesellschafterliste 2 M 165, 257, 271 ff., M 275, M 278
- Gründung 2 263 ff., 306
- Gründungsbeschluss 2 264 ff.
- Gründungskosten 2 267
- Gründungsvoraussetzungen, materielle 2 263 ff.
- Haftung 2 254
- Kapitalerhöhung 2 312 ff.
- Liquidation 2 327 ff., M 330, 331
- Liquidation, Bekanntmachung 2 331
- Liquidation, Handelsregister 2 331
- Liquidation, Körperschaftsteuerstelle 2 331
- Liquidation, Versicherung 2 331
- Liquidation, Voraussetzungen 2 331
- Löschung 2 334
- Löschung GmbH 2 M 334
- Löschung, Sperrjahr 2 334
- Löschung, Verbindlichkeiten 2 334
- Löschung, Veröffentlichung 2 334
- Neugründung 2 307
- Notarbescheinigung 2 M 278
- Prüfung Gericht 2 277, 285
- Register 2 261
- Registeranmeldung 2 283
- Registeranmeldung, Unterlagen 2 283
- Sachgründung 2 265
- Satzung 2 266
- Satzungsänderung, Handelsregister 2 303
- Satzungsänderung, Voraussetzungen 2 303
- Satzungsänderungen 2 300 ff.
- Satzungsänderungen Neugründung, wirtschaftliche 2 M 308
- Satzungsänderungen vor Eintragung GmbH 2 306
- Satzungsbescheinigung 2 M 305
- Sitz 2 266
- Sofortlöschung 2 340
- Sofortlöschung, Antrag 2 341
- Sofortlöschung, Gericht 2 341
- Stammeinlage 2 254
- Stammkapital 2 265 f.
- UG 2 254 f., 342 ff.
- Vor-/Nachteile 2 259
- Vor-GmbH 2 284
- Voraussetzungen, formelle 2 279 ff.

GmbH & Co. KG
- Liquidation 2 218

Gründung
- AG 2 369 ff., M 372
- Genossenschaft 2 68 ff., M 78
- GmbH 2 263 ff., 306
- Verein 2 12 ff., 22, M 23

Haftsumme
- Anmeldung 2 211
- Erhöhung 2 211
- Handelsregister 2 211
- Herabsetzung 2 211

Handelsregister
- Abteilung A 2 158
- Anmeldung 2 116
- Eintragung 2 158
- Form der Anmeldung 2 116
- Kaufleute 2 114
- Kaufmann, Anmeldung 2 118
- Personengesellschaften 2 158
- Zuständigkeit 2 115, 367

HG
- Liquidation 2 193 ff.

Kapitalgesellschaften 2 253 ff.
- AG 2 362 ff.
- GmbH 2 253 ff.
- UG 2 342 ff.

Kaufmann, eingetragener 2 107 ff.
- Änderungen 2 M 128
- Anmeldung 2 114 ff., M 124; 3 31 ff.
- Auflistung 2 113
- Erlöschen 2 M 129
- Formkaufleute 2 112
- Gebühren 2 134 ff.
- Gewerbe 2 110
- Gewerbebetrieb 2 107 ff.
- Handelsregisteranmeldung 2 118
- Kann-Kaufmann 2 109
- Muss-/Ist-Kaufmann 2 109
- Personengesellschaften 2 111
- Prokura 2 137 ff.
- Prüfung Gericht 2 125 ff.
- Tod 2 131 ff., M 133
- Übernahme 2 M 130
- Vermutung, gesetzliche 2 108

KG 2 205 ff.
- Abfindung 2 225
- Änderungen 2 M 211
- Anteile, Minderjährige 2 227
- Anteilsübertragung, Handelsregister 2 226
- Erstanmeldung 2 208 ff., M 210
- Gebühren 2 219 ff.
- Geschäftswert 2 219

- GmbH & Co. KG **2** 213
- Haftsumme **2** 205 f., 224
- Haftung **2** 205, 226
- Liquidation **2** 212
- Pflichteinlage **2** 206
- Rechtsfähigkeit **2** 150
- Singularsukzession **2** 229
- Sonderrechtsnachfolge **2** 224
- Übertragung Anteile **2** 222 ff.
- Umwandlung **2** 207
- Vererbung Anteile **2** 229 f.

Liquidation
- eGbR **2** 174
- Genossenschaft **2** 97, 104
- GmbH **2** 327 ff., M 330
- KG **2** 212
- Liquidatoren **2** 43 ff.
- OHG **2** 193 ff., M 194 f.
- Vorstand **2** 45

Notargebühren
- AG, Aufsichtsrat **2** 385
- AG, Aufsichtsratsliste **2** 375
- AG, Gründung **2** 373
- AG, Gründungsprüfung **2** 374
- AG, Vorstandswechsel **2** 380
- Berichtigung Gesellschafterliste **2** 181
- Berichtigung Handelsregister **2** 181
- Geschäftsanteilabtretung **2** 323
- GmbH, Änderung **2** 299
- GmbH, Einmann-Gründung **2** 286
- GmbH, Geschäftsführeranmeldung **2** 297
- GmbH, Geschäftsführerbestellung **2** 286
- GmbH, Gesellschafterliste **2** 287
- GmbH, Gründung **2** 286
- GmbH, Kapitalerhöhung **2** 315
- GmbH, Liquidation **2** 335
- GmbH, Löschung **2** 335
- GmbH, Registeranmeldung **2** 298
- GmbH, Satzungsänderung **2** 309
- Grundbuchberichtigung **2** 182
- OHG **2** 197
- Registereintragungen **2** 180
- UG, Gründung **2** 347

OHG **2** 183 ff.
- Änderungen **2** M 192
- Änderungen OHG **2** 190 ff.
- Anteile, Übertragung **2** 200
- Eintragung **2** 151
- Erlöschen der Firma **2** 196
- Erstanmeldung **2** 187 ff., M 189
- Freiberufler **2** 151
- Gebühren **2** 197 ff.
- Geschäftsanschrift **2** 187
- Geschäftswert **2** 197
- Gesellschafter **2** 185
- Gesellschaftsvertrag **2** 188
- Gewerbe **2** 183
- Haftung **2** 153, 183
- Handelsregister **2** 151
- Kaufmann **2** 151
- Liquidation **2** M 194 f.
- Liquidation, Anmeldung **2** 196
- Prokura **2** 188
- Rechtsfähigkeit **2** 150
- Statuswechsel **2** 190
- Vererbung Anteile **2** 201 ff.
- Vertretungsmacht **2** 187
- Zusammenschluss **2** 183
- Zweck **2** 151

Partnerschaftsgesellschaft **2** 232 ff.
- Abgrenzung zu anderen Gesellschaftsformen **2** 232 f.
- Änderungen **2** 249 ff.
- Anmeldung **2** 239 ff., M 246
- Berufsgruppen, wichtigste **2** 244
- Berufshaftpflicht **2** 238
- Eintragung **2** 247
- Freiberufler **2** 232
- Gebühren **2** 248
- Haftung **2** 236
- Haftungsbeschränkung **2** 238
- Liquidation **2** 249
- mit/ohne Berufshaftung, beschränkte **2** 234 ff.
- Name **2** 241
- Phantasiename **2** 241
- Prüfung Gericht **2** 247
- Rechtsfähigkeit **2** 247
- Registeranmeldung **2** 249
- Sachname **2** 241
- Standesrecht **2** 238
- Umwandlung **2** 250
- Vererbbarkeit **2** 251
- Voraussetzungen, formelle **2** 240
- Zulassung **2** 251
- Zusatz **2** 241

Partnerschaftsregister **2** 158
Personengesellschaften **2** 148 ff.; **3** 43 ff.
- Abgrenzung Formen **2** 148 ff.
- GbR **2** 159 ff.
- Gesellschaftsvertrag **2** 155
- KG **2** 205 ff.

- OHG **2** 183 ff.
- Partnerschaftsgesellschaft **2** 232 ff.
- Selbstorganschaft **2** 157
- Sitz **2** 157
- Tätigkeit, freiberufliche **2** 154

Prokura **2** 137 ff.
- Änderung **2** 349 ff.
- Anmeldung **2** 142 ff., M 145, 146 f.
- Gebühren **2** 146 f.
- Prokurist **2** 349 ff.
- Unterprokura **2** 142

Prüfung des Gerichts
- Ort der Niederlassung **2** 126
- Unterscheidbarkeit **2** 126
- Zulässigkeit, rechtliche **2** 126

Prüfung Gericht
- Genossenschaft **2** 79 f.
- GmbH **2** 277, 285
- Kaufmann, eingetragener **2** 125 ff.
- Partnerschaftsgesellschaft **2** 247
- Verein **2** 24

Prüfvermerk **1** 12

Registeranmeldung
- AG **2** 366 ff., M 372
- Bedingung/Befristung **1** 14
- Datenformat **1** 12
- Eintragungsabsicht **2** 17 f.
- elektronisch **1** 12
- GbR **2** 160
- Gebühren **1** 18 ff.
- Gegenstand **1** 22
- Genossenschaftsregister **2** 54 ff., 105; **3** 24 ff.
- Geschäftsvorfälle, sonstige **2** 52, 105
- GmbH **2** 260 ff., M 282 f.
- GmbH & Co. KG **2** 216
- Inhalt **1** 13, 23
- Kaufmann, eingetragener **2** 118 ff., M 124, M 130, 131 ff., M 133; **3** 31 ff.
- Löschung GmbH **2** M 334
- Natur **1** 10
- Notar **1** 12
- Partnerschaftsgesellschaft **2** 239 ff., M 246
- Prüfung Gericht **2** 24, 79 f., 125 ff., 247
- Prüfvermerk **1** 7, 12
- Sachvortrag **1** 13
- Sprache **1** 8
- Tatsachen, anmeldepflichtige **1** 9
- Unterzeichnungsberechtigung **1** 13
- Verein **2** 1 ff.; **3** 8 ff.
- Vereinsregister **1** 7 ff.
- Versicherung der Straffreiheit **1** 13
- Vertretung **1** 11
- Zeitpunkt **1** 13

Registereinsicht **1** 3 ff., 6

Registergericht
- Übermittlung **1** 16
- Übermittlung, elektronische **1** 16

Satzung
- echte **2** 357
- Erstellung **2** 357
- Genossenschaft **2** 69 ff.
- Verein **2** 13

Satzungsänderungen **2** 36 ff.
- Gebühren **2** 40, 95
- Muster **2** 39
- Registeranmeldung **2** 36 ff., 90 ff., 300 ff., 352 ff.
- UG **2** 352 ff.
- Verein **2** 36 ff.
- Voraussetzungen, formelle **2** 38
- Voraussetzungen, materielle **2** 37

Statuswechsel
- Anmeldung **2** 172
- GbR **2** 172
- Register **2** 172 f.
- Statuswechselvermerk **2** 173
- Zuständigkeit **2** 173

Übermittlung
- Abschrift, öffentlich beglaubigte **1** 16
- Datenschutz **1** 16
- Dokument, notariell beurkundetes **1** 16
- einfache Abschrift **1** 16
- elektronisch **1** 16
- Registergericht **1** 16
- Urschrift **1** 16
- Voraussetzungen **1** 16
- XML-Verfahren **1** 16

UG **2** 254 f., 342 ff.
- Abtretung Anteile **2** 361
- Änderung Geschäftsführung/Prokurist **2** 349 ff.
- Änderung Musterprotokoll **2** 353 ff.
- Änderung, Gesellschafterbeschluss **2** 350
- Änderung, Handelsregister **2** 350
- Änderung, Musterprotokoll vor Eintragung **2** 359
- Erstellung Satzung, echte **2** 357
- Gebühren **2** 347 f., 355 f.
- Gründung **2** 342, 344
- Haftung **2** 342
- Liquidation **2** 360
- Musterprotokoll **2** 343

- Satzungsänderungen **2** 352 ff.
- Stammkapital **2** 342
- Umwandlung **2** 358
- Voraussetzungen **2** 344 f.

Verein **2** 12 ff.
- Abgrenzung zur Genossenschaft **2** 56 f.
- Auflösung/Erlöschen **2** 41 ff., M 47, M 49
- Begriffe **2** 1 ff.
- Beratungsgebühren **2** 27
- Bestellung Geschäftsführung **2** 20
- Bestellung Vorstand **2** 20
- Eintragungsabsicht **2** 17 f.
- Erstanmeldung **2** 20
- Gebühren **2** 26 ff.
- Gebührenermäßigung **2** 28
- Geldwäsche **2** 11
- Geschäftsvorfälle, sonstige **2** 52
- Gründung **2** 12 ff., M 23
- Gründungsakt **2** 13
- Grundzüge **2** 1 ff.
- Haftung **2** 5
- Idealverein **2** 1
- Liquidation **2** 42
- Name **2** 15
- Nebenzweckprivileg **2** 3
- Prüfung Gericht **2** 24
- Rechtsfähigkeit **2** 2, 5
- Rechtspersönlichkeit **2** 5
- Registeranmeldung **2** 1 ff.; **3** 8 ff.
- Satzung **2** 13, 18
- Satzung, Mindestinhalt **2** 19
- Satzungsänderung **2** 36 ff.
- Satzungsinhalte **2** 18
- Sitz **2** 16
- Status **2** 3
- Transparenzregister **2** 11
- Vertretungsmacht **2** 20
- Vor-/Nachteile **2** 6
- Vor-Verein **2** 21
- Voraussetzungen, formelle **2** 22, 33
- Voraussetzungen, materielle **2** 12 ff., 30
- Vorstandswechsel **2** 29 ff.
- wirtschaftlicher **2** 1
- Zweck **2** 2, 14

Vereinsanmeldung **2** 7

Vereinsregister
- Anmeldung **2** 7

Vereinsregisteranmeldung
- Änderung **2** 10
- Amtsgericht **2** 8
- Form **2** 9
- Hauptversammlung, Protokoll **2** 10
- Zuständigkeit **2** 8

Vertretungsmacht **2** 20

Vor-/Nachteile
- Genossenschaft **2** 63
- GmbH **2** 259
- Verein **2** 6

Voraussetzungen, formelle
- Änderungen GmbH **2** M 296
- Anmeldung Prokura **2** 143 ff., M 145
- Auflösung Genossenschaft **2** 101
- Auflösung GmbH **2** 331 ff., M 332 f.
- Auflösung/Erlöschen Verein **2** 46
- GmbH **2** 279 ff.
- Gründung AG **2** 371
- Kapitalerhöhung GmbH **2** M 314
- Partnerschaftsgesellschaft **2** 240 ff.
- Satzungsänderung **2** 38, 303 f., M 304 f.
- UG **2** 345 f.
- Vereinsgründung **2** 22
- Vorstandswechsel **2** 33, 378
- Wechsel im Aufsichtsrat **2** 382 f., M 384

Voraussetzungen, materielle
- Änderungen GmbH **2** 290 ff.
- Anmeldung Prokura **2** 142 ff.
- Auflösung **2** 42 ff., 97 ff., 329 ff., M 330
- Genossenschaftsgründung **2** 68 ff.
- Gründung **2** 263 ff., 369 f.
- Kapitalerhöhung GmbH **2** 313
- Partnerschaftsgesellschaft **2** 239
- Satzungsänderungen **2** 91, 300 ff.
- UG **2** M 344
- Vereinsgründung **2** 12 ff.
- Vorstandswechsel **2** 30, 377
- Wechsel im Aufsichtsrat **2** 382 f., M 384

Vorstandswechsel
- AG **2** 377 ff., M 379
- Gebühren **2** 35
- Genossenschaft **2** 82 ff., 86
- Muster **2** 34
- Verein **2** 29 ff.
- Voraussetzungen **2** 377 f.
- Voraussetzungen, formelle **2** 33
- Voraussetzungen, materielle **2** 30

XML-Verfahren
- Registergericht **1** 16
- Übermittlung **1** 16

Zweck
- Genossenschaft **2** 62
- Genossenschaftsgründung **2** 71
- Verein **2** 14

Zweigniederlassung **2** 387
- Anmeldung **2** 388